Marion Dippold

Schirner Verlag

Über das Buch:

Die Arbeit mit der Einhandrute basiert auf altüberliefertem Wissen, das mittlerweile durch neue wissenschaftliche Erkenntnisse bestätigt wurde. Die Einhandrute ist ein effektives Werkzeug zur Erkennung schädlicher Felder, die z.B. von Elektrosmog oder Erdstrahlung erzeugt werden. Wer hat nicht schon von wundersamen Heilungen gehört, zu denen es kam, weil ein Rutengeher unterm Bett eine Wasserader entdeckte und daraufhin der Schlafplatz in einen strahlungsfreien Bereich verlegt wurde? Das hat nichts mit Magie zu tun, sondern mit soliden Erfahrungen. Sich dieses Wissen zu eigen zu machen und durch die Nutzung der Einhandrute ein gesünderes Leben zu führen gelingt mit Hilfe dieses Werkes, das eine gründliche Einführung und einen wohlstrukturierten Praxisteil bietet, der es sowohl für Anfänger als auch für Fortgeschrittene zu einer wertvollen Arbeitsgrundlage macht.

Über den Autor:

Dr. Manfred B. Hartmann, Jahrgang 1937, beschäftigt sich aufgrund eigener schwerer Erkrankungen seit vielen Jahren mit grenzwissenschaftlichen Erfahrungen, vor allem im Bereich des medizinischen Pendelns und Rutens und der alternativen Heilmethoden (Schwingungsmedizin). Er hält zu diesem Thema Fachfortbildungen vor allem für Ärzte und Heilpraktiker.
(www.schwingmed.de)

Manfred B. Hartmann

Praxisbuch der Einhandrute

Schirner Verlag

978-3-89767-145-4

Vierte Auflage der überarbeiteten Fassung 2006

Originaltitel: Ruten-Welten
Erste Auflage deutsch 1996
Erste Auflage polnisch 1998
Erste Auflage italienisch 2000
Erste Auflage tschechisch 2003

Herstellung: Reyhani Druck + Verlag, Darmstadt

Gedruckt auf Papier mit FSC-Zertifikat (Forest Stewardship) für umwelt- und sozialverträgliche Waldwirtschaft.

Printed in Germany

www.schirner.com

Inhaltsverzeichnis

Erklärung

Verfasser und Verleger dieses Buches sind keine Ärzte und können deshalb keinen ärztlichen Rat geben, selbst wenn das in dem einen oder anderen der nachfolgenden Kapitel den Anschein haben mag.

Die mitgeteilten Gedanken, Methoden und Anregungen bieten keinesfalls Ersatz für das beratende Gespräch mit Ärzten und Heilpraktikern; wohl aber können sie eine wertvolle Ergänzung bei solchen Gesprächen sein.

Wir sind der Meinung, daß jede Leserin und jeder Leser für das eigene Tun und Lassen selbst verantwortlich ist. Eine Haftung für etwaige Personen-, Sach- oder Vermögensschäden ist hiermit ausgeschlossen.

Für Hinweise auf Ergänzungen oder Lücken sind Autor und Verlag jederzeit dankbar.

Vorwort

Im »Praxisbuch der Einhandrute« geht es um die Fühligkeit unsichtbarer Strahlungen, Schwingungen, Eindrücke etc., die wir alle – mehr oder weniger – vor allem über längere Zeiträume wahrnehmen (spüren, fühlen), und darum, sie mit der Rute (oder mittels eines Pendels*) sichtbar zu machen und nach bestimmten erlernbaren Grundsätzen und Methoden deuten und bewerten zu können. Radiästhesie ist der Fachbegriff für diese Strahlenfühligkeit; eine Fähigkeit, über die alle Lebewesen (Mensch, Tier, Pflanze) verfügen. Rute oder Pendel sind dabei nur Werkzeuge (Antennen), um die Wahrnehmung des Radiästheten, d.h. des Rutengängers oder des Pendlers, auszudrücken; der Mensch ist Empfänger (und Sender) in einer Person.

Diese Fähigkeit der Strahlenfühligkeit soll mit «Das Praxisbuch der Einhandrute« – Folgeband einer zweiteiligen Veröffentlichung zum Thema «Radiästhesie«; der Titel des ersten Bandes lautet «Pendel-Welten« – geweckt werden. Weiterführende Literatur gibt es hierzu zahlreich, praktische Anleitungen sind hingegen spärlich. Aus diesem Grund wurden sowohl »Pendel-Welten« als auch »Das Praxisbuch der Einhandrute« aus der Praxis für die Praxis geschaffen, sind also für Einsteiger besonders geeignet. Im Hinblick darauf wurde auch ein Glossar erstellt, in dem alle in diesem Buch genannten Fremdwörter, Fachausdrücke usw. in alphabetischer Reihenfolge erklärt sind. Motto dieser praktischen Bände: Übung macht den Meister!

Denken Sie daran: Radiästhesie, richtig beherrscht, ist eine Kunst, sie bewußt anzuwenden eine Wissenschaft.

In diesem Sinne wünsche ich Ihnen viel Erfolg.

Dr. Manfred B. Hartmann

*Die in diesem Buch aufgeführten Übungen und Tests können größtenteils auch mit einem Pendel ausgeführt werden, auch wenn dies nicht überall explizit ausgeführt wird. Als Radiästhet sollte man aber ohnehin mit Rute und Pendel arbeiten können, da der Einsatzzweck letztlich das Mittel bestimmt und jedes der beiden Werkzeuge seine speziellen Stärken hat.

A. Theoretischer Teil

Einleitung

Dieses Buch wurde so angelegt, daß es Ihnen eine praktische Grundlage bietet, die das Arbeiten mit der Rute (mit welchem Modell auch immer) im täglichen Umgang erleichtert und – dank sachlicher, kurz und bündig formulierter Anweisungen – einen schnellen Zugang dazu verschafft.

Aus diesem Grund wird auf langatmige Erklärungen zugunsten präziser Bildkommentare verzichtet. So gestaltet sich der Aufbau meist wie folgt:

Anleitung zum Rutengehen:
1. Regel . . .
2. Regel . . .
3. Regel . . .
4. usw.

Ziel dieses Buches ist also nicht, tief in die Philosophie des radiästhetischen Arbeitens einzusteigen oder sich umfassend mit den testbaren Energien/ Schwingungen auseinanderzusetzen.

Selbstverständlich halte ich die Auseinandersetzung mit der Radiästhesie als ganzem für notwendig und empfehle auch, sich mit dem Hintergrund-Material in den für den Einzelfall notwendigen Schattierungen eingehend zu beschäftigen. Das zusätzliche Lesen einschlägiger, weiterführender Bücher bereichert Sie in jedem Fall, auch wenn Sie die Tests nicht vollständig nachvollziehen.

Allgemeines

Jeder Mensch ist grundsätzlich (auf jeden Fall nach einer gewissen Zeit der Einarbeitung/Übung) fähig, mit der Rute/dem Pendel zu arbeiten. Nur wenige Gründe mindern diese Fähigkeit, weshalb gleich zwei beachtenswerte Punkte zu Ihrer Sicherheit vorab genannt seien:

a) **Üben, Üben, Üben**
Wie in der Schule beginnt alles mit dem ersten Schritt und führt durch beharrliches Üben und Ausprobieren zur Meisterschaft. Fehler gehören zur Lernphase. Außerdem gibt es Kurse in Radiästhesie.

b) **Überprüfen der Ergebnisse**
Überprüfen Sie Ihre Ergebnisse regelmäßig; aus vielen Gründen könnten Ihre Testungen fehlerhaft sein (mehr dazu im praktischen Teil).
Testen Sie beispielsweise, ob Sie ein bestimmtes Medikament nehmen sollen, und vergleichen Sie das Ergebnis mit dem Beipackzettel. Besprechen Sie das gefundene Ergebnis mit Ihrem behandelnden Arzt oder Heilpraktiker.

Wenn man ohne egoistische Motive zum Wohle anderer oder aus Gründen der geistigen Reifung mit seiner Rute oder seinem Pendel arbeitet und Versuche unternimmt, werden auch die Ergebnisse sicher, klar und zuverlässig.

Nur durch praktische Arbeit und vielfältiges Ausprobieren erlernen Sie den Umgang mit der Rute oder dem Pendel. Arbeiten Sie sich Schritt für Schritt vor und beachten Sie die nachfolgenden Grundgedanken zu dem umfangreichen Thema »Radiästhesie«.

Grundgedanken

Die nachstehend in Kurzfassung aufgeführten Gedanken zur Arbeit mit der Rute gelten in gleicher Weise auch für den Pendel. Sie sind Teil des Gesamtthemas »Radiästhesie«:

a) Die geistig-seelische Entwicklung eines Menschen spiegelt sich in seinen radiästhetischen Ergebnissen wider (d.h. in seinen Ergebnissen im Umgang mit der Rute).

b) Die Steigerung der eigenen Sensibilität erhöht die Fähigkeit, mit der Rute zu arbeiten. Je feinfühliger Sie Ihre Umwelt wahrnehmen, desto empfänglicher und präziser werden Ihre Ruten-Ergebnisse.

c) Der Umgang mit anderen Menschen und mit feinstofflichen Dingen sowie die Verbindung zur höheren Geisteswelt verlangen ein Freisein von Egoismen. Arbeiten Sie mit der Rute (oder dem Pendel) nur aus folgenden Gründen:
   - zur geistigen Schulung
   - aus wahrem Erkenntnistrieb (um der Wahrheit willen)
   - selbstlos, um anderen Menschen oder Wesen (Tieren, Pflanzen) helfen zu können.

d) Testen Sie nie aus egoistischen Motiven. Liebe und Hingabe an die Sache stellen eine solide Basis für Ihren Erfolg dar.

e) Verwenden Sie die Rute oder den Pendel nie zu Demonstrationszwecken, zum Zeigen (zur Show) vor anderen (z.B. unter Kollegen oder in der Gastwirtschaft), und versuchen Sie niemals, damit die Zukunft zu ergründen.

f) Konzentrieren Sie sich bei der Arbeit mit der Rute immer auf das Problem, auf die Fragestellung (gegebenenfalls mehrmals wiederholen) und warten Sie geduldig auf die Antwort. Nur wenn Körper und Geist eins sind, kann die Rute richtige Ergebnisse zeigen.

g) Prüfen Sie die erhaltenen Ergebnisse immer nach und halten Sie am Anfang kein Ergebnis für unfehlbar. Seien Sie aber auch nicht argwöhnisch. Eine falsche Antwort kann auch in einer falschen, schlecht formulierten Frage begründet sein. Stellen Sie JA-/NEIN-Fragen.

h) Demut und Dankbarkeit sowie Ehrfurcht vor den kosmischen Kräften, mit denen wir hier in Berührung kommen, sollten immer Bestandteil Ihrer Ruten- oder Pendelarbeit sein.

Fragetechnik

Bei Zweihand- und Einhandruten, ebenso wie beim Pendel, kommt es entscheidend auf die Fragestellung an. Wie Sie wissen, kann die Rute oder der Pendel nur nach dem »Dualprinzip« (wie beim Computer) arbeiten, d.h. antworten. Es kommt also ausschließlich entweder »JA« oder »NEIN« bzw. »1« oder »0« als Antwort in Frage. Dieser Umstand muß grundsätzlich bei der Formulierung jeder Frage berücksichtigt werden.

Beispiele für falsche Fragestellungen

1. »Kommt der Onkel nun zu Besuch oder kommt er nicht?« Diese Frage kann die Rute oder der Pendel nicht beantworten. Die Frage muß exakt so formuliert werden, daß entweder »JA« oder »NEIN« als Antwort möglich ist. Es muß also heißen: »Kommt der Onkel zu Besuch?«

2. Sie haben sich aus einem Steinsortiment nach bestimmten Vorgaben einen (Halb-)Edelstein ausgewählt und fragen nun: »Ist das ein Lapislazuli?« – Selbst, wenn die Antwort der Rute (oder des Pendels) »JA« ist und Sie wissen, daß sich Lapislazuli gegen Thrombose verwenden läßt, ist damit noch gar nichts entschieden. Sie müßten dann weiterfragen, und zwar danach, ob der spezielle Stein sich für Heilzwecke eignet, also, ob er auch für Sie gegen Ihre Thrombose geeignet ist.

3. »Ist ein bestimmtes Medikament gut für mich?« Die Antwort auf die Frage kann durchaus »JA« sein. Trotzdem ist die Antwort unvollständig. Sie sollten weiter nachfragen: »Bei wieviel Prozent zwischen 0 und 100 liegt die Wirksamkeit?« (Für diese Antwort müssen Sie mit der Rute die Prozentbereiche einzeln abfragen: »Liegt die Wirksamkeit zwischen 100 und 90 Prozent? Zwischen 90 und 80 Prozent etc. – entsprechend können Sie das Ergebnis auch immer weiter verfeinern. Oder Sie arbeiten in dem Fall mit dem Pendel und benutzen das 100-Prozent-Diagramm) Und vor allem: »Soll ich jetzt eine Tablette von diesem Medikament nehmen?« Und nach diesem Ergebnis: »Soll ich noch ein anderes Medikament einnehmen?« (... und fragen Sie Ihren Arzt oder Apotheker.)

Ich hoffe, Ihnen mit diesen wenigen Beispielen das Problem der Fragestellung erklärt zu haben. Übergehen Sie diesen Punkt nicht! Sie wissen, wie oft wir im täglichen Leben eine Frage ungenau formulieren und manches Mal etwas anderes meinen, als wir gerade sagen. Ihr Gegenüber muß dann »raten«, was Sie wirklich gemeint haben könnten.

Der Vollständigkeit halber sei zu diesem Kapitel noch gesagt, daß es vereinzelt Fälle geben kann, bei denen die Antwort auf eine Frage indifferent ist – die Rute nicht ausschlägt –, weil eine Frage weder mit »JA« noch mit »NEIN« beantwortet werden kann.

In diesem Zusammenhang soll auch auf den Unterschied zwischen a) dem Test ohne das Stellen einer Frage und b) der Testung mit Konzentration auf eine ganz bestimmte Frage hingewiesen werden. Sie werden feststellen, es macht einen Unterschied im Testergebnis ...

a) ob Sie nur die Rute oder den Pendel zwischen sich und dem Apfel halten und dabei einen Ruten- oder Pendelausschlag erhalten, z.B. weil der Apfel grundsätzlich genießbar ist;

b) ob Sie dagegen die gleiche Ausgangsstellung zum Testen einnehmen (Rute oder Pendel zwischen Apfel und Körper halten) und die Frage stellen: »Soll ich diesen Apfel essen?«. Dann kann es sein, daß Sie ein völlig anderes Ergebnis erhalten, nämlich ein NEIN zum Verzehr, weil es z.B. bereits 18 Uhr abends ist und Sie vor dem Schlafengehen kein Obst mehr essen sollten (weil es im Darm zu Gärungsprozessen führt).

Eine andere Art der mentalen Abfrage wäre z.B.: »Befinden wir uns momentan in der Phase des Vollmondes?« Wie Sie erkennen, erfordern mentale Abfragen eine andere Sensibilität. An eine solche Fragestellung sollten Sie nur als »fortgeschrittener Radiästhet« herangehen.

Praktischer Umgang mit der Rute

Bevor wir uns mit dem eigentlichen praktischen Umgang mit der Rute befassen, müssen erst noch einige wichtige Unterscheidungen gemacht werden.

a) Welche Rute sollten Sie benutzen?

Bei den Ausführungen zum Pendel (vergleichen Sie Band 1 »Pendel-Welten«) war es noch möglich zu sagen: Es kommt nicht auf den Pendel an, sondern auf den Pendler. Hier, im Zusammenhang mit der Rute, muß dieser Satz etwas eingeschränkt werden. Manches Mal kommt es schon auf die »richtige Rute« an, wie schon die Vielzahl der hergestellten Ruten und ihre zahlreichen Einsatzbereiche zeigen, und natürlich kommt es dabei auf den Rutler (Rutengänger) an.

Grundsätzlich lassen sich Zweihandruten von Einhandruten unterscheiden.

1. Auswahl Zweihandruten

Nachstehend finden Sie eine Auswahl der gängigsten Zweihandruten (ohne Anspruch auf Vollständigkeit), wie sie im Fachhandel erhältlich sind:

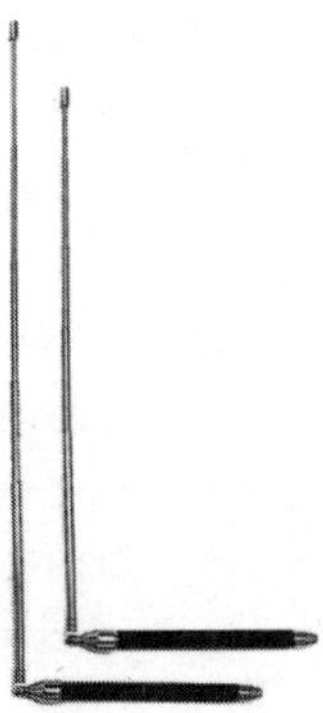

Teleskopsonde

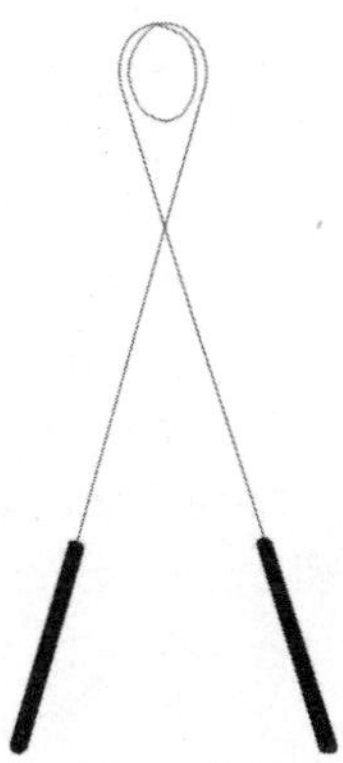

Knopfrute

Kugellager-griffrute

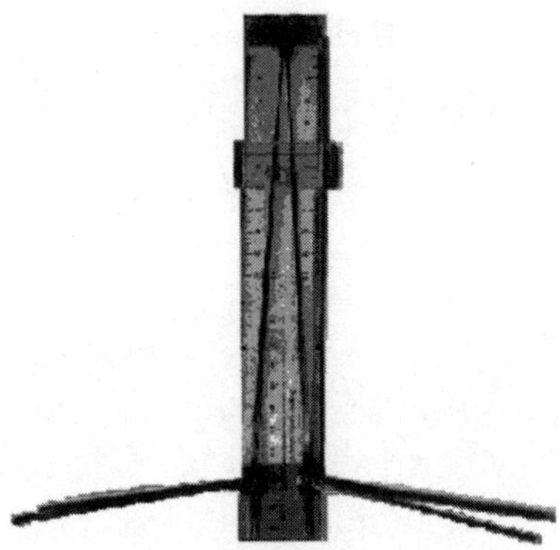

Lecherrute

Ohne Abbildung sind: Vertikalrute, Schleifenrute, Spiralrute, Nylonrute, Lecherantenne.

2. Auswahl Einhandruten

Nachstehend finden Sie eine Übersicht über die im Fachhandel erhältlichen Einhandruten (ohne Anspruch auf Vollständigkeit):

Rayotest-Diagnosestab

Tensor T 2002

Ohne Abbildung sind: Universalrute (Körbler), Biotensor®, Variotron, Bioradiometer (Höpfner), Einhandruten-Set Medea 7.

Rutengänger sind »eingeschworen« auf ihre Rute und geben sie nicht aus der Hand; das Verleihen kann angeblich die Ergebnisse verfälschen (die Rute ist ein »Od-Träger« des Besitzers; siehe Glossar).

Zubehör: Viele Einhandruten haben nützliches Zubehör, das je nach Hersteller einen anderen Namen trägt, wie etwa Abtastelektrode, Tester, Detektor. Dieses spezielle Zubehör gibt es nur bei Einhandruten. Insofern stellt die Entwicklung von der Zweihandrute zur Einhandrute eine wirkliche Verbesserung dar.

Das Zubehör besteht meist aus einem 1 m bis 1,5 m langen Kabel mit einem oder zwei Bananensteckern und einer Metallspitze (Detektor) zum Abtasten. Mit dieser Art zu testen kann man sehr viele weitere Abfragen durchführen, die man sonst mental machen müßte (oder auf die man sonst verzichten würde), beispielsweise bei bettlägerigen Personen oder einfach, um eine bestimmte Entfernung zu überbrücken.

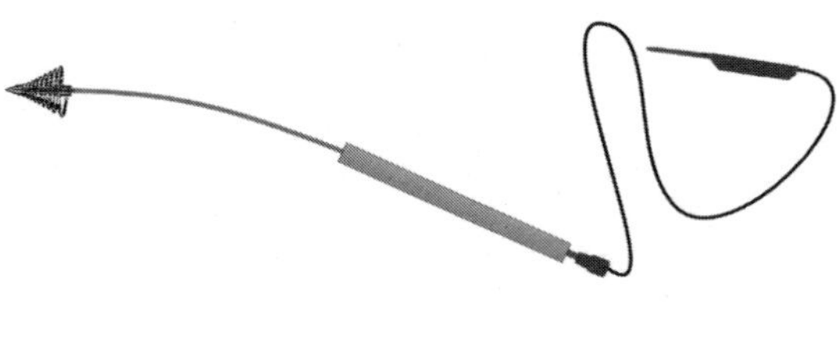

Beim Aussuchen einer Rute kommt es vor allem auf den beabsichtigten Zweck/Einsatz an und darauf, wie sich die Rute handhaben läßt. Sie sollten also weniger Wert auf das Äußere der Rute legen als vielmehr auf deren Material und Eignung.

Ruten, d.h. Zweihand- und Einhandruten, kauft man üblicherweise in einem Fachgeschäft, wo man auch erste Einweisungen erhalten kann. Ruten kann man sich aber auch selbst herstellen, beispielsweise aus Haselnußsträuchern, Kleiderbügeln aus Metall oder in komplizierter Einzelfertigung, etwa aus Lötdraht, Holz, Kunststoff, Eisen, Kupfer, Messing etc. Wie Sie erkennen, kann das Material der Rute sehr verschieden sein. Darauf kommt es auch nicht an; wichtig ist immer nur, daß Sie mit der jeweiligen Rute arbeiten können ... und das können Sie lernen!

Für die Herstellung einer Einhandrute benötigen Sie z.B. nur einen Holzgriff (kleines Rundholz), an dem Sie einen Stahldraht (als Antenne) befestigen und ein Gewicht (das kann ein Korken oder ein Holzring sein), das am anderen Ende des Drahts angebracht wird. Der Stahldraht sollte, je nach Stärke, 20 bis 35 cm lang und so elastisch sein, daß nach dem Zusammensetzen das vordere Gewicht der Rute, wenn sie waagerecht gehalten wird, ungefähr 25 bis 30 Grad nach unten gebogen ist.

b) Was sind die ersten Schritte?

Gleichgültig , welche Ruten und Grifftechniken zum Einsatz kommen, entscheidend ist immer:

- Oberkörper und Rücken müssen aufrecht gehalten werden, damit die Energie über das Nervensystem frei fließen kann.
- Beide Füße müssen guten Kontakt zum Boden haben (leichte Grätsch-Stellung der Beine); Hände etwa in Nabelhöhe.
- Der Atem muß ruhig fließen, und Sie selbst müssen entspannt sein. In Hektik, »so mal schnell zwischendurch«, lassen sich keine richtigen, verwertbaren Ergebnisse erzielen.

Während des Rutens sollten Sie sich nicht durch äußere Einflüsse ablenken lassen (z.B. Radio, Fernseher, Kinderlaute oder sonstige Geräusche aus der Umgebung). Sorgen Sie dafür, daß sie allein sind und in Ruhe arbeiten können (Ausnahme: wenn ein Assistent benötigt wird). Arbeiten Sie nicht, wenn Sie müde oder abgespannt sind. Morgens ist die beste Zeit zum Ruten und Pendeln (Erinnern Sie sich: »Morgens um 7 Uhr ist die Welt noch in Ordnung!«).

Bezüglich der Grifftechnik muß ebenfalls nach Zweihand- und Einhandruten unterschieden werden:

1. Halte- bzw. Grifftechnik bei der Zweihandrute

a) Für Teleskopsonden gibt es, wie vorstehende Abbildungen vermuten lassen, nur eine Grifftechnik; gleiches gilt für die sonstigen Ruten (Nylonrute, Knopfrute): Die Hände greifen die Enden der Sonde/ Rute, die Hand wird dabei zur Faust gekrümmt. Die Daumen liegen oben. Beide Hände ruhen vor dem Körper (in Nabelhöhe) entweder waagerecht oder senkrecht.

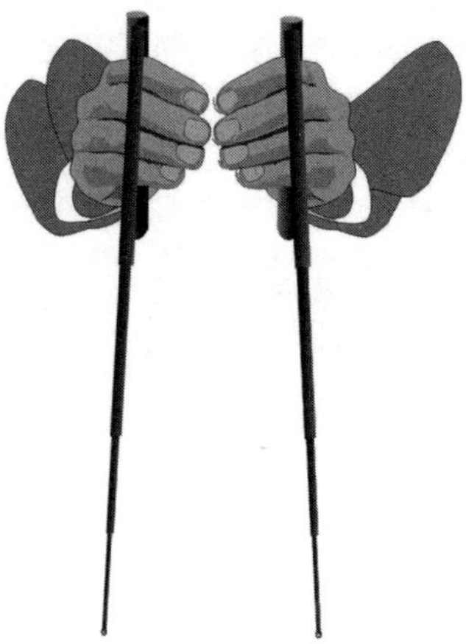

Gleiches – wie vorstehend für die Teleskopsonden ausgeführt – gilt für die maschinell gebogenen Winkelruten. Sie sind starrer und unhandlicher. Es sind technisch gesehen Vorläufer der Teleskopsonden (auch in der Form).

b) Die Vertikalrute stellt unter den Zweihandruten eine Ausnahme dar. Sie wird beim Rutengehen in senkrechter Haltung vor dem Körper getragen (daher ihr Name). Sie werden als sehr sensitiv, besonders empfindlich, angesehen, weil sie nur mit je einem Finger gehalten werden.

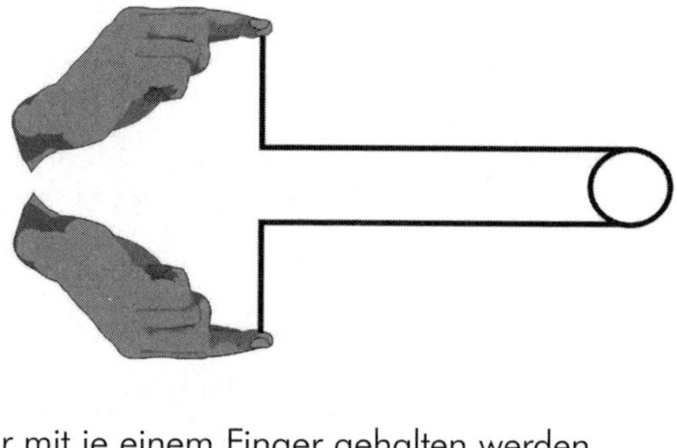

c) Für die restlichen Zweihandruten gibt es nur noch die Horizontalhaltung. Dabei wird die Rute in Nabelhöhe vor den Körper gehalten. Der Oberkörper bleibt die ganze Zeit aufrecht.
Bei der Horizontal-Haltung ist der Obergriff vom Untergriff zu unterscheiden:

(1) Beim Obergriff schauen die Handrücken des Rutengängers nach oben, d.h. die Daumen zeigen nach innen (unten); die anderen Finger halten die Rute fest (die Hände umgreifen die Rute nicht total, es bleibt ein Spalt zwischen Fingerspitzen und Handfläche). Hände und Rute bilden eine Waagrechte. Der Unterarm steht etwa im rechten Winkel zum Oberarm.

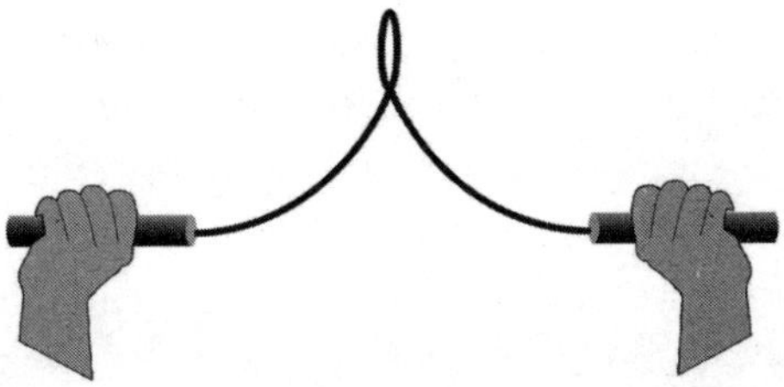

(2) Beim Untergriff schauen die Handrücken nach unten; man hält die Hände (Handflächen) so, als ob man etwas empfangen möchte. Beide Daumen zeigen nach außen. Die gekrümmten Finger halten die Rute (allerdings umgreifen die Hände die Rute auch hier nicht total, es bleibt ein Spalt zwischen Fingerspitzen und Handfläche). Hände und Rute bilden eine Waagrechte. Der Unterarm bildet etwa einen rechten Winkel zum Oberarm.

Welche Grifftechnik (Ober- oder Untergriff) beim Rutengehen bevorzugt wird, ist persönliche Entscheidung eines jeden Rutengängers. Jeder muß für sich selbst herausfinden, welche Grifftechnik für ihn die geeignete ist. Bei Gabelruten ist beim Rutengehen zu beachten, daß sie leicht auseinandergebogen (gespannt) werden müssen, so daß sich die Mitte der Rute in einem labilen Gleichgewicht befindet.
Bei Zweihandruten scheint sich die Untergriff-Technik durchgesetzt zu haben, weil damit – auch bei Anfängern – gute Ergebnisse zu erzielen sind.

d) Die Lecherrute nimmt unter den Ruten eine Sonderstellung ein. Sie ist ein radiästhetisches Instrument. Die Vorteile liegen in der höheren Resonanzschärfe, dem Wegfallen von Verkürzungsfaktor und Winkelfehler. Wie die Abbildung auf Seite 17 zeigt, ist diese Rute in der Art eines »Rechenschiebers« gestaltet, der als veränderbare Antenne wirkt. Der Schieber erlaubt, die gesuchte Wellenlänge (Grifflänge) einzustellen (also z.B. einen Wert von LA 4,15 für die Suche nach Gold).
Kennzeichen der Lecherrute sind die feststehenden Haltegriffe, die hohl sind und sich für die Aufnahme von Stabmagneten (zur Feststellung der Polarität) eignen. Es gibt mehrere Modelle der Lecher-Baureihe mit unterschiedlichen Leiterbahnanordnungen für unterschiedliche Meßbereiche; die Ruten sind von unterschiedlicher Länge. Die entsprechenden Werte (Grifflängen) kann man aus Tabellen entnehmen. Die gelisteten LA-Werte wurden empirisch ermittelt. Die Lecherantenne dagegen gibt es nur in einer Ausführung. Sie hat abklappbare Handgriffe, weshalb sie einfacher zu transportieren ist. Die Lecherantenne ist sonst vom Prinzip her genauso aufgebaut wie die Lecherrute, weshalb die gleichen Grifflängen verwendet werden können.

2. Halte- und Grifftechnik der Einhandrute

Durch ihre vielfältigen Anwendungsmöglichkeiten hat die Einhandrute für das tägliche Arbeiten große Verbreitung gefunden. Wie zuvor gezeigt wurde, gibt es viele Modelle von Einhandruten.

Durch ihre Sensibilität ist die Einhandrute für viele Anfänger meist leichter zu handhaben als eine Zweihandrute; ihre Ausschläge sind meist schneller und deutlicher registrierbar, und selbst feinste Energien sind besser spürbar. Unterschiedliche Grifftechniken – wie vorstehend bei den Zweihandruten – sind nicht zu beachten.

a) Handhabung der Einhandrute

(1) Die einfachste Möglichkeit für Rechtshänder ist (für Linkshänder gilt die Beschreibung umgekehrt), die Rute in die rechte Hand zu nehmen, sie etwa im rechten Winkel zu halten und – konzentriert auf die gestellte Frage – die Rutenschwingung abzuwarten. Dabei wird oft die linke Hand als Empfangshand in die Richtung gestreckt, aus der man die Antwort erwartet. Die Rute setzt sich dann nach einer gewissen Zeit, z.B. mit einer rechts- oder einer linksdrehenden Schwingung, in Bewegung.

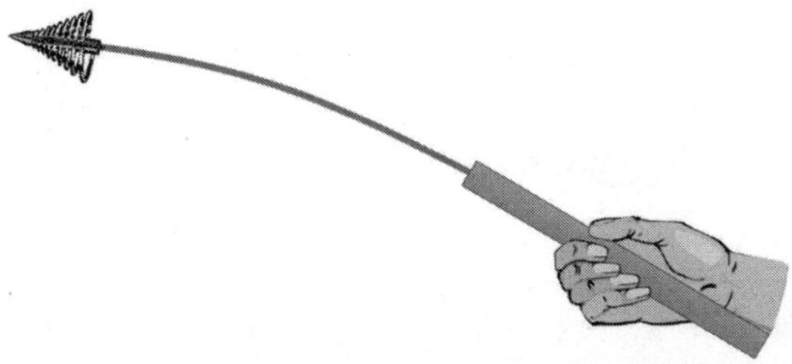

(2) Die meist bessere, weil weniger kraftaufwendige Art der Handhabung der (Einhand-)Rute ist, die Rute zu Beginn der Testung mechanisch anzuschwingen und dann durch Konzentration auf die gestellte Frage die möglicherweise eintretende Richtungsänderung als Antwort auf die gestellte Frage abzuwarten. Wenn Sie beispielsweise eine »Zustimmung« als Antwort für möglich halten, wird die Rute entgegengesetzt angeschwungen. Diese zweite Art hat den Vorteil, daß sie sparsamer im Verbrauch der Anfangsenergie ist (d.h., bis sich die Rute in Bewegung setzt). Das Arbeiten mit Rute oder Pendel erfordert immer Nervenkraft.

b) Haltung der Einhandrute

- Nehmen Sie die Einhandrute locker in die Hand *(Vorsicht: Ein zu fester Griff führt zu Verkrampfungen der Muskulatur und zu Fehlergebnissen)*. Der Daumen liegt gegenüber dem Zeigefinger. Die Finger dürfen sich nicht berühren, sonst entsteht ein sogenannter Kurzschluß.

- Der Ellenbogen ruht locker an der Taille (dies verhindert leichtes Zittern der Arme und Verwacklungen). Die freie andere Hand darf nicht verkrampft oder als Faust gehalten werden; am besten halten Sie sie waagrecht mit der Handinnenfläche nach oben, um kosmische Energie aufzunehmen (Handantenne) – sofern Sie nicht direkt eine Person oder Sache abfragen.
- Die Beine stehen fest auf dem Boden, wobei auf einen leichten, in der Mitte zentrierten Stand zu achten ist (leichte Seitgrätsche). Der Körper als ganzes ist gerade aufgerichtet. Die Hände halten Sie etwa in Nabelhöhe.
- Ihre Augen richten Sie auf den Kopf der Einhandrute, um den Ausschlag der Rute zu erkennen. Dabei müssen Sie sich weiterhin fest auf Ihre Frage konzentrieren und geduldig warten.
- Beachten Sie bei der Arbeit mit der Einhandrute die vorstehend unter »Grundgedanken« und »Fragetechnik« gemachten Ausführungen.

Grundübung

Zu Beginn Ihrer Arbeit mit der Einhandrute sollten Sie die fünf Schwingungsaussagen Ihrer Einhandrute festlegen (aus Ihrer Sicht der Rutenbewegung gesehen). Die Aussagen gelten überwiegend für Menschen:

- **Rechtskreis/Rechtsdrehung**
  Die Energien, die Sie erspüren, sind positiv, kraftgebend (alle rechtsdrehenden/im Uhrzeigersinn laufenden Schwingungen sind in der Regel aufladend).

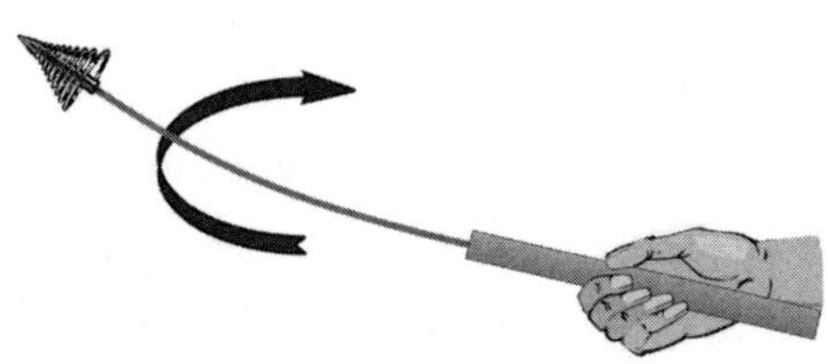

- **Linkskreis/Linksdrehung**
  Die erspürte Energie ist negativ, entladend, kraftzehrend (Linksdrehung bedeutet Rutenausschlag gegen den Uhrzeigersinn).

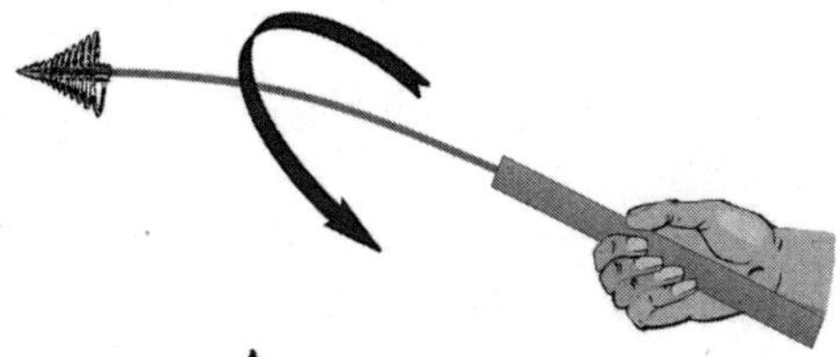

- **Auf-und-Ab-Schwingung**
  Die aufgenommene Energie ist positiv (JA-Aussage); vergleiche Zustimmung beim Kopfnicken.

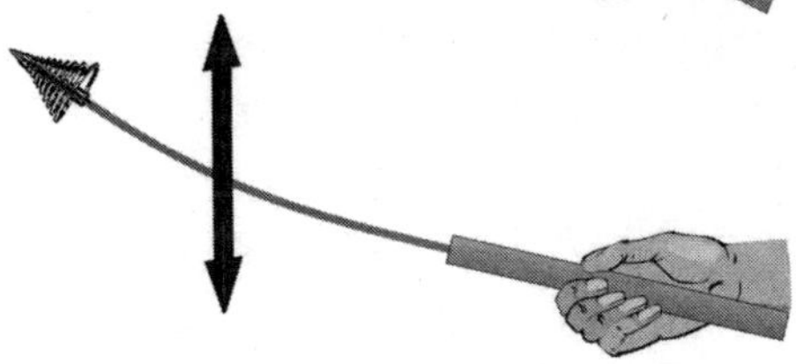

- **Hin-und-Her-Schwingung**
  Die Energie wird ablehnend wahrgenommen (vergleiche Kopfschütteln), das bedeutet negativ oder NEIN-Aussage.

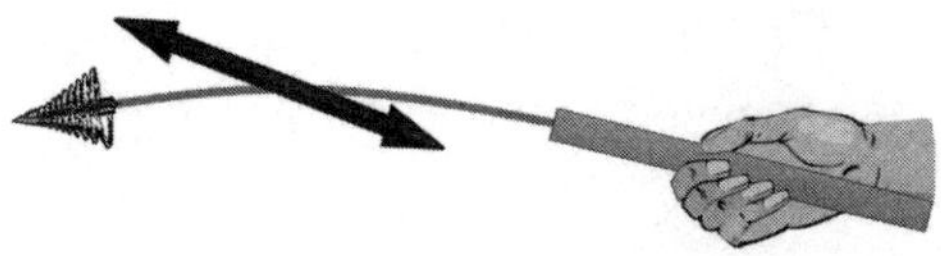

- **Stillstand**
  Ausgleich, Indifferenz, Neutralität oder »keine Aussage, die eindeutig wäre«.

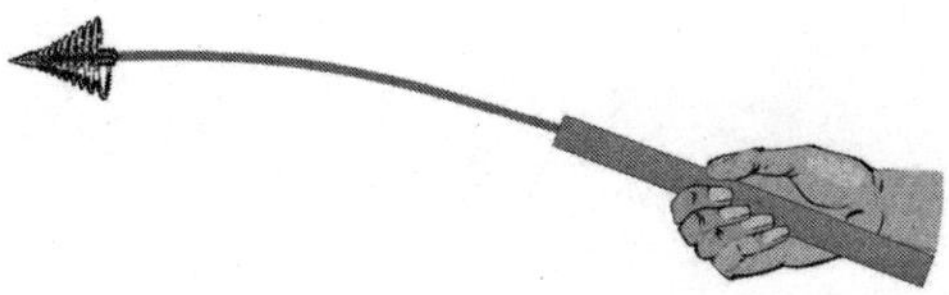

Die vorstehend genannten Schwingungsaussagen treffen im allgemeinen für alle Menschen zu. – Wenige Menschen sind entgegengesetzt polarisiert. Bei diesen sind die ersten beiden der vorstehend genannten fünf möglichen Rutenbewegungen entgegengesetzt zu werten. Eine Links-Drehung bedeutet in diesem Fall »JA«, eine Rechtsdrehung dagegen ein »NEIN«. Die anderen Messungen unterscheiden sich nicht.

Üben Sie zu Anfang Ihrer Rutenarbeit mit einfachen Fragen, wie beispielsweise:

- Soll ich dieses Medikament einnehmen?
- Soll ich heute die Farbe Rot tragen?
- Halte ich in der linken Hand einen Schlüssel?

Solche Fragen ermöglichen es Ihnen, ein Gefühl für Ihre Rutenausschläge zu bekommen.

Akzeptieren Sie auch eventuelle Schwierigkeiten bei der Arbeit mit der Rute. Legen Sie sich für den Anfang Ihrer Rutenarbeit immer eine einfache Frage zurecht, mit der Sie feststellen können, ob ihr Energiefluß gestört ist oder nicht. Manchmal hilft es auch, einfach nur den Standplatz zu wechseln. Sollten Sie einmal nicht richtig mit Bioenergie aufgeladen sein, klopfen Sie sich ein paarmal mit der Hand auf das Brustbein, um Ihre Thymusdrüse zu aktivieren (siehe Teil B: »Aufladen«).

Weiter kann es vorkommen, daß die Rute, wenn Sie nicht richtig auf Ihre Frage konzentriert sind, zuerst ein richtiges Ergebnis anzeigt, dann aber Ihren Gedanken folgt und ein Durcheinander von Auf- und Ab- bzw. Hin- und Her-Schwingungen erzeugt. Denken Sie daran: Rutenarbeit ist ernsthafte Arbeit!

Grundregeln

1. Volle Konzentration auf die Frage; seien Sie eins mit dem Geschehen und lassen Sie sich nicht von störenden Gedanken ablenken.

2. Achten Sie darauf, daß Sie beim Arbeiten im Sitzen nicht Arme oder Beine kreuzen. Das gibt falsche Rutenergebnisse (Kurzschluß).

3. Bei jeglichem Arbeiten mit der Rute im Stehen sollten Sie die Beine in eine leichte Grätschstellung bringen.

4. Messungen, bei denen Ihre ganze Sensibilität gefragt ist, sollten Sie, wenn möglich, barfuß machen. Gummisohlen können isolierend wirken.

5. Auf Fehlerquellen achten! Möglicherweise stehen Sie gerade auf einer Wasserader oder einer geopathischen Störzone. Dann gehen Sie einen Schritt zur Seite.
   Testen Sie auch Ihre eigene momentane Strahlenfühligkeit. Manchmal sind Sie nicht richtig aufgeladen.

Austesten von Gegenständen

Dazu gibt es mehrere Möglichkeiten:

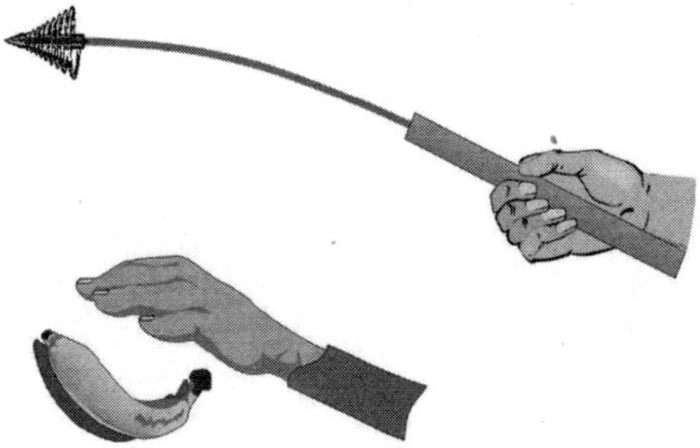

(1) Sie können bei der Arbeit mit der Einhandrute Ihre andere freie Hand (oder nur einen Finger) als Antenne benutzen. Legen Sie beispielsweise Ihre freie Hand auf oder über den Gegenstand (bzw. halten Sie einen Finger daran) und strecken Sie Ihren anderen Arm mit der Einhandrute so vom Körper weg, daß die Rute optimal schwingen kann. Ihre Augen sind dabei auf die Spitze der Einhandrute gerichtet. Ihr Geist ist frei (von störenden Gedanken, Sorgen etc.). Stellen Sie nun Ihre Frage (etwa in der Form: »Ist ... gut für mich?«), und erspüren Sie, wie vorstehend beschrieben, die Schwingung.

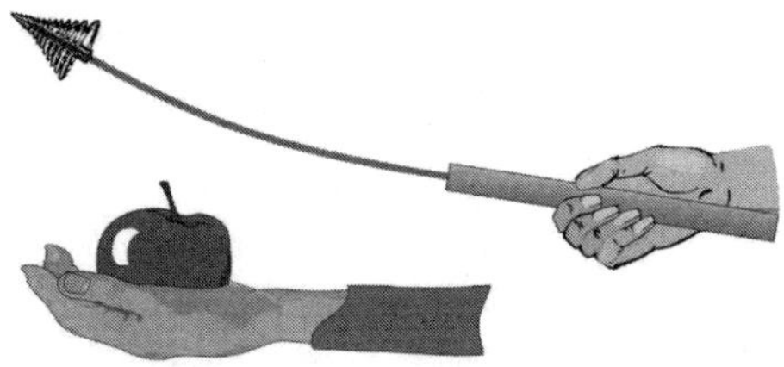

(2) Nehmen Sie den zu testenden Gegenstand in die freie Hand und halten Sie mit der anderen Hand die Rute (oder den Pendel) darüber. Ihre Augen sind dabei sowohl auf den Gegenstand als auch auf den Rutenkopf gerichtet. Stellen Sie nun Ihre Frage (wie etwa: »Ist ... gut für mich?«). Ihr Geist ist dabei frei von störenden Gedanken, und Sie spüren die Schwingung (Sie warten auf die Schwingung, die sich einstellt).

(3) Legen Sie den zu testenden Gegenstand auf einen Platz, z.B. einen Tisch. Achten Sie darauf, daß dieser Platz (wo Sie den Gegenstand hinlegen) störungsfrei ist. Halten Sie die Einhandrute in einem Abstand von etwa 20 cm zwischen Ihre Hand und den Gegenstand. Bilden Sie eine Gedankenlinie zwischen Handinnenfläche und dem Objekt. Erspüren Sie die Energie mit der Rute. Stellen Sie dabei keine Frage (Sie können natürlich auch die Frage wie vorstehend stellen). Lassen Sie sich mental nur auf die fließende Energie ein und schalten Sie alle anderen Gedanken aus (Resonanztest).

(4) Schließlich noch eine Methode: Sie legen den Gegenstand – wie vorstehend – auf einen störungsfreien Platz. Halten Ihre Rute (oder das Pendel) in die Nähe des zu testenden Gegenstandes. Stellen Sie Ihre Fragen »Ist das . . . gut für mich?« (laut oder leise). Erspüren Sie die Antwort mit der Rute. Lassen Sie sich gedanklich nicht ablenken und warten Sie geduldig auf den Ausschlag der Rute. Behalten Sie die Ruten-Spitze (oder die Pendel-Spitze) im Auge.

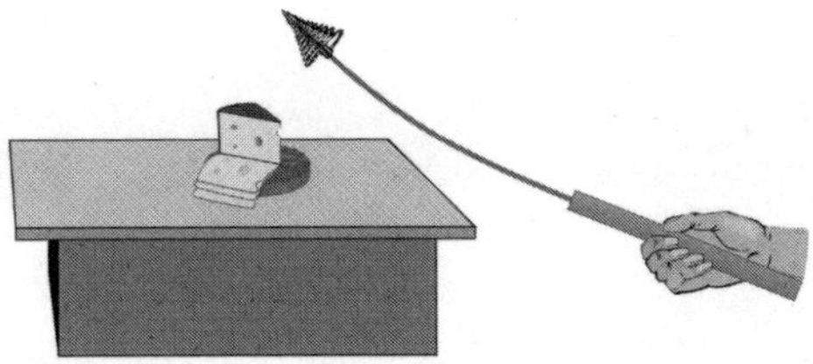

B. Praktischer Teil

Wenn Sie Teil A richtig durchgearbeitet und sämtliche Beispiele ausprobiert haben, sind Sie – vor allem für sich selbst – einen großen Schritt weitergekommen. Sie haben Ihre Strahlenfühligkeit entdeckt, wieder gewonnen und/oder weiter ausgebaut und können damit sich (und anderen) helfen. – Das ist das Anliegen dieses Buches.

Nachfolgend finden Sie nun in alphabetischer Reihenfolge Hinweise zur Lösung bestimmter z.B. gesundheitlicher Probleme unter Zuhilfenahme einer Einhandrute bzw. der Radiästhesie.

Allergie/Allergiker

siehe Kapitel »Lebensmittel« und Kapitel »Sachallergien«

Analyse 1

Mit Hilfe der Radiästhesie lassen sich körperliche Leiden/Erkrankungen gezielt feststellen (und von anderen Leiden abgrenzen). Zunächst aber sei vor der Art der Analyse mit der Rute ein Hinweis erlaubt: Nach der von Ihnen erstelletn Analyse sollten Sie auf keinen Fall voreilige Schlüsse ziehen, und zunächst Ihren behandelnden Arzt oder Heilpraktiker befragen.

Folgender Weg ist möglich: Angenommen, Sie leiden seit einiger Zeit unter diffusen Magenbeschwerden. Welche Erkrankung vorliegt, weiß man nicht. Ursache ist unter anderem der ständige Ärger, Kummer und Streß im Berufsleben, denen Sie ausgesetzt sind. Sie ziehen also z.B. den Gesundheits-Brockhaus zu Rate und schreiben sich alle Fachbegriffe, die Sie dort finden, auf ein separates Stück weißes Papier (also z.B. Colon irritable, Gallenwegsstauungen, Morbus Crohn, Colitis ulcerosa, Menstruationsbeschwerden etc.). Daran anschließend nehmen Sie Ihre Rute und fragen Begriff für Begriff ab; also: »Liegt bei mir ... vor?« – Wenn JA, fragen Sie weiter: »Zu wieviel Prozent liegt hier eine Schädigung/Belastung vor?« (Siehe auch 100-Prozent-Pendel-Diagramm).

Sie können natürlich Ihre Analyseversuche auch direkt über dem Gesundheits-Brockhaus machen, indem Sie den Zeigefinger Ihrer freien Hand (d.h. die Fingerkuppe) auf den entsprechenden Begriff legen und mit der Rute in der anderen Hand abfragen.

Bei dieser Art der Analyse wird die Meinung vertreten, daß oft schon in einem sehr frühen Stadium Krankheiten angezeigt werden (siehe Kapitel »Zellschwingung«).

Beachten Sie: Ihre Messungen erfordern auf jeden Fall eine Interpretation durch einen erfahrenen Arzt oder Heilpraktiker!

> *Aus den Versuchen vieler Forschender geht eindeutig hervor, daß z.B. der Medikamententest mittels der Rute (oder des Pendels) von hoher Aussagekraft ist. Eine statistische Wahrscheinlichkeit von 99,9 Prozent ist unter normalen Bedingungen keine Seltenheit.*
>
> K. Krause

Analyse II

Die in dem Kapitel »Analyse I« gegebenen Hinweise sind alle zum Feststellen einer Krankheit bei Ihnen selbst gedacht. So ist auch der Text abgefaßt. Nach einer bestimmten Zeit der Einarbeitung und der Sensibilisierung werden Sie dann – erfahrungsgemäß – versuchen, für Ihre Familie, Ihre Freunde zu testen.

Fragen Sie folgendes immer erst ab, bevor Sie für einen anderen Menschen testen:

- »Darf ich helfen?«
  Ist Ihr ICH hier überhaupt gefragt? Möglicherweise liegt bei Ihnen ein Helfersyndrom vor, und Sie wollen sich nur beweisen. Prüfen Sie sich ehrlich.
- »Kann ich helfen?«
  Sind Sie seelisch/geistig reif genug, um diesem anderen Menschen Hilfe zu geben?
- »Soll ich helfen?«

Eventuell hat der Mensch, dem Sie gerade helfen wollen, eine Krankheit, die er braucht, um reifen zu können. Dann ist keine Hilfe möglich.

- »Will er/sie meine Hilfe?«
  Es könnte sein, daß der andere nur aus Neugierde zustimmt, aber nicht wirklich an der Antwort interessiert ist. Es gibt Menschen, die aus ihrer Krankheit »Gewinn« (Zuwendung, Mittelpunktsein etc.) ziehen.

Zur Analyse für andere Menschen hier noch ein Beispiel, was selbst wenn sämtliche vorstehenden Fragen mit JA (also mit einer Rechtsdrehung Ihrer Rute) beantwortet wurden, noch alles schief gehen kann:

Eine mit Ihnen befreundete Person klagt über ständige Kopfschmerzen/ Migräne. Sie, als »frisch gebackener Radiästhet«, stellen eine geopathogene Belastung am Kopfende ihres Bettes fest. – Ihre Schlußfolgerung lautet: »Alles klar: Bett umstellen!«

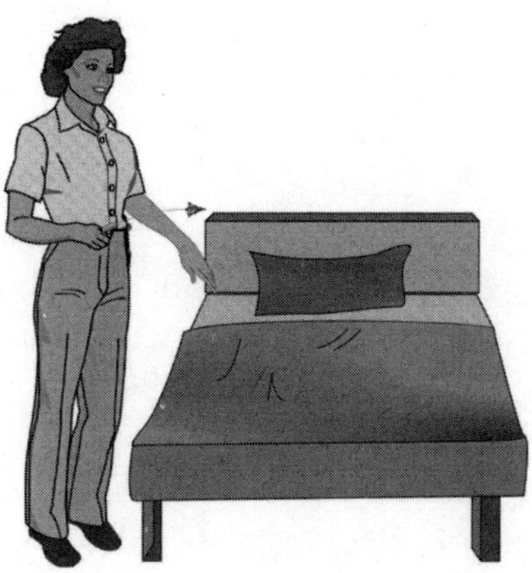

Jedoch weit gefehlt: Die befreundete Person hat eine rechtsseitige Migräne aufgrund ihrer bisher nicht entdeckten Gallensteine! Der mit Reizzonen belastete Bettplatz mag noch hinzukommen. – Oder: Die befreundete Person hat einen Hirntumor, der bisher unerkannt geblieben ist! Der Bettplatz, auf dem sie seit Jahren schläft, sorgt für eine zusätzliche Belastung.

Ich möchte Ihnen also dringend raten: Finger weg!»

Wissen ist Macht« hatte bereits Ende des 16. Jahrhunderts Francis Bacon erkannt und proklamiert. Er bezog diese Einsicht in erster Linie auf das Experiment durch Sinneserfahrung und die Beobachtung als Quelle der Erkenntnis.

Arbeitsmethoden

Ergänzend zum Kapitel »Fragetechnik» (Teil A) sei hier noch nachgetragen: Die dort aufgeführten drei Beispiele behandeln nur die aktive Methode des Arbeitens mit der Rute. Das liegt daran, daß diese in der Praxis sehr viel häufiger angewendet wird.

Der Vollständigkeit halber muß noch erwähnt werden, daß es neben der aktiven Art noch eine passive Methode des Rutens gibt.

Für beide Methoden gilt, sich innerlich leer zu machen, keine störenden Nebengedanken zu haben etc. Der Unterschied zwischen ihnen wird nachstehend erklärt:

a) Bei der aktiven Methode sucht der Radiästhet beispielsweise nach der Eigenschaft einer Sache (eines Medikamentes, eines Bettplatzes). Er fragt aktiv, d.h. er ist konzentriert auf: »Ist der Platz von ... gut für mich?« Oder: »Ist das Medikament ... gut für mich?«. Er stellt also eine direkte Frage, einen bestimmten Bereich betreffend, und wartet auf die Antwort der Rute. Das eigene Unterbewußtsein antwortet dann in der einen oder anderen Weise. Der Radiästhet arbeitet hierbei mit einer bestimmten gedanklichen Einstellung (mentale Testung). Auf diese Weise testet der Radiästhet bei der Arbeit mit Diagrammen und Vorlagen aller Art (z.B. Bilder, Schriften) und vor allem im feinstofflichen Bereich.

b) Bei der passiven Methode wartet der Radiästhet – mit der Rute in der Hand – auf das Ergebnis, ohne sich besonders auf etwas einzustellen. Der zu untersuchende Gegenstand liegt vor dem Testenden. Der einzig erlaubte Gedanke ist: »Mal sehen, was sich tut, welche Schwingung hier vorliegt!« D.h., welche Polarität vorhanden ist. Diese Art zu arbeiten führt allerdings nicht so sehr in die Details, wie es auf andere Weise möglich ist.
Mit dieser Methode finden Sie am besten die Polarisierung von Gegenständen heraus, weil Sie so die den Objekten innewohnenden Kräfte »spüren«. Man spricht auch von der Kunst der passiven Konzentration, d.h., man stellt sich auf den Empfang der vorhandenen Strahlung ein. Mit dieser Methode wird überwiegend mit der Lecherantenne/-rute gearbeitet (vgl.: G. Hürlimann, Pendeln ist erlernbar).

> *Folgerichtiges Denken führt uns in einer großen Zahl von Fällen systematisch bis zu einem bestimmten Punkt, von wo an es uns im Stich läßt. Dann hilft nur noch Intuition und Inspiration.*
>
> Erwin Schrödinger

Arbeitsplatz

siehe Kapitel »Bettplatz-Sanierung«

Ärzte/Internisten

Vereinzelt gibt es bereits Ärzte, die ihren Patienten, z.B. bei Erkrankungen wie Neurodermitis oder Allergien das Arbeiten mit Pendel oder Rute empfehlen, damit die Patienten selbst ermitteln können, was sie essen sollen/können. Diese Patienten gehen dann mit dem Pendel in der Tasche/im Korb einkaufen. Der Korb empfiehlt sich, damit das Pendeln in der Öffentlichkeit bzw. im Geschäft nicht so auffällig ist, weil die fragenden oder forschenden Blicke der anderen Kunden für manchen unangenehm sind (vgl.: Kapitel »Lebensmittel«).

> *Der Mensch an sich, insofern er sich seiner gesunden Sinne bedient, ist der genaueste biophysikalische Meßapparat, den es je gab.*

Aufladen

Sollten Sie vor dem radiästhetischen Arbeiten feststellen, daß Sie nicht richtig mit Bioenergie aufgeladen sind, d.h. nicht über die nötige Lebenskraft verfügen, sollten Sie eine der nachstehenden Methoden zum Aufladen verwenden:

- Suchen Sie sich einen Baum zum Aufladen, fragen Sie aber vorher mit der Rute ab, ob er gut für Sie ist, d.h. zu Ihnen paßt. Wenn der Baum die richtige Schwingung für Sie hat, dann stellen Sie die Fußspitzen an seine Wurzeln und lehnen Stirn und Bauch direkt an ihn, so daß Sie den Baum so richtig umarmen. Empfohlen werden dazu Obstbäume und Fichten. – Diese Technik des Aufladens ist übrigens seit dem Altertum bekannt; auch weiß man, daß Fürst Bismarck sie nutzte. – Dadurch, daß Sie den Baum mit Ihrer Körpervorderseite umarmen, laden Sie Ihre Yin-Seite auf; wenn Sie sich dann nach etwa 10 Minuten umdrehen und sich mit Ihrer Körperrückseite an den ausgesuchten Baum lehnen, laden Sie Ihre Yang-Seite auf.

- Es hilft auch, wenn Sie Ihre pluspolarisierte Hand zur »Kralle« formen und damit mehrmals auf ihre Thymusdrüse klopfen. (Erinnern Sie sich: die Affen im Zoo machen manchmal die gleiche Bewegung, wenn sie ihre Stärke demonstrieren wollen).
- Morgens, nach dem Duschen, sind Sie meistens aufgeladen, weil Duschen negative Energien wegspült. In gleiche Richtung zielt das Händewaschen. Wasser ist ein guter Energieaufnehmer (auch gut zum Ableiten).
- Sie können sich auch dadurch aufladen, daß Sie mit dem ISIS-Pendel eine Zeitlang Schwingungen im Uhrzeigersinn über Ihrer linken Handfläche ausführen (Frauen über der rechten Hand). – Das gleiche Ergebnis können Sie erreichen, wenn Sie diese Schwingung mit dem Atlantiskreuz erzeugen.
- Regelmäßiges Tragen von Tachyonenprodukten (wie Seidenschals oder Stirnbänder) führt zur Auflösung von Stauungen im Energie-System und zur Wiederherstellung der Balance im physischen Körper.
- Sie können sich auch mit gymnastischen Übungen aufladen, wie etwa mit den »Fünf Tibetern« und dabei auch Stauungen lösen. Allerdings gehört zu diesen Übungen etwas Training.
- Zum Aufladen können Sie auch Runenübungen machen, d.h. die Form der Schreibweise mit Ihrem Körper und Ihren Armen nachstellen (vgl.: Spiesberger, Runen-Exerzitien).
- Schließlich seien noch die Möglichkeiten der Meditation, des Reiki und des Polarity genannt, um sich aufzuladen.

Eine besondere Art, sich mit der Rute aufzuladen bzw. die Schwingungen eines Raumes aufzunehmen, hat Dr. Oberbach entwickelt. Er schlägt folgendes vor:

Nehmen Sie die Rute in die Arbeitshand, strecken Sie den Arm im rechten Winkel von sich und halten Sie die Rute etwa im Winkel von 45 Grad schräg nach oben in den Raum (an dem Platz, an dem Sie stehen). Die Rute beginnt in dieser Stellung zu rotieren, und zwar mit einer Rechtsdrehung (etwa 20- bis 30mal). Machen Sie sich während des Aufladens innerlich leer und zählen Sie unverkrampft mit. Atmen Sie dabei ruhig und konzentriert ein und aus. Danach erfolgt ein leichtes seitliches, waagerechtes Hin- und Her-Schwingen (etwa 5- bis 10mal) gefolgt von einer Linksdrehung (etwa 10- bis 20mal). Danach erfolgt ein Auf-und-Ab-Schwingen und danach der Stillstand. Die Rute ist danach bereit für die von Ihnen beabsichtigten Testungen.

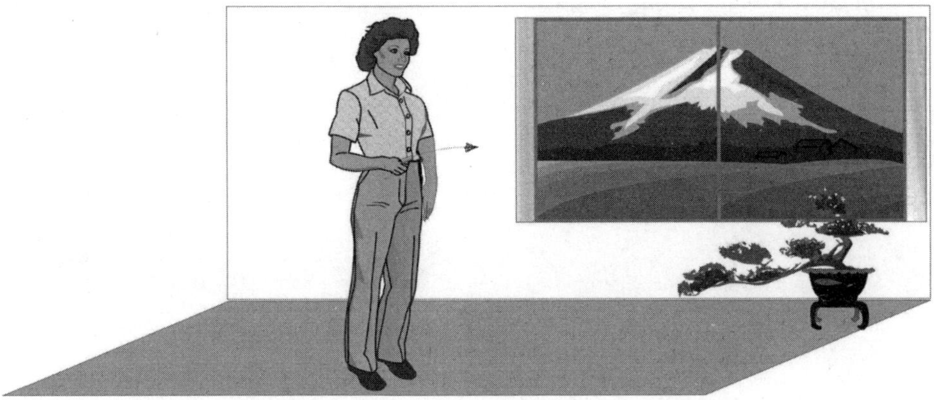

Sie sollten das Arbeiten mit der Rute nicht übertreiben. Das Gehen mit der Rute über Störzonen kann, wenn man es übertreibt, zu gesundheitlichen Störungen führen (Nerven- und Nieren-Schädigungen). Also: Arbeiten Sie täglich nicht mehr als 20 Minuten! Die günstigste Zeit, mit der Rute zu arbeiten, ist der Morgen oder der Vormittag. Außerdem sollte man gesund und ausgeruht sein, andernfalls könnten die Ergebnisse die gewünschte Präzision vermissen lassen.

Aura/Auren

Die Aura ist die Energiehülle, die den physischen Körper des Menschen umschließt (auch bei Tieren und Pflanzen feststellbar). Sie besteht aus vielen verschiedenen Energiehüllen; dabei werden beim Menschen meist u.a. folgende unterschieden: Äther-, Astral-, Mental-, Emotionalkörper etc. Die Farben der Aura lassen Rückschlüsse auf den Gemüts- und Gesundheitszustand eines Lebewesens zu.

Hellsichtige Menschen »sehen« einige Hüllen der Aura, rutenfähige Menschen können die Aura anderer Menschen »abtasten«, d.h. den Abstand der Hüllen vom Körper jeweils beim Übergang von einer Hülle zur nächsten feststellen. Zum Messen empfehle ich die »Quermethode« entsprechend folgender Abbildung.

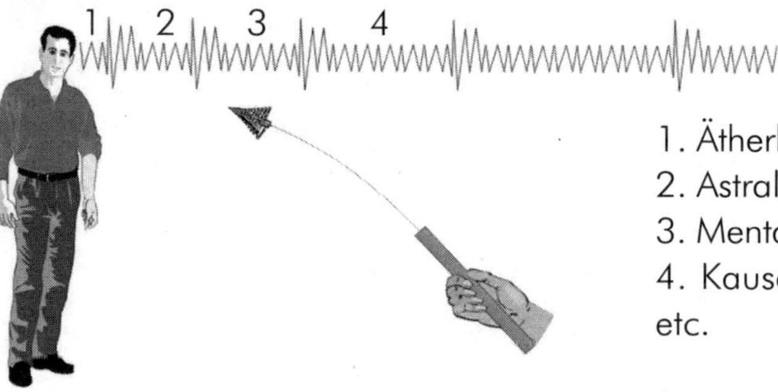

1. Ätherkörper
2. Astralkörper
3. Mentalkörper
4. Kausalkörper
etc.

Bei der Messung quer zum Körper wird die Rute vor die Stirn der betreffenden Person gehalten und dann beim Messen langsam vom Körper weg bewegt. Frage: »Zeige mir bitte das Ende der ersten Hülle!« Der erste Ausschlag (Ätherkörper) erfolgt bei dieser Methode nach etwa 8 bis 10 cm vom Kopf entfernt. Hier schwingt die Rute vertikal stärker auf und ab. Nach weiteren ca. 20 cm tritt (im Idealfall) erneut eine stärkere Vertikalschwingung auf; das ist das Ende der zweiten Aura-Hülle (Astralkörper). Und nach weiteren ca. 40 cm haben Sie das Ende der dritten Aurahülle (Mentalkörper) erreicht. Sie werden dabei feststellen, daß der vertikale Ausschlag mit wachsender Entfernung nicht etwa schwächer, sondern stärker wird (vgl.: Paul Schmidt, Symphonie der Lebenskräfte).

Bedeutung der Aurahüllen

Bezüglich der Bedeutung der Aura-Hüllen läßt sich folgende Unterscheidung festhalten:

- Im Mentalkörper herrscht das Nervensystem. Er ist die Ebene des Bewußtseins.
- Die Basis des Seelischen ist der Astralkörper. Hier findet die Polarität von Freude und Leid ihre Entsprechung.
- Der Ätherkörper gilt als eine Art Doppelgänger des physischen Körpers. Er stellt das Energiefeld dar. (Zwischen Ätherkörper und Astralkörper soll sich die Silberschnur des Menschen befinden, die sich beim Tod abtrennt.)

Folgende Hüllen werden im Naturreich und beim Menschen unterschieden:

	Mineral	Pflanze	Tier	Mensch
Mentalkörper				X
Astralkörper			X	X
Ätherkörper		X	X	X
Physischer Körper	X	X	X	X

Der menschliche Organismus reagiert immer als Einheit, ganz gleich, ob er nun seine normalen Funktionen wahrnimmt oder sich gegen krankmachende Reize wehrt. – Zeichen und Symptome eines krankmachenden Reizes äußern sich auf einer oder mehreren Existenzebenen. – Die Ebenen sind sowohl in sich als auch untereinander hierarchisch gegliedert.

GEORGOS VITHOULKAS

Aura-Soma

Bei den derzeit über 120 Aura-Soma-Produkten (aus England) handelt es sich um ein vielschichtiges, Sinne, Seele und Körper ansprechendes und anregendes Produktpaket. Aura-Soma stellt durch seine feinstoffliche Wirkweise eine sanfte, aber höchst wirksame ganzheitliche Therapiemöglichkeit dar. Die

Entwicklung der Balance-Öle, Pomander, Quintessenzen und Tinkturen, die auf der Basis von Öl, Wasser oder Alkohol als Träger hergestellt werden, ist bislang noch nicht abgeschlossen.

Aura-Soma ist eine Therapieform, bei der mehrere Substanzen kombiniert zum Einsatz kommen. Sie werden eingenommen, in die Haut einmassiert oder in die Aura eingefächelt. Ihre Handhabung ermöglicht es, Farbe bzw. Farbschwingungen zum ersten Mal direkt am Körper anwendbar zu machen.

Die Zweifarbigkeit des Inhaltes der Fläschchen entspricht den beiden Begriffen im Namen von Aura-Soma. Die Inhaltsstoffe wirken auf sämtliche Aura-Schichten und den Körper (Soma), und zwar auf dem Weg über die Düfte und Aromen, über Heilpflanzen und Edelsteine sowie über das älteste Schwingungsverfahren der Welt: Die Farb- und Licht-Einwirkung.

Die Essenzen können auch, z.B. am Beginn einer Meditation, zur Öffnung verwendet werden; sie begünstigen und vertiefen dadurch die Meditation. Sie sind auch bei einer Psychotherapie hilfreich. Über den Weg der Numerologie kann mit den Essenzen ebenfalls gearbeitet werden. Aber nicht nur Menschen profitieren von den heilenden Kräften, die in Aura-Soma enthalten sind, sondern auch kranke Tiere und Pflanzen.

Wie kommen Sie nun zu Ihrer Anwendung von Aura-Soma-Produkten? Gehen Sie im Band »Pendel-Welten« die Seiten 28 und 29 und pendeln dort über den drei künstlerisch gestalteten Diagrammen das Produkt Ihrer Wahl, also bei Pomander, bei Quintessenzen oder Essenzen. Frage: »Welches der Produkte soll ich nehmen?« Oder: »Welches der Produkte ist gut für mich?«

Da die Diagramme durch die Vielzahl der Produkte sehr dicht gezeichnet sind, müssen Sie das Ergebnis Ihrer radiästhetischen Abfrage jeweils noch einmal auf den beiden Seiten des (diagonalen) Pendelausschlages abfragen: »Ist es das ...-Produkt?« oder »Soll ich die Essenz mit Namen ... nehmen?« Das ergibt auf jeder Seite noch etwa drei Nachfragen.

Bei Kleinkindern oder Allergikern etc. ist mit den Essenzen allerdings Vorsicht geboten. Richtig ist zwar, daß z.B. der Duft von Orangenblüten das subjektive Wohlbefinden verbessert, ähnliches gilt für Lavendel. Aber wer zu Allergien neigt oder Klein- bzw. Kleinstkinder hat, sollte mit duftenden Essenzen behutsam umgehen. Das Immunsystem von Kleinkindern ist in den ersten Lebensjahren noch labiler als das von Erwachsenen. Deswegen gibt es bei Aura-Soma unter den vielen Fläschchen auch spezielle Sorten für Kleinkinder.

Man weiß, daß im Garten Eden 24 Gattungen von Wohlgerüchen vorhanden sind, welche alle Arten von Heilmitteln enthalten. Und diese Düfte sind die Triebkräfte der verschiedenen heilbringenden Kräfte und Mineralien.

Der »Hohe Rabbi« Löw

Bauen

Sie kennen das schwäbische Sprichwort: »Schaffe, spare, Häusle baue!« Hoffentlich ist damit das Bauen mit Ziegelsteinen und Mörtel gemeint. Betonbauten mit Stahlarmierungen sind nämlich der Gesundheit weitaus weniger zuträglich. Ziegel dagegen sind offenporiger, also klimatechnisch günstiger. Jedoch, ob das Haus groß oder klein ist, niemals gibt es eine Garantie dafür, daß es Ihnen Gesundheit und Wohlbehagen bietet.

In vielen Häusern/Eigenheimen fühlen sich die Bewohner weder gesund noch glücklich. Denn eigenartigerweise stehen die Betten meist in der Ecke des Hauses, wo die geopathischen Belastungen gehäuft/gebündelt auftreten. Von einem gesunden Eigenheim kann dann nicht mehr die Rede sein, wenn eine Generation nach der anderen (möglicherweise in mehreren Stockwerken übereinander) an Krebs erkrankt ist.

Sie können jedoch sehr viel zu ihrer Gesundheit und ihrem Wohlbefinden beitragen, wenn Sie Ihr Haus selbst bauen, die Baumaterialien selbst aussuchen und diese beim Bauen bearbeiten. Unsere Vorfahren wußten vom vernünftigen Bauen noch eine ganze Menge. Sie haben z.B. die Mauern ihrer Häuser auf den Streifen des Globalnetzgitters errichtet. Die Straßen der Städte hatten Ihren Verlauf auf Störzonen. – Aber wer kann bei Großstädten und dem vorhandenen Platzmangel noch auf so etwas Rücksicht nehmen?

Was Sie aber tun können, wenn Sie Ihr Haus selbst bauen, ist, jeden Stein, den Sie mauern wollen, vorher dreimal mit dem Hammer schlagen, um ihn damit zu polarisieren. Danach bewerfen Sie den Stein sofort mit Mörtel und setzen ihn in der Mauer ein, die geklopfte, positive Seite des Steins nach oben (die negative nach unten). Wenn Sie Ihr Haus so von den Grundmauern aus mit positivpolarisierten Steinen hochmauern (vor allem gleichgerichtet), ist es entstört. Sie erreichen dadurch nicht nur im Haus, sondern auch um das Haus herum ein gutes, angenehmes Klima.

Auf gleiche Weise wurden früher auch Stadtmauern hochgezogen. Wer besondere Rechte hatte, durfte in diesem entstörten Bereich leben und wohnen und genoß den Schutz der Mauern in doppeltem Sinn. In diesen Zusammenhang gehört auch der Burgfrieden, der im Mittelalter erhöhten rechtlichen Schutz und – bestimmten Schichten des Volkes – auch persönlichen Schutz auf ummauerten Plätzen (in der Burg oder in der Stadt) gewährte.

Sie können die vorstehenden Aussagen selbst überprüfen, indem Sie mit der Rute die Steine alter Mauern testen. Legen Sie an die obere Hälfte eines bestimmten Steins ihre freie Hand, während Sie die Rute in der anderen Hand halten. Frage: »Welche Polarität liegt hier ... vor?« Sie sollten als Antwort eine Rechtsdrehung der Rute erhalten. Wenn Sie denselben Stein in der unteren Hälfte abfragen, müßten Sie eine Linksdrehung erhalten. Wenn das alles so ist, sind Sie sicher, daß es sich um eine alte Mauer handelt, die richtig gemauert wurde.

Diese Gesetzmäßigkeit wurde bei Kirchen insoweit durchbrochen, als dort in anderer Weise gemauert wurde. Die negative Seite des geklopften Steins kam nach außen, die positive Seite ausschließlich nach innen. Die Steine wurden also auch geschlagen, aber anders aufeinander gesetzt. Der Gedanke war: Der Kirchenraum als heiler (heiliger) Raum, muß besonders gestaltet sein. Deshalb wurde die Pluspolarität nach innen genommen. In alten Hünengräbern können Sie übrigens dasselbe feststellen. Auf diese Weise wurden Räume zu Kraftkammern oder zu Orten der Kraft. Durch den Bau der Kirche mit polarisierten Steinen wurden sie zudem von geopathischen Zonen befreit. In ganz einfachen alten Kirchen sind deshalb bereits 12.000 bis 15.000 Bovis-Einheiten feststellbar (vgl.: B. Fricke, Polarität von Steinen in RGS-Zeitschrift, Nr. 191, Jahrgang 38).

Abschließend noch ein paar Hinweise zum Bau eines Hauses:

- Stromzufuhr unterirdisch von der Straße zum Haus
- genutzten Teil des Hauses (der Räume) flexibel halten
- sorgfältige Auswahl des Bauplatzes (keine kontaminierten, belasteten, Böden, keine Moore, keine Sümpfe)
- nicht in der Nähe von Sendemasten (TV, Radio, Mobilfunk, Flughafen)
- nicht in der Nähe von Hochspannungsleitungen

- keine Fußbodenheizung im Schlafzimmer
- keine Dampfsperre zur Dachisolierung
- Stahlbetonbauweise meiden
- natürliche Bauweise bevorzugen
- sparsam Metallgeländer einbauen
- viel natürliche Baustoffe und Holz verwenden

»Nur wer sich bewegt, kann vorwärts kommen.« Das gilt im wirklichen Leben wie im geistigen.

Bettplatzsanierung

Eine Bettplatz-, d.h. eine Schlafzimmersanierung, ist ein umfassendes Unterfangen. Das liegt darin begründet, daß derartige Sanierungen so vielschichtig sind.

a) Sanierung im Zimmer

Hierbei sollten vor allem – vorsorglich – folgende Maßnahmen/Gebote befolgt werden:

- Im Schlafzimmer keine Spiegel aufhängen, weil Spiegel nicht nur Licht, sondern auch Strahlungen reflektieren und mit Quecksilber beschichtet sind.
- Aus dem gleichen Grund sollten keine hochglanzpolierten Schrankflächen im Schlafzimmer vorhanden sein, weil sie Strahlungen reflektieren wie Spiegel. Matte Möbeloberflächen sind besser als polierte.
- Ferner sollten keine aufwendigen Reliefstrukturtapeten verklebt werden, weil sie häufig Schadstoffe enthalten und diese dann auch abstrahlen. Einfache Rauhfasertapete, sofern sie keine Kunstharze enthält, reicht völlig aus.
- In der Nähe des Bettplatzes dürfen keine elektrischen Geräte aufgestellt sein. Hierzu gehören: Fernseher, Radio-Geräte, Computer, elektrische Uhren, Radio-Wecker, Video-Recorder, Nachttischlampen, Leselampen, elektrische Heizkissen, Steckdosen, Nachtspeicheröfen etc.

- Der Abstand des Kopfendes vom abgeschalteten Gerät sollte mindestens 0,50 bis 0,80 m betragen (Sie können den richtigen Abstand mit der Rute testen.) Aber selbst, wenn der Abstand eingehalten wird, gehören diese Geräte nicht ins Schlafzimmer. – In jedem Fall ist es hilfreich, nachts sämtliche Stecker aus den Steckdosen zu ziehen (eine Art Nachtfreischaltung).
- In gleichem Zusammenhang sind die Elektrokabel zu bewerten, die wegen der elektrischen Geräte oft in großer Zahl unter oder hinter dem Bett liegen bzw. verlegt sind. Auch Kabel senden elektromagnetische Wellen aus, weil sie meist nicht genügend abgeschirmt sind. Aber selbst auch nicht stromführende Kabel, die in älteren Häusern oft in der Wand liegen, können sensible Menschen stören.
- Was in dem Zusammenhang mit Elektrosmog im Schlafzimmer hilfreich sein kann, sind Netzfreischalter (Firma Vögele). Sie sind jedoch nicht ganz billig und müssen extra von erfahrenen Fachleuten installiert werden. Ihre Wohnung erhält dadurch mindestens zwei getrennte Stromkreise.
- Störend macht sich in der Regel auch Fußbodenheizung bemerkbar, ganz gleich, ob sie mit Strom oder Wasser betrieben wird.
- Zu den Sanierungen im Schlafzimmer, die vor einer Begehung durchgeführt werden können, gehört auch das Abschaffen von Metallbettgestellen und Metallbettrahmen sowie Federkern-Matratzen, weil sie mit bezug auf elektromagnetische Wellen oder Erdstrahlen wie Antennen wirken, nämlich verstärkend. Hier gibt es zwar Möglichkeiten zur Entstörung, doch sie sind nur schwer zu montieren und müssen geerdet werden.
- Ferner sollen die Betten mit dem Kopfende nicht zu dicht an einer (Außen-) Wand stehen (u.a. wegen der Stahlarmierung in den Wänden); ein Abstand von der Wand von etwa 60 cm ist empfehlenswert.
- Auch sollten keine Kupfergegenstände, wie Wandteller, Vasen, Schalen, im Schlafzimmer aufgestellt werden, weil dadurch magnetische Pole entgegengesetzter Polarität entstehen können.
- Das Bettzeug ist ebenfalls zu beachten: Decken aus reiner Schurwolle, Lamahaar, Kapok etc. sind besser verträglich als Federbetten; für Unterbetten gilt das gleiche.
- Vor allem sollten Sie Kunststoffe im Schlafzimmer vermeiden. Das gilt für Kunststoffanteile in Mischgeweben der Bettwäsche, der Nachtwäsche etc., wie auch für Kunststoffe bei Bodenbelägen und Möbel.

b) Sanierung von Erdstrahlen

Zur Bettplatz-Sanierung gehört auch die Feststellung von geopathischen Belastungen, d.h. von Strahlungen, die aus dem Erdreich kommen. Wichtig ist festzustellen, um welche Art von Strahlung es sich handelt, bevor Entstörmaßnahmen eingeleitet werden können. Bedenken Sie auch, daß ein störungsfreier Platz immer wertvoller ist als die beste Entstörungsmaßnahme. Was mögliche Belastungen betrifft, kommen Wasseradern, Verwerfungen, Kreuzungen, das Curry-Netz etc. in Betracht. – Hierzu sei auf die Kapitel »Feldbegehung«, »Geopathie«, »Test-Ampullen« und auf den Band »Pendel-Welten« verwiesen.

Störstrahlungen am Bettplatz können terrestrischer oder kosmischer Natur sein oder vom Elektrosmog herrühren. Die Möglichkeiten der Entstörung sind deshalb auch vielfältig, u.a.: Bergkristalle, eine besondere Art von Schotter, Aluminiumfolie (glänzende Schicht zur Störstelle gerichtet), »Fliegengitter« mit Erdung unters Bett.

Einigermaßen Sicherheit erhalten Sie bei Entstörungsmaßnahmen, wenn Sie das Verhalten von Haustieren beobachten. Die meisten von ihnen sind nämlich Strahlenflüchter; eine Ausnahme ist u.a. die Katze. Sie fühlt sich überall dort wohl, wo Strahlung existiert. Kleinkinder reagieren wegen ihrer noch intakten Instinkte im allgemeinen empfindlich auf Strahlungen, indem sie z.B. in das elterliche Bett flüchten, unruhig schlafen oder zum Bettnässen neigen.

Der einfachste und sicherste Weg, um einen Bettplatz zu entstören, ist oftmals, das Bett umzustellen. Manchmal gelingt das nicht, weil die Zimmer zu klein sind und für eine Umstellung keine Möglichkeit bieten. Dann bleibt nur die andere Alternative, das Bett auf kleine Rollen zu stellen und es abends vor dem Schlafengehen aus der Störzone herauszurollen (evtl. mitten ins Zimmer). Eine andere Möglichkeit der Entstörung ist das Abschirmen vom Keller des Hauses aus. Dazu muß im Keller ein entsprechendes Gerät aufgestellt werden.

c) Einwirkungen aus der Nachbarschaft

Selbst in einem sanierten Schlafzimmer können für Sensitive noch immer fühlbar Störungen auftreten, nämlich dann, wenn sie von der »Nachbarschaft« ausgehen. Hierzu zählen u.a. Fernseher, deren Strahlung durch die Wand kommen kann, Satelliten-Empfangsantennen (besonders der hintere Teil), Steigleitungen in der Schlafzimmerwand, Zählerkasten in der Wand (vom Flur) zum Schlafzimmer, Heizöltanks (strahlen aus dem Keller) etc. Sollte dies bei Ihnen der Fall sein, müssen Sie Ihren Bettplatz hiergegen isolieren, indem Sie an der Wand evtl. Aluminiumfolie und/oder 5 cm dicken Korkplatten installieren sowie am Fenster (für die Nachtzeit) Transformertücher befestigen, die die Strahlung abhalten (siehe Kapitel: »Entstörung«; Lieferant der Tücher: Firma Markt-Kommunikation GmbH).

➲ **Merke:** Sämtliche genannten Störfaktoren wirken um so intensiver, je sensibler/sensitiver der betroffene Mensch ist. Manchmal hängt auch das Entstehen von Elektrostreß ganz einfach mit dem Gesundheitszustand der betreffenden Person zusammen, d.h. er ist von der Zellschwingung des Körpers abhängig (vgl. hierzu Kapitel »Zellschwingung«). Wenn wir kerngesund sind, Sport treiben, ein harmonisches Leben führen, sind wir auch gegen die vorübergehenden Einwirkungen am Schlafplatz weitgehend immun.

Bettplatzsanierungen sind noch aus einem anderen Grund wichtig. Das Wirken der Medikamente, insbesondere der homöopathischen Medikamente, hängt davon ab, in welchem Gesundheits- bzw. in welchem Krankheitszustand wir uns als Patienten befinden. Eine Therapie kann z.B. erst erfolgreich nach einer richtigen Entstörung durchgeführt werden.

Abschließend sei noch eine kleine Aufstellung der Symptome/Erkrankungen angefügt, die häufig mit einem schlechten Bettplatz in Verbindung gebracht werden:

- Schlafstörungen
- Alpträume
- Asthma bronchiale
- Allergien
- Angina pectoris
- nächtliches Kribbeln
- Herzbeschwerden
- Fehlgeburten
- Leukämie
- Unterleibsleiden
- Wirbelsäulen-Blockierungen
- Neurodermitis
- Krebs
- Migräne
- Epilepsie
- Multiple Sklerose
- Depressionen
- Ischias
- Nierenerkrankungen
- Magenleiden

Wir dürfen uns, wenn wir die Phänomene wirklich durchschauen wollen, nicht nur auf die bloße Beschreibung der Erscheinungstatsachen beschränken, sondern müssen das Urphänomen aufsuchen, das sich hinter allem verbirgt und identisch ist mit dem objektiven Naturgesetz.

H. W. Barke

Beziehungstest

Beim Beziehungstest oder Vergleichstest werden zwei Gegenstände miteinander verglichen/in Beziehung gesetzt. Es kommt in diesem Fall darauf an, ob zwei Dinge wirklich gleich sind. Ist das der Fall, dann liegt gleiche Schwingung vor, d.h. beide Dinge besitzen die gleiche Frequenz (und gleiche Polarität, siehe nachstehende Abbildung A). Nur dann ist von der Rute ein Entsprechungsausschlag zu erhalten. Handelt es sich um zwei völlig verschiedene Gegenstände, besitzen sie unterschiedliche Frequenzen. Hieraus resultiert Ablehnung (siehe nachstehende Abbildung B).

Diese Ergebnisse können natürlich nur erzielt werden, wenn eine Entsprechung oder Ablehnung gegeben ist, d.h. wenn es zwei gleiche oder zwei ungleiche Dinge sind. Der Beziehungstest wird jedoch auch dann gemacht, wenn nur eine teilweise Übereinstimmung vermutet wird, diese aber radiästhetisch überprüft werden soll. Dabei erhalten Sie einen diagonalen Ausschlag (siehe nachstehende Abbildung C). Der Beziehungstest ist also immer dann sinnvoll, wenn Vergleiche angestellt werden (vgl.: Paul Schmidt, Symphonie der Lebenskräfte).

Versuchen Sie den nachstehend beschriebenen Test durchzuführen und dabei zu verstehen, was der Beziehungstest zeigt:

Für Ihren Test besorgen Sie sich zwei Gläser, die möglichst gleich aussehen und gleich groß sind. Füllen Sie in beide etwa die gleiche Menge normales Leitungswasser ein, und stellen Sie die Gläser im Abstand von ca. 25 cm nebeneinander (vor sich) auf. Frage: »Ist der Inhalt der Gläser gleich?« Sie müssten einen Horizontalausschlag des Pendels erhalten (siehe Abbildung A).

Lassen Sie danach von einem Dritten in Ihrer Abwesenheit den Inhalt eines Glases verändern, indem der Dritte in ein Glas etwas Kochsalz (es kann auch Zucker sein) einrührt. Dem Wasser im Glas darf man diese Veränderung nicht ansehen, d.h. das Wasser darf weder trüb sein, noch darf sich am Boden eine Ablagerung zeigen.

Nachdem die Veränderung an einem der beiden Gläserinhalte vorgenommen wurde, ruft man Sie – den Radiästheten – wieder herein, um jetzt zum zweiten Mal zu testen. In diesem Fall darf kein Horizontalausschlag mehr erfolgen, je nach Menge der Beimischung erhalten Sie einen Diagonalstrich als Pendelausschlag (siehe Abbildung C) oder einen Trennstrich (siehe Abbildung B).

Probieren Sie diesen Beziehungstest mit unterschiedlich viel Salz oder Zucker als Beimischung aus und beachten Sie dann den sensiblen Ausschlag – in diesem Fall verwenden Sie übrigens am besten ein Pendel.

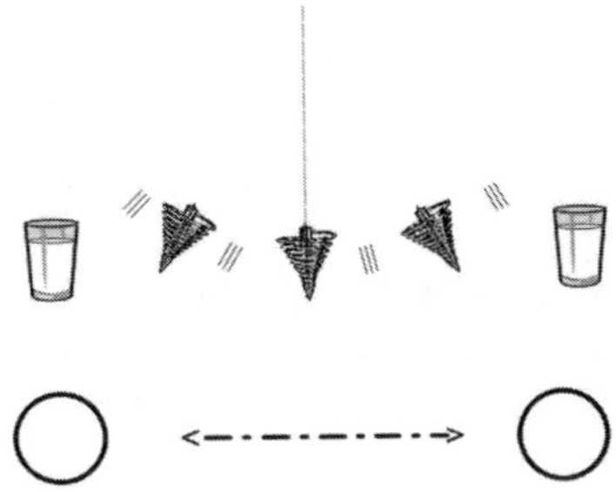

- A -

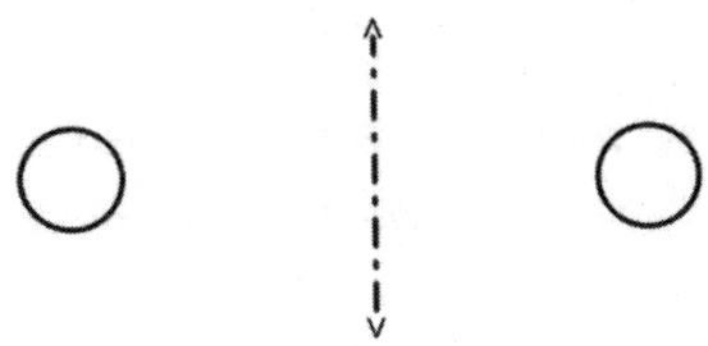

- B -

- C -

Radiästhesie führt uns in die geheimnisvolle und faszinierende Welt grobstofflicher und feinstofflicher Schwingungen, in die Frequenzen der belebten, unbelebten und mentalen Natur ein.

Bildschirm

Bildschirme senden Strahlen aus (siehe Kapitel »Entstörung«). Sie können diese Strahlung mit der Rute feststellen. Es sind pathogene, krankmachende, Strahlungen, u.a. Röntgenstrahlung; die Rute dreht beim Testen links. Angeschaltet kann man sie etwa im Abstand von 1,20 bis 1,60 m vor dem Bildschirm mit der Rute testen, abgeschaltet sind es etwa 0,60 bis 1,00 m (je nach Größe und Alter des Bildschirms). Vorstehende Angaben gelten für Computerbildschirme in gleicher Weise wie für Fernseher. Die Abstrahlung läßt sich in etwa gleich sowohl hinter als auch vor dem Gerät nachweisen (obwohl die Strahlung hinter dem Gerät oft stärker ist als vor dem Gerät).

Das ist der Grund dafür, daß Bildschirme eigentlich weder im Schlafzimmer noch im Wohnzimmer aufgestellt werden sollten, es sei denn, man kann sie – während sie nicht angeschaltet sind – in einem Schrank unterbringen und die Türen von innen mit Aluminium-Folie bekleben. Oder die Zimmer sind groß genug, daß man genügend Abstand zu den Geräten einhalten kann (elektrische Strahlung baut sich mit dem Quadrat der Entfernung ab). Bei Computerbildschirmen gibt es inzwischen die LCD-Geräte, die nicht strahlen. Schwangere sollten trotzdem – zu ihrer eigenen Sicherheit – keine Bildschirmarbeit machen. Allerdings ist die Röntgenstrahlung in der Wirkung um so schwächer, je weiter man sich davon entfernt halten kann (also große Bildschirme kaufen und als Abschirmmaßnahme Stecker drehen).

Wenn Sie die Strahlung testen wollen, stellen Sie in unmittelbarer Nähe der Geräte Blumen auf (z.B. Usambaraveilchen). Sie können dann sehr schnell feststellen, daß die Blumen diesen »Härtetest« nicht bestehen. Sie als Arbeitnehmer jedoch dürfen an den Geräten weiter arbeiten!?

Du sollst dich nicht nach einer vollkommenen Lehre sehnen, sondern nach der Vervollkommnung deines Selbst.

Hermann Hesse

Biodaten

Die nachstehend aufgeführten biologischen Kenndaten eines Menschen sind geeignet, ein Bild von seiner gesundheitlichen Verfassung und gegebenenfalls von seiner gesundheitlichen Gefährdung zu geben. Die aufgeführten Kennzahlen sind keineswegs vollständig; weitere lassen sich bestimmen.

Sinn und Zweck solcher biologischer Daten ist es, gesundheitliche Fehlentwicklungen sowohl infolge natürlicher und technisch erzeugter künstlicher Strahlung als auch infolge anderer Ursachen wie Belastungen (falsche Ernährung, falsche Medikation u.a.) aufzudecken, lange bevor eine Erkrankung klinisch feststellbar wird.

Bei der richtigen Befragung können Sie sehr schnell herausfinden, durch was Störungen im Körper entstanden sind und welche Bedeutung Sie diesen Störungen beimessen sollten. Fragen Sie also immer erst die nachstehend aufgeführten Begriffe/Bio-Daten ab: »Liegt bei mir eine ...-Belastung vor?« Und, wenn JA, fragen Sie auf dem 100-Prozent-Diagramm (siehe Kapitel Fragenkatalog) mit dem Pendel nach: »Wie groß ist die ...-Belastung in Prozent?« Das Ergebnis sind die Kenndaten (Sie können andere, weiterführende Daten entwickeln).

Zu den bedeutsamen Biodaten gehören u.a.:

- Elektrizitätsbelastung
- Magnetfeldbelastung
- Erdstrahlenbelastung
- Radioaktivitätsbelastung
- Umweltbelastung
- Schwermetallbelastung
- Medikamentenbelastung
- Genußmittelbelastung
- Ernährungsbelastung
- Schadstoffbelastung
- Vitaminmangel
- Mineralstoffmangel

➲ **Merke:** Kennzahlen sind auch zur Kontrolle geeignet, z.B.

- Bei Bettplatzuntersuchungen, und zwar vor der Entstörmaßnahme und etwa 4–6 Wochen danach.
- Um den Verlauf einer Erkrankung bzw. um den Verlauf der Genesung zu bestimmen.

In Zeiten, in denen ständig Wirtschaftswachstum und technischer Fortschritt gefordert werden, versucht man uns einzureden, daß die wissenschaftliche Forschung in der Lage ist, Lösungen anzubieten, die eine Beachtung der Naturgesetze überflüssig macht.

JOHANN GRANDER

Bioenergetische Kräfte

Sämtliche biochemischen Vorgänge im Körper werden von biophysikalischen Energien gesteuert. Jede Erkrankung beginnt mit einer energetischen Störung.

Der menschliche Körper braucht ausreichend (und ausbalanciert) drei spezielle Energieformen:

1. Harakraft
   Terrestrische Energie (oder Erdkraft) fließt über das Wurzelchakra direkt ins Rückenmark. Kosmische Kräfte fließen über das Scheitelchakra direkt in die Hypophyse. Durch diese Kräfte werden die Chakren in Rotation versetzt und ihre Funktion als Relaisstationen zu dem Strahlungskörper um uns herum verstärkt in Gang gesetzt. Aus diesem Strahlungskörper (der Aura) heraus werden viele sehr wichtige Lebens- und Steuerfunktionen beeinflußt.

2. Steuerkraft
   Sie fließt nach speziellen Messungen über alle sieben Hauptchakren und deren »Stengel« zum Rückenmark und zu den Hirnteilen. Sie steuern mit den zugehörigen Nebenfrequenzen über die Meridiane die Organe. Die Nebenfrequenzen sind zur Gesundung unbedingt erforderlich.

3. Vitalkraft
   Sie wird laut spezieller Messungen durch die Rotation der Chakren über das Milzchakra eingesogen. Diese Kraft steuert bzw. verstärkt viele lebenswichtige Organ-, Nerven- und Denkprozesse. Bei Stauungen in den Chakren und deren Leitbahnen können die Kräfte im Körper nicht frei fließen (vgl.: E. Heller, Anleitung zur Akupunktur-Schwingungstherapie).

Tatsächlich gibt es überhaupt keine Materie. Alles und jedes ist aus Schwingung zusammengesetzt.

Max Planck

Biometer/BOVIS

Das Biometer wurde von dem Physiker A. Bovis entwickelt und diente ursprünglich dazu, nicht-materielle Energieformen, besser gesagt, die »biologische Qualität« einer Sache zu bestimmen. Später wurde diese Technik zur Qualitätsbestimmung von Lebensmitteln, Stoffen, Plätzen verwendet. Was mit Hilfe einer Skala (siehe nachstehend) oder mit Hilfe eines Diagramms (d.h. mit Rute oder Pendel als Testinstrument) gemessen wird/werden kann, ist die Qualität einer Sache, d.h. die Qualität einer physikalisch nicht erfaßbaren Vitalität oder Lebenskraft.

Das Interessante an dieser Methode ist, daß die Konzeption des radiästhetischen Arbeitens, die hauptsächlich entweder eine Links- oder Rechtsdrehung erlaubt, mit Hilfe des Biometers erweitert werden konnte. Er erlaubt, die Qualität einer Sache, die Vitalität eines Menschen, den Wert eines Ortes in Zahlen (Werten) zu bestimmen; man kann mit dieser Methode gesund von ungesund/krank unterscheiden. Die Abfrage nach der Intensität, die eine Strahlung an einem bestimmten Ort hat, lautet beispielsweise: »Wie hoch ist die Intensität der Schwingung an diesem Ort, an dem ich hier stehe?« Oder: »Wie hoch ist die Intensität der Schwingung von diesem Lebensmittel, das ich in der Hand halte?« – und dann hochzählen!

Nachstehend finden Sie eine **Richtwerteskala in Bovis-Einheiten** (BE) für Ihre Abfrage (vgl. Blanche Merz: Die Seele des Ortes):

etwa	1.600 BE	keine Lebenskraft mehr
etwa	2.000 BE	Kreuzung / pathogene Zone
2.000 bis	6.500 BE	gesundheitlich schädlich
etwa	7.500 BE	Mittelwert für physische Energie des Menschen in Europa
etwa	8.000 BE	gute Vitalstrahlung beim Menschen
etwa	12.000 BE	technische Pyramiden-Modelle
8.000 bis	13.000 BE	Energieübertragung von Heilern
13.000 bis	14.000 BE	Kirchenplatz, der benutzt wird
etwa	18.000 BE	Labyrinth von Chartre / Kraftort
16.000 bis	21.000 BE	Felsen von Naguane in Capo di Pinte
etwa	27.000 BE	Orgon-Verstärker / Therapie-Geräte
etwa	34.000 BE	starke Orgon-Pyramide

Zu dem Bereich unterhalb der 7.500 BE (als Richtwert für Gesundheit) hat Dr. J. Oberbach in seinem Buch (Das Biotensor-Praxisbuch II, »Erdstrahlen und Atomkrankheiten«) einige Werte veröffentlicht:

6.300 BE	Ulcus
6.000 BE	Morbus Bechterew
5.800 BE	Magen
5.600 BE	Drogen
5.400 BE	Allergie
5.300 BE	Herpes
4.700 BE	Ischias
4.600 BE	Rachitis
4.500 BE	Furunkel
4.300 BE	Psoriasis
4.200 BE	Hautinfekt
4.100 BE	Leukämie
3.800 BE	Varikose
3.700 BE	Skoliose
3.600 BE	Exanthen
3.400 BE	Tuberkulose
3.200 BE	Diabetes
3.100 BE	Syphilis
2.600 BE	Krebs
2.400 BE	Lymphödem

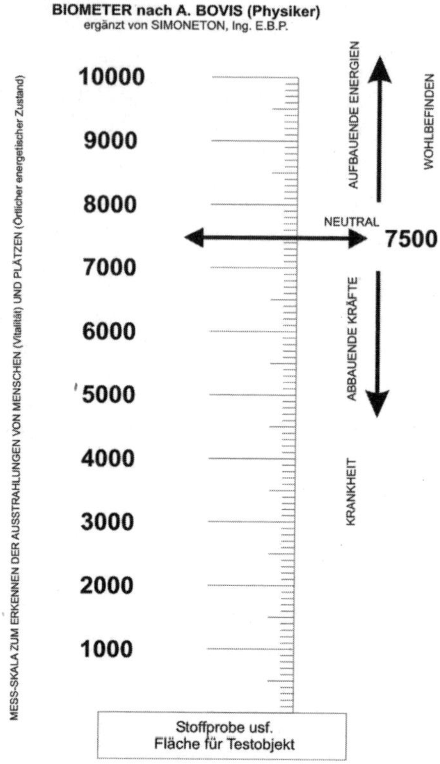

Die Abfrage müsste etwa lauten: »Liegt bei mir die Intensität einer Schwingung mit (z.B. 4.700) Bovis vor?« Wenn JA: »Wie stark ist die gesundheitliche Beeinträchtigung in Prozent?« Die gesamte Abfrage erfolgt mental.

Anzumerken ist, daß der Wert von etwa 12.000 Bovis bei einem gesunden, aktiven Menschen in Mitteleuropa keineswegs den ganzen Tag über feststellbar und damit meßbar ist. Das Aufrechterhalten dieses Wertes hängt von der Tageszeit, vom Wetter, vom Essen und Trinken etc. ab. Bei Sonnenschein ist der Wert höher als bei Regen, am Tag (um die Mittagszeit) befindet er sich in seinem Maximum, nachts ist er niedriger (sonst könnten wir nicht schlafen). Andererseits reichen 12.000 Bovis nicht aus, wenn großer Handlungsbedarf besteht. So richtig aktiv/kreativ ist man erst ab 20.000 Bovis.

> *Hier ist mein Geheimnis, es ist ganz einfach: Du siehst nur mit dem Herzen gut. Das Wesentliche ist für die Augen unsichtbar.*
>
> ANTOINE DE SAINT-EXUPERY

Blütenessenzen

Im Handel sind mittlerweile mehr als 1.000 Essenzen erhältlich, wobei es sich nicht immer um Blumenblütenessenzen handelt, es kommen auch Frucht- und Gemüseblüten zum Einsatz, ebenso Baumblüten. Die bekanntesten Herkunftsländer der Essenzen sind Australien, Brasilien, Deutschland, England, Hawaii, Kalifornien, Schottland sowie die Schweiz. Grund des großen Angebots und der schnellen Verbreitung ist die mittlerweile zigfach belegte verblüffende Wirksamkeit der Blütenessenzen.

Ein Überblick über diese Vielfalt und ihre Wirkung ist schwierig und nur Fachleuten möglich. Von der Anwendung her herrscht Einigkeit: Sie haben vorrangig das Ziel der Heilung der Seele (und damit des gesamten Menschen). Es sind energetische Heilmittel, die viele Störungen, vor allem im feinstofflichen Körper des Menschen, beheben, bevor diese sich als Organerkrankungen niederschlagen.

Man unterscheidet zwischen der Einnahme von Einzelessenzen und der von individuell zusammengestellten Essenzkombinationen. Mit Hilfe der Radiästhesie kann sich der private Anwender durch das große Angebot der Blüten-Essenzen durcharbeiten. Bezüglich der Bachblüten haben Sie z.B. die Möglichkeit, das im Band »Pendel-Welten« veröffentlichte Pendeldiagramm zu verwenden. Mit diesem Diagramm können Sie auf zwei Wegen arbeiten. Sie können Ihr Pendel in die Mitte des Diagramms halten und dann fragen: »Welche dieser Blütenessenzen ist gut für mich?« Oder: »Welche dieser Blüten-Essenzen soll ich bei meinem Problem/Gemütszustand einnehmen?« Der Pendel wird sich von selbst in Bewegung setzen, in die Richtung, die die für Sie hilfreiche Essenz zeigt. Danach sollten Sie noch die einzunehmende Menge abfragen.

Die Abfrage anhand des Diagramms können Sie auch variieren, indem Sie mit dem Pendel jeden einzelnen Begriff abfragen (also das Pendel nicht in die Mitte halten, sondern direkt über den jeweiligen Begriff halten). Frage: »Soll ich das Mittel ... einnehmen?« Dabei kann es passieren, daß der Pendel bei mehreren dieser Mittel positiv ausschlägt. Auf diesem Weg kämen Sie dann zu einer individuellen Essenzkombination (eine Art Komplexmittel) für Ihr spezielles Problem.

Beide der beschriebenen Vorgehensweisen sind für den Fall gedacht, daß Sie sich nach der Abfrage die einzelnen Fläschchen besorgen und sich dann Ihre Mischung daraus herstellen bzw. die Einnahme selbst dosieren (neuerdings stellen auch Apotheken die benötigte Mischung her).

Es kann aber auch der Fall vorkommen, daß Sie nach der Lektüre eines Buches über Blütenessenzen so begeistert sind, daß Sie für sich und Ihre Familie gleich einen kompletten Satz kaufen. Sollte dies bei Ihnen geschehen sein, können Sie zwar nach wie vor über dem Diagramm abfragen, Sie können aber auch einen anderen Weg wählen. Dabei gehen Sie wie folgt vor:

Nehmen Sie die Rute zur Hand und fragen über dem ganzen Kasten ab: »Ist hier in diesem Kasten ein Mittel, das bei ... hilft?« Die Rute wird Ihnen dann antworten. Dadurch haben Sie das mühsame Verfahren des einzelnen Abfragens verkürzt. Sie könnten dann einzeln weiter fragen: »Befindet sich dieses Mittel in der ersten Reihe?« »Steht das Mittel in der zweiten Reihe?« Danach muß der »Platz« in der Reihe abgefragt werden. Und nachdem Sie das Mittel in der Hand halten: »Wieviele Tropfen soll ich von diesem Mittel nehmen?« – Z.B. : 3 Tropfen, mehr als 3 Tropfen; eventuell auch weniger als 3 Tropfen etc. (vgl.: Ferry Hirschmann, Heilende Blüten).

➲ **Merke:** Sollte bei Ihnen eine Milchsäureallergie vorliegen, dann wirken Bachblüten nicht. Sie müssten dann auf andere Blütenessenzen ausweichen, wie etwa die Kalifornischen Blütenessenzen.

> *Ein Augenblick Intuition ist oft mehr wert als ein an Erfahrung reiches Leben.*
>
> Blanche Merz

Blutdruck

Durch die Tätigkeit des Herzens wird das Blut im Gefäßsystem unter Druck gesetzt und in Umlauf gebracht. Der Blutdruck, gekennzeichnet durch den oberen (systolischen) und den unteren (diastolischen) Wert, ist von der Leistungsfähigkeit des Herzens abhängig.

Das regelmäßige Messen des Blutdrucks kann für viele Menschen lebenserhaltend sein. Die Messungen können Sie mit einem Blutdruckmeßgerät durchführen; es gibt sie in Apotheken zu kaufen. Sie können Ihren eigenen Blutdruck (oder den Ihres Gegenübers) aber auch mit Rute oder Pendel feststellen. Sie halten einfach die Rute oder das Pendel über die Hand und zählen hoch. Also: »Liegt der obere Wert meines Blutdrucks bei 120 Schlägen pro Minute?« Wenn NEIN, fragen Sie weiter: »Liegt er bei 130 Schlägen in der Minute?« usw.. Oder Sie verwenden die nachstehenden Diagramme.

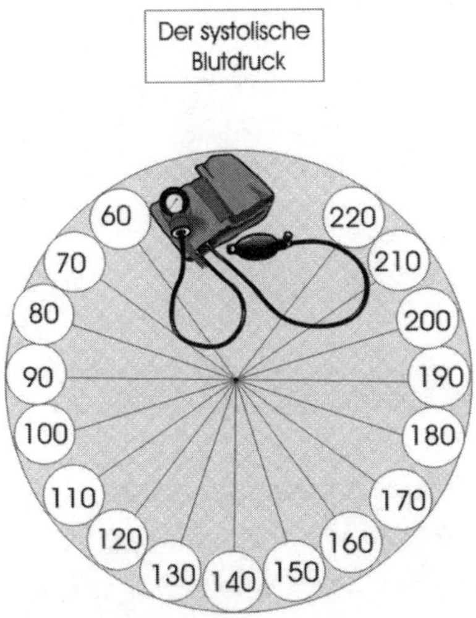

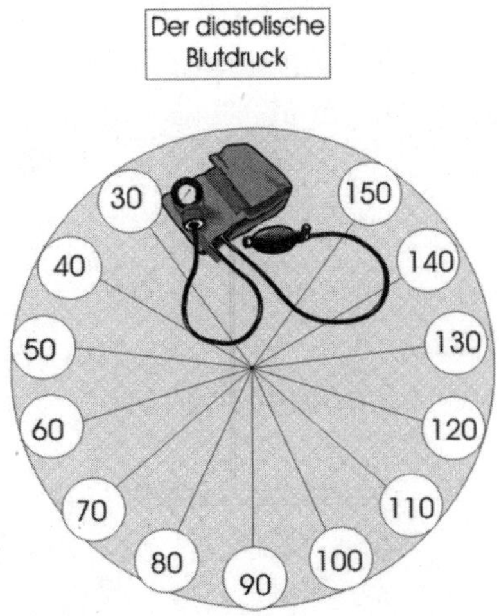

> *Das schönste, was wir erleben können, ist das Geheimnisvolle, es ist das Grundgefühl, das an der Wiege wahrer Wissenschaft steht.*
>
> ALBERT EINSTEIN

Brillengestell

Brillengestelle aus Metall oder auch aus Horn bzw. Kunststoff können – sofern sie beim Ruten oder Pendeln getragen werden – das radiästhetische Arbeiten beeinträchtigen. Das liegt daran, daß sie den einen der drei Lebenskreisläufe, nämlich den Kopfkreislauf einschränken oder unterbrechen. Dadurch liefert die Rutenhand falsche Ergebnisse. Einzige mögliche Abhilfe: Lassen Sie in die Enden der Brillenbügel jeweils ein kleines Loch bohren. Dadurch wird erreicht, daß die Unterbrechung (durch die Brille) im Empfangssystem Mensch und Rute (als Antenne) wieder aufgehoben wird. Die Lebenskraft im Kopfkreislauf kann dann wieder pulsieren.

Ähnlich – in übertragenem Sinne – verhält es sich mit Brillengläsern. Sofern Sie ständig eine Brille tragen, achten Sie darauf, daß Sie immer Gläser mit der für Sie richtigen Sehstärke tragen. Augen fungieren bei der Radiästhesie wie Antennen. Mit einer Binde vor den Augen kann kein Radiästhet testen, und mit Brillengläsern, die nur unscharfes Sehen erlauben, erhält man – zumal beim Pendeln über Diagrammen etc. – nur »unscharfe« radiästhetische Ergebnisse.

Das Schwierige bei der Natur ist: Naturgesetze auch da zu sehen, wo sie sich uns verbergen, und sich nicht durch Erscheinungen irre machen zu lassen, die unseren Sinnen widersprechen; denn es widerspricht in der Natur manches den Sinnen, und es ist doch wahr.

JOHANN WOLFGANG VON GOETHE

Chakra

Chakren (auch: Chakras) sind Energiezentren des Körpers, die feinstoffliche Energie (aus der Körperhülle) transformieren und in die Nervenzentren bringen. Sie regen damit die chemische, hormonelle und zelluläre Tätigkeit an. Man unterscheidet sieben Hauptchakren von 21 und mehr Nebenchakren. Den Zustand der Chakren kann man radiästhetisch nach der vorhandenen Energie abfragen und entsprechend behandeln.

Die Chakratherapie geht überwiegend auf die Hauptchakren ein und versucht, diese durch Schwingungen sowie durch Duftstoffe, Edelsteine, Klänge, Farben und Meditation zu aktivieren, aufzuladen bzw. in seltenen Fällen auch zu entladen, je nachdem, welcher energetische Zustand vorhanden ist.

Die deutsche Bezeichnung der sieben Hauptchakren, deren Lage im menschlichen Körper, die Zuordnung zu dem entsprechenden Nervengeflecht (bzw. zu den Drüsen), die Beziehung zur Farbtherapie sowie die Bedeutung der Chakren finden Sie nachfolgend zusammengefaßt.

Chakra-bezeichnung	Endokrine Drüsen	Organe, System	Grundfarbe	Chakra-bedeutung
Scheitelchakra (7)	Epiphyse	Oberer Gehirnabschnitt, rechtes Auge	Purpur	Spiritualität, Weisheit
Stirnchakra (6)	Hypophyse	Unterer Gehirnabschnitt, linkes Auge, Ohren, Nase, Nervensystem	Indigo	Intuition, Erkenntnis, PSI-Kräfte
Kehlkopfchakra (5)	Schilddrüse	Bronchien, Stimmwerkzeuge, Lungen, Verdauungstrakt	Blau	Kommunikation, Kreativität, Sprache
Herzchakra (4)	Thymusdrüse	Herz, Blut, Vagus, Kreislaufsystem	Grün	Liebe, Harmonie, Sympathie
Nabelchakra (3)	Bauchspeicheldrüse	Magen, Leber, Gallenblase, Nervensystem	Gelb	Intellekt, Wissen, Unbewußtes
Kreuzbeinchakra (2)	Keimdrüsen	Fortpflanzungssystem	Orange	Energie, Lebenskraft, Hara
Wurzelchakra (1)	Nieren, Nebennieren	Wirbelsäule, Nieren	Rot	Leben, Basis, Geschlecht

Radiästhetisch läßt sich – neben dem Zustand der einzelnen Chakren – z.B. auch abfragen, welche Farbe zur Stimulierung (Anregung) bzw. zur Sedierung (Beruhigung) benötigt wird (siehe die Kapitel »Farben« und »Aura-Soma«). Gleiches gilt für die Behandlung mit Steinen, Düften etc. (siehe Kapitel »Edelsteine«).

Während des Aufladens (z.B. mit Farben) erhalten Sie (als Außenstehender an der aufzuladenen Person oder auch an sich selbst) eine Rechtsdrehung mit der Rute, und zwar solange, wie das Aufladen vor sich geht. – Sollten Sie einmal in einem der Chakren mit Energie überladen sein und sich entladen wollen, erfolgt beim Entladen entsprechend eine Linksdrehung.

Vorstehende Tabelle stellt das System dar, das Sie vielleicht schon aus anderen Veröffentlichungen kennen. Neu mag für Sie dabei sein, daß man Chakren mit Farben beeinflussen kann und daß Sie die jeweils vorhandene Schwingung mit der Rute abfragen können. Natürlich gehört Übung dazu.

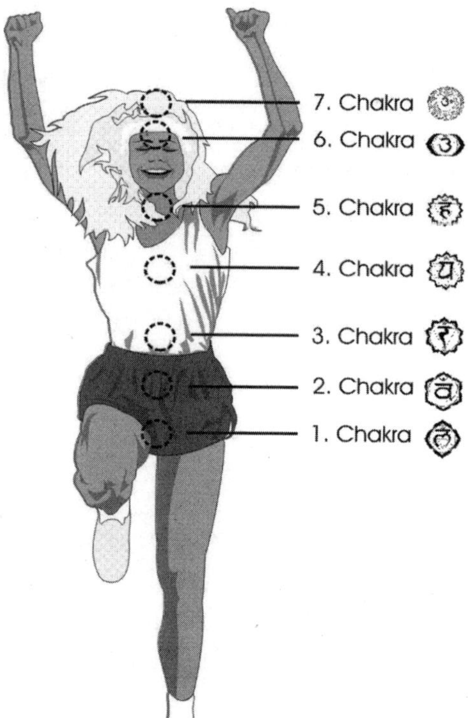

Chakren werden in der entsprechenden Literatur als wirbelartige Trichter, vergleichbar mit feinstofflichen Organen dargestellt, die quer durch den Körper verlaufen. Das Ansaugen von Energie erfolgt vorwiegend seitlich, aber auch von oben (Scheitelchakra).

Chakren sind nicht etwa nur auf der Hautoberfläche zu finden. Sie erstrecken sich auch durch die Hüllen der Aura und lassen sich radiästhetisch jeweils getrennt feststellen. Durch diese Erkenntnis wird eine gezielte Ursachenforschung und Behandlung ermöglicht (zur Bedeutung der Aurahüllen vgl. die entspr. Stichpunkte im Glossar sowie das Kapitel »Aura«).

Wer sensitiv ist, kann die einzelnen Bereiche mit der Rute abfragen, z.B.: »Liegt im Halschakra im Astralkörper von ... eine Stauung vor?« Sollten Sie hierbei eine Rechtsdrehung der Rute erhalten, so könnte es sich um eine Person handeln, die Schwierigkeiten hat, sich kreativ auszudrücken. – Es kann sich genauso um eine Überreizung oder eine Deformation handeln, also Vorsicht! – Das Messen an der eigenen Person ist nur mental möglich.

> *Die Existenz von Übergangszuständen lehrt uns, daß es stabile bevorzugte Träger von Informationen gibt. Die Natur scheint sich ihrer in unerschöpflichem Umfang zu bedienen.*
>
> FRITZ A. POPP

Drehstühle

Die an Arbeitsplätzen so verbreiteten Drehstühle sind nach Langzeituntersuchungen über Sitzgewohnheiten entstanden. Sie werden durch die Mehrfachverstellbarkeit als bequeme Bürostühle angeboten (mit fünf Rollenfüßen versteht sich). Damit wird die natürliche Körperhaltung unterstützt, also die Stellung des Rumpfes, der Arme, der Beine und es werden natürliche Bewegungsabläufe – wie gewünscht – ermöglicht. Sie erkennen daraus unschwer: Dieser Stuhl ist ein Produkt von Kultur und Zivilisation.

Der Dreh- und Angelpunkt – und das ist auch der Grund, warum dieses Kapitel in einem Buch über Radiästhesie erscheint – ist die im Stuhl befindliche Gasfeder, die die Höhenverstellbarkeit der Sitzfläche regelt. Diese Gasfeder erzeugt minuspolarisierte Energie, d.h. der Ausschlag der Rute über der Sitzfläche auf die Frage: »Welche Schwingung liegt hier ... vor?« ergibt eine Linksdrehung. Wenn Sie am Tag zwischen 8 und 12 Stunden auf einer Linksrotation sitzen, sind Sie danach energetisch entladen, d.h. müde und matt und ohne Antrieb zu weiterem Tun. Zudem wirkt das fünfarmige Fußkreuz für die Aufnahme geopathischer Störungen wie eine Antenne.

➲ **Merke:** Für Störungen dieser Art gibt es Abhilfe. Man kann ein Bild von einem Sternenhimmel (Galaxien) einsetzen, und zwar indem man es in den hinteren Teil der Sitzfläche legt. (Der Autor verteilt solche Bilder in seinen Seminaren.)

Gleiches wie bei Drehstühlen gilt für die höhenverstellbaren Behandlungsstühle bei Zahnärzten. Auch hierbei ist eine Gasdruckfeder im Einsatz.

> *Lieber unwissenschaftlich gesund werden, als wissenschaftlich krank bleiben.*
>
> FRITZ A. POPP

Edelsteine

Mit Edelsteinen sind in diesem Zusammenhang (Halb)-Edelsteine und Kristalle gemeint. Bei der Vielzahl von Steinen, die für therapeutische Zwecke verwendet werden können, kann man als Laie Schwierigkeiten haben, z.B. wenn man bestimmen will, ob ein spezieller Stein ein Sardonyx ist. – Oder wissen Sie stets sofort, wie ein Magnesit oder ein Mangetit oder ein Malachit aussieht? – Mit der Rute geht das ganz einfach: Um festzustellen, welchen Stein Sie gerade in der Hand halten, müssen Sie die Rute drüber halten und fragen: »Ist der Stein, den ich in der Hand halte ein Sardonyx?«

Bleiben wir bei diesem Beispiel: Es ist also nicht damit getan, daß Sie über einem Pendeldiagramm (Band »Pendel-Welten«) einen für Sie passenden Stein, hier einen Sardonyx, ausgependelt haben. Sie müssen diesen Stein meistens auch kaufen. Und bei diesem speziellen Stein, den Sie dann im Geschäft in der Hand halten, sollten Sie mit der Rute (oder dem Pendel) nachfragen: »Ist der Stein gut für mich?«, »Ist der Stein gegen Darmgrippe einsetzbar?«, »Ist der Stein ein Heilstein?«, »Ist der Stein groß genug für mein Problem?« (Von der Größe des Steins hängt dessen Kraft und Energie ab!)

Erst wenn alle vier Fragen von der Rute mit »JA« beantwortet worden sind, können Sie sicher sein, daß der Stein auch die beabsichtigte Wirkung auf Sie oder Ihr Problem ausübt. – Also nicht einfach nur über dem Diagramm pendeln, kaufen und auflegen oder in die Tasche stecken! ... Und vergessen Sie nicht: Der Stein muß regelmäßig unter fließendem Wasser abgespült (geerdet) und in der Sonne getrocknet werden, dann haben Sie lange viel Freude an ihm.

Edelsteine werden auch in Cremes eingearbeitet und dann zur Hautpflege verwendet. Durch Hochenergie-Mahlverfahren werden wichtige Edelsteine (wie Koralle, Saphir, Rubin) pulverisiert. Die mit den Cremes auf die Haut aufgetragenen Kristallmoleküle dringen viel tiefer in die Poren ein als sonstige Medikamente und wirken dort, wo sie gebraucht werden, wie hochreine Spurenelemente. Aber auch hierbei heißt es abfragen: »Ist diese Creme gut für mich/für mein Problem auf der betroffenen Hautstelle?«

Edelsteintherapie erfolgt oftmals in Verbindung mit Farbtherapie. Das liegt daran, daß in beiden Therapieformen mit feinstofflichen Kräften gearbeitet/therapiert wird. Der Einfluß, der dabei ausgeübt wird, geht über die Aura und die Chakren auf die Körperoberfläche. In Indien benutzt man in der Edelsteintherapie »Smaragd-Arzneien« zur Ergänzung, um Störungen zum Beispiel in einem der Chakren zu beseitigen. Um z.B. die Wirkung der Farbe Violett zu verstärken, setzt man potenzierten Onyx ein.

Was das Thema »Echte Edelsteine« betrifft, so sollten Sie, nachdem Sie radiästhetisch bewandert sind, mit dem Tragen von Schmuck insgesamt etwas vorsichtiger sein, oder aber die teuren Stücke nur kurzfristig anlegen. Vor längerem Tragen sollten Sie jedes Schmuckstück mit der Rute abfragen: »Ist dieser spezielle Stein heute gut für mich?« (siehe auch Kapitel »Halsketten«)

Vorsicht: Beim Testen keine Halskette tragen!

Es gibt mehr Ding´ im Himmel und auf Erden, Horatio, als unsere Schulweisheit sich träumt.

William Shakespeare

Elektrosmog

siehe Kapitel »Entstörung«

Energieanalyse

Die hier gemachten Ausführungen sind als Ergänzung zum Kapitel »Medizin« zu verstehen. Bei der Energieanalyse geht es um Ihre (zum Zeitpunkt der Analyse) vorhandene Energie und deren Durchfluß im Körper. Zur vorhandenen Lebenskraft siehe Kapitel »Lebenskraft«.

Für die von Ihrem Gegenüber (oder auch von Ihnen selbst) zu erstellende Energieanalyse können Sie zunächst die Energiebahnen abfragen (siehe hierzu Kapitel »Meridianenergetisches System«) und dabei die Möglichkeit testen, wie sich die Energieflußsituation im Körper darstellt, ob die kosmische und die terrestrische Energie frei fließen können (siehe Kapitel »Bioenergetische Kräfte«).

Die kosmische Energie, die über das Scheitelchakra einfließt, müßte über die Halswirbelsäule, die Brustwirbelsäule zur Lendenwirbelsäule und schließlich zum Steißbein fließen. Hierbei sollten keine Energiestauungen feststellbar sein. Wenn Stauungen festgestellt werden, sollten Sie über dem 100-Prozent-Diagramm nachfragen, wie groß die Stauung ist. Gleiches gilt für die terrestrische Energie. Also zum Beispiel einfach abfragen: »Ist hier im Bereich der Halswirbelsäule eine Stauung vorhanden?«

Als nächstes – ebenfalls Energiestauungen betreffend – ließe sich abfragen, welcher Zustand in einem bestimmten Organ herrscht bzw. ob der Energiefluß in einem bestimmten Organ in Ordnung ist. Infrage kommen dafür: Bronchien, Herz, Lunge, Magen, Leber, Galle, Gallenwege, Bauchspeicheldrüse, Dickdarm, Dünndarm, Nieren, Nebennieren, Keimdrüsen, Blase etc. Auch hier sollte nach der ersten Abfrage der akute Zustand über dem 100-Prozent-Diagramm abgefragt werden.

Sie können ferner nachfragen, ob eine Energiestörung durch Bakterien, Pilze, Viren, Würmer etc. vorliegt, oder ob die Thymusdrüse, die Epiphyse, die Milz, das Sonnengeflecht oder die Lymphbahnen belastet sind, eine Bilirubinschwäche oder eine Schwäche des Immunsystems vorliegt.

Ich sah den Hohen fallen und den Niedrigen aufsteigen. Ich sah den Bösen triumphieren und den Guten zu Schande werden. Ich hörte den Glücklichen weinen und den Unglücklichen jubeln. Ich weinte und lachte mit, ich stieg und sank mit. Dann kam die Zeit, in der ich denken lernte.

KARL MAY

Entstörung 1

Bei den hier aufgeführten Entstörungsmöglichkeiten bzw. Neutralisierungsmöglichkeiten handelt es sich um den Bereich Elektrosmog im häuslichen bzw. persönlichen Bereich. Bei den nachstehend aufgeführten elektrischen Geräten sollten Sie jeweils vorher fragen: »Welche Schwingung liegt hier ... vor?« Die Rute wird immer mit einer Linksdrehung antworten. Das ändert sich auch nicht, wenn das Gerät ausgeschaltet, aber noch am Stromnetz angeschlossen ist – jedoch dann, wenn Sie den Stecker gezogen haben!

Allerdings lassen sich die nachstehend aufgelisteten Geräte durch Anbringen eines mit einer bestimmten Information geladenen selbstklebenden Aluminiumplättchens entstören bzw. seine Schwingung neutralisieren. Es genügt, an jedem Gerät ein Plättchen anzubringen (Lieferant für die Entstörplättchen ist Medea 7, Bioaktiv-Produkte). Nach dem Aufkleben sollten Sie – zu Ihrer Sicherheit – erneut abfragen, wobei Sie dann keinen Rutenausschlag mehr erhalten dürften. Wenn doch, sollten Sie ein zweites Plättchen aufkleben! Indes, denken Sie daran: Weniger elektrische Geräte bedeuten mehr Lebensqualität! Lassen Sie alles, was nicht wirklich wichtig ist, weg. Das hilft besser und ist billiger! Darüberhinaus kann es sinnvoll sein, zur Reduzierung der Strombelastung in bestimmten Hausbereichen (z.B. Schlafzimmer) einen Netzfreischalter zu installieren.

Hier eine Liste der elektrischen Geräte rund ums Haus bzw. im Haus, die Elektrosmog erzeugen (können):

- Anrufbeantworter
- Auto (Lichtmaschine) in Garage

- Babyphone (zur Überwachung der Kinder)
- CD-Player tragbar
- CD-Player als Anlage
- Computer mit Bildschirm
- Elektrische Schreibmaschine
- Elektroherd
- Fernseher
- Funktelefone
- Gameboy
- Haushaltsmaschinen jeder Art (elektrisch)
- Heizkissen (höchstens zum Vorwärmen)
- Keybord oder Orgel (elektrisch)
- Kopfhörer für CD-Player oder Keyboard etc.
- Kopiergeräte jeglicher Art
- Kühlschränke
- Lautsprecherboxen
- Nachtspeicheröfen
- Neonlicht in Birnen und Röhren
- Radiowecker (netzabhängig)
- Rasierer (elektrisch)
- Stereoanlage
- Telefon
- Videokamera
- Wrasenabzug

usw.

➲ **Merke:** Trotz Entstörung ist Abstandhalten von den Geräten die bessere Gesundheitsvorsorge.

Nachstehend ein Beispiel dafür, wie elektrische Belastungen entstehen können:

- Am Morgen rasiert man sich elektrisch oder man benutzt den Föhn, den elektrischen Haarwickler und die elektrische Zahnbürste.
- Sein Frühstück bereitet man sich mit Hilfe der Mikrowelle oder dem Toaster vor.
- Man fährt mit dem Auto ins Büro (sitzt hinter der Lichtmaschine).

- Während der Fahrt benutzt man sein Handy.
- Den ganzen Tag sitzt man auf einer elektrischen Fußbodenheizung.
- Der Büroalltag findet vor dem Computer statt.
- Am Abend fährt man wieder mit dem Auto nach Hause.
- Abends zuhause sieht man fern, benutzt die Stereoanlage evtl. mit Kopfhörer oder spielt am Keyboard.
- Möglicherweise benutzt man abends auch noch den eigenen Computer.
- Nachts hat man den Radiowecker neben dem Bett stehen und schläft auf einer Heizdecke.

... und das Ganze täglich von Neuem!

Mögliche Auswirkungen von Elektrosmog

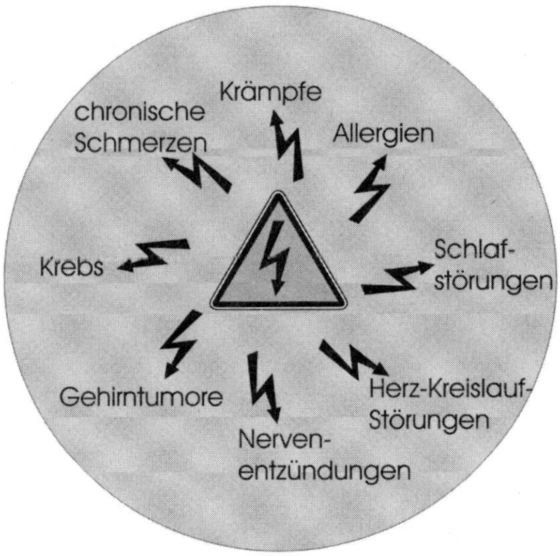

Habe den Mut, von Deinem Verstand Gebrauch zu machen.
IMMANUEL KANT

Entstörung II

Dieses Kapitel zur Entstörung geopathischer Störzonen wird der Vollständigkeit halber angefügt. Einzelne Aussagen zu diesem umfassenden Thema finden sich bereits in anderen Kapiteln des Buches wie »Bauen«, »Bettplatzsanierung«, »Erdmagnetfeld«, »Geopathie«, »Gittersysteme«, »Reizzonen«, »Strahlung«, »Wasseradern« etc., so daß gewisse Überschneidungen nicht ganz auszuschließen sind. Gegenstand dieses Kapitels sind deshalb eher Überlegungen allgemeiner Art.

Geopathische Störfelder sind, obwohl noch immer von einem großen Teil der in der Medizin Tätigen ignoriert oder aus Unwissenheit als »nicht wissenschaftlich« beiseite geschoben, für viele chronische Erkrankungen mitverursachend. Man weiß sogar seitens der Geobiologen, daß bestimmte Erkrankungen ohne Berücksichtigung der geobiologischen Reizstreifen nicht therapiert werden können bzw. die Erkrankungen mit großer Sicherheit wiederkehren.

Die Möglichkeiten, sich gegen geopathische Störungen/Belastungen abzuschirmen, sind nicht sehr zahlreich: Hausentstörung ist immer noch das Mittel der Wahl. Dabei wird die Stelle ermittelt, wo sich die Störung bemerkbar macht, und dort eines der im Handel erhältlichen Entstörgeräte aufgestellt. Die Stelle des Austritts der Störung sowie die Anbringung des Entstörgerätes müssen am Fußboden genau aufgezeichnet werden, damit Verschiebungen leicht korrigiert werden können.

Bei Entstörungen mit Hilfe einer solchen Vorrichtung muß man vorsichtig zu Werke gehen, denn sonst hat man die Störung nicht neutralisiert, sondern nur verschoben. Es gab schon Fälle, bei denen ein Schlafplatz zwar entstört war, die Störung dann aber nebendran wieder feststellbar war oder aber eine andere Störung verstärkt wurde.

Jede Entstörung ist jedoch ohnehin nur ein Hilfsmittel und immer nur die zweitbeste Lösung. Besser als zu entstören ist, einen neuen geopathisch einwandfreien Platz (mit der Rute) zu suchen und dort den Schlafplatz einzurichten. Gleiches gilt für den Arbeitsplatz, den Aufenthaltsbereich in der Wohnung etc. – Vorstehende Aussagen sind um so gewichtiger, wenn es sich um eine Kreuzung handelt, d.h. entweder um die Kreuzungspunkte eines Gittersystems (stehende Welle – siehe Glossar) oder um eine Kombination z.B. von Wasserader und Gitternetzkreuzung. Solche Störzonen lassen sich in der Regel nicht nachhaltig entstören (siehe Kapitel »Bauen«).

Allerdings besteht nicht in allen Fällen die Möglichkeit, den Schlafplatz zu verändern, sei es aus räumlichen Gründen, sei es weil das Störfeld zu groß ist. Sollte ein solcher Fall bei Ihnen vorliegen, bleibt kein anderer Weg, als mit Abschirmhilfen der schädlichen Strahlung entgegenzuwirken.

Gerade in den letzten Jahren wird zunehmend mit Abschirmhilfen geworben. Jeder Hersteller behauptet, die sichersten Methoden entwickelt zu haben. Ein schwerwiegendes Problem kennzeichnet alle Versuche der Abschirmung: Die Wirkung der Geräte und Methoden ist ohne Rute nur schwer nachweisbar. Lassen Sie sich die Geräte vier Wochen zur Probe aufstellen, dann wissen Sie mehr. Ein sicheres Indiz ist allerdings folgendes: Nach einer erfolgreichen Abschirmung – wenigstens in bezug auf diese Einflüsse – sollten Sie in 4 bis 6 Wochen beschwerdefrei sein.

Fest steht auch, daß es keine vollkommen sichere Abschirmung geben kann, dazu ist die Komplexität der eindringenden Strahlungen viel zu groß. Dennoch sollte man versuchen, wenigstens einen großen Teil abzuschirmen.

Nach Feststellung von Geobiologen ist die Abschirmung durch Metallplatten oder Metallfolien bei geopathogenen Strahlungen unwirksam. Außerdem besteht die Gefahr, daß aus den Abschirmungen mit Metall neue Störquellen entstehen. Ebenfalls unwirksam sind Spiegel, Metallmatten und sog. Schlafmatten mit Metallfasern. Eine Abschirmung mit kleinmaschigem Drahtgitter und der Erdung dieses Gitters soll hingegen wirksam sein. Wenn man genau die Gitterpunkte ermitteln kann, läßt sich auch mit Kalksteinschotter in 10 ml Fläschchen recht gut arbeiten; die Fläschchen müssen genau auf den ermittelten Kreuzungen platziert werden. In ähnlicher Weise kann mit Achatschotter gearbeitet werden.

Vielversprechend und einfach zu handhaben sind präparierte Aluminiumplättchen, die mit einer bestimmten Schwingung zur Entstörung (für das Zimmer und kleinere Störzonen) aufgeladen wurden. Diese Plättchen gibt es in verschiedenen Größen und Stärken (Lieferant: Medea 7, Bioaktiv-Produkte). Zur Entstörung können auch HAKAKEHL-Platten von Kehlbeck verwendet werden. Größere Geräte, die richtigen Antennencharakter haben und zur Haussanierung geeignet sind, liefert u.a. Lemniskate-Schäfer (Abbildung siehe nachstehend). In bestimmten Fällen sollen auch 5 cm dicke Naturkorkplatten helfen (Firma Schurg GmbH). Die Anbringung und das Aufstellen sind in jedem Fall mit der Rute festzulegen und zu kontrollieren.

Oftmals ist bei Entstörungen viel Selbsthilfe notwendig. In diesen Zusammenhang gehört auch das Entstören mit Hilfe von Natursteinen, wie Quarz oder Achat. Welche Steine sich dazu eignen und an welchen Platz die Steine gelegt werden müssen, sollten Sie mit der Rute testen, d.h. Sie müssen z.B. in Ihrem Schlafzimmer sehr genau abfragen (siehe Kapitel »Feldbegehung«) und dann die Steine direkt auf die Störzone oder den Kreuzungspunkt legen – regelmäßiges Erden nicht vergessen! Die Firma Bley, BMS-Institut, macht beruflich Hausentstörungen mit geprüften Natursteinen.

Unterstützend zu den Entstörmaßnahmen empfehlen sich:

- Gesunde Ernährung, d.h. nicht zuviel Fleisch, Alkohol und Nikotin, dagegen viel Obst und Gemüse (keine Zubereitung im Mikrowellenherd), außerdem viel frische Luft und Sport
- täglich eine Meditation oder einmal Autogenes Training etc.

Lemniskate

> *Wer Naturwissenschaften vernachlässigt, verfügt nur über Halbbildung.*
>
> E. Laub

Erdmagnetfeld

Obwohl der Einfluß des Erdmagnetfelds, das den geopathischen Einfluß und die Reizzonen etc. betrifft, auf den Menschen aus medizinischer Sicht noch immer umstritten ist und bezweifelt wird, ist die Wirkung auf Pflanzen und Tiere von der Forschung bewiesen:

Bestimmte Pflanzen wachsen auf Störzonen besser oder eben nicht. Am Wuchs mancher Bäume läßt sich eine Störzone auch erkennen: Sie scheinen wie durch Geisterhand auf den Boden gepreßt, ineinander verdreht oder wirken, als ob sie von ihrem Wurzelplatz fortstrebten.

Verschiedene Fischarten orientieren sich z.B. mit Hilfe elektrischer Sinnesorgane bei ihren Ausflügen im Meer am Erdmagnetfeld. Fischschwärme, so entdeckten die Forscher, werden durch ein gemeinsames elektrisches Feld zusammengehalten, das auch den ihnen nachstellenden Haien, Rochen und Stören als Beutesignal dient.

Auch den Formationsflug der Vögel bestimmen elektromagnetische Felder, wie Biophysiker der Universität des Saarlandes unlängst erkannt haben. Mit einer Art Magnetkompaß navigieren Tauben selbst dann traumwandlerisch sicher, wenn dichte Wolken die Sonne verdecken. Im Blindflug orientieren sie sich am Magnetfeld der Erde (vgl.: Der Spiegel, Forschung »Übersinnliches Kribbeln«, Heft 10, 1987).

Wahrheit muß nicht nur informieren, sie muß auch inspirieren. Wenn Inspiration ausstirbt und Information überhand nimmt, dann verliert die Wahrheit an Gehalt.

RABINDRANATH TAGORE

Farben

Farben haben – dort, wo sie Verwendung finden – unterschiedliche Bedeutungen. In der Alchimie steht die Farbe Grün (bzw. Grün/Orange) als Entsprechung für Kupfer. In der Astrologie ist Grün eine Farbe, die der Sonne zugeordnet wird. Bei den Tierkreiszeichen ist Grün u.a. eine Farbe des Widders. Bei den Freimaurern steht Grün als Farbsymbol für Hoffnung auf die Wiedererrichtung des Tempels. In der Farbenlehre nach Johann Wolfgang von Goethe ist Grün einfach die Farbe des Lebens.

Sie können Farben auch für Ihr seelisches Wohlbefinden einsetzen. Dieser Bereich nennt sich Farb- oder Colortherapie. Hier wird Grün z.B. für das Herzchakra eingesetzt; man beeinflußt damit u.a. das Blut und den Kreislauf. Die Unterscheidung kann hierbei noch zwischen einem dunkleren oder helleren Grün getroffen werden. Für die Farbtherapie benötigen Sie nur 6 Hauptfarben. Welche den Chakren im einzelnen zugeordnet werden, können Sie dem Kapitel »Chakren« entnehmen.

Nachstehend finden Sie einige Hinweise auf die Zuordnung zu den psychischen und physischen Bedeutungen:

Farbe	**Bedeutung**
Violett	Die Schwingungen von Violett sind sehr harmonisch zwischen Rot und Blau und haben dadurch eine ausgleichende Wirkung. Violett steht für Erhabenheit, Optimismus, Lebensfreude, Toleranz, Sinnlichkeit. *Organzuordnung:* Nerven *Therapiewirkung:* Wirkt vorwiegend auf das zentrale Nervensystem und fördert die Schlafbereitschaft.
Blau	Die blaue Farbe hat in der Farbskala die höchste Energie. Sie wirkt dämpfend auf den gesamten Organismus. Blau steht für Ruhe, Erholung, Entspannung, Schlaf, Regeneration. *Organzuordnung:* Magen, Darm, Sinnesorgane, Nervenzellen, Rückenmark, Gehirn, Haut, Haare. *Therapiewirkung:* Stark sedierend (beruhigend), gewebestraffend, Pulsfrequenz senkend

Grün

Die Schwingungsenergie dieser Farbe ist eine Mischung von Gelb (warm) und Blau (kalt), hat aber trotzdem ihre spezifische Energie, die sehr kraftvoll und ausgleichend ist. Sie ist daher sehr gut zur Einleitung einer Behandlung geeignet.

Grün steht für Ruhe, Erholung, hilft Kräfte zu sammeln, bringt Regeneration. Mit neutralem Grün kann man eine akut negative Stimmungslage zum Positiven hin beeinflussen.

Organzuordnung: Leber, Galle, Magen, Milz, Pankreas

Therapiewirkung: Grün wirkt ausgleichend, vermittelt zwischen oben und unten (ähnlich wie Gelb). Im Bauchraum wirkt es günstig auf die großen Organe und setzt dort gestaute Energie frei.

Gelb

Das Gelb ist biologisch eine der wichtigsten Farben, weil seine Schwingungsenergie im Fett gespeichert wird und somit über einen längeren Zeitraum wirksam ist.

Gelb steht für Leichtigkeit, wirkt heiter, aufmunternd, behaglich.

Organzuordnung: Leber, Magen, Darm, Bronchien, Lunge, Prostata, Schilddrüse.

Therapiewirkung: Gelb wirkt stark stimulierend auf die Drüsenfunktion.

Orange

Das Orange kommt dem natürlichen Sonnenlicht am nächsten und hat eine milde Reizwirkung.

Organzuordnung: Verdauungssystem

Therapiewirkung: Aufbauend, kräftigend, gesundheitsfördernd, stoffwechselfördernd, lymphatisch; wirkt mild antidepressiv.

Rot

Die rote Schwingung hat die größte Wellenlänge und die geringste Energie, aber trotzdem geht von ihr die stärkste Reizwirkung aus.

Rot steht für Lebenskraft, Energie, Tatkraft, Liebe und Haß.

Organzuordnung: Herz, Kreislauf, Sexualorgane, Nieren

Therapiewirkung: Steigerung des Stoffwechsels, der Durchblutung und der Herzleistung.

(vgl.: Color-Therapie, D. Münks Verlag)

Die Stellung der Farben im Kreis entspricht der Ordnung der Komplementärfarben; außerdem finden Sie links die drei »kühlen« Farben und rechts die drei

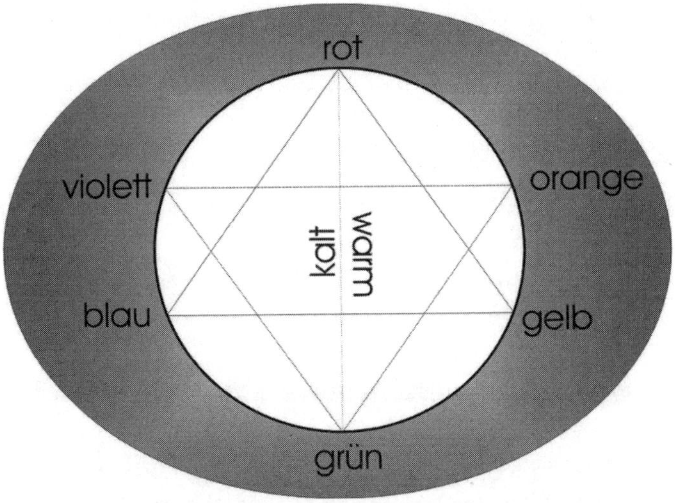

»warmen« Farben. Die kühlen Farben sind in der Schwingung höherfrequenter als die warmen.

Welche Farbe für Sie bei welchem Problem gerade hilfreich ist, müßten Sie mit der Rute oder dem Pendel abfragen, also: »Soll ich die Farbe ... zur Bestrahlung/Bewellung einsetzen?«

Sie können auch im Band »Pendel-Welten« die Farben mit dem Pendel abfragen und z.B. danach entscheiden, welche Farbe Sie für Ihre Bekleidung auswählen oder mit welcher Farbe Sie Ihre Mandalas ausmalen. Fragen: »Soll ich die Farbe ... heute anziehen?«, »Soll ich die Farbe ... zum Ausmalen verwenden?« Außerdem können Sie Farben u.a. auch esoterisch deuten. Welche Farbe Sie einsetzen wollen, können Sie immer mit der Rute oder dem Pendel klären.

Sie sollten allerdings keineswegs davon ausgehen, daß die Beeinflussung der menschlichen Seele so einfach nach dem Motto »Man nehme ...!« möglich ist. Die vorstehend dargestellten Entsprechungen der 6 Grundfarben sind zwar grundsätzlich richtig, die Anwendung ist jedoch viel schwieriger (vgl. Kapitel »Aura-Soma«).

Farben sind für den Körper nötig, um ihn in einen positiven Zustand zu versetzen und bei guter Gesundheit zu erhalten. Vom Standpunkt der Farbtherapie ausgehend bedeutet Müdigkeit oder Krankheit (körperlicher oder seelischer Art) eine Störung der Lichteinwirkung (d.h. der farblichen Sättigung) im Organismus.

Wie vielschichtig die Wirkung von Farben und deren Abstimmung ist, dafür nachstehend zwei Beispiele (die sich in der jeweiligen Situation radiästhetisch einwandfrei klären lassen, wozu Wissen allein aber nicht genügt):

1. Zum Stimulieren des Solarplexuschakras nehmen Sie Grün neben Rot, Orange, Gelb; Violett, Blau und Indigo dagegen beruhigen; Orange, Gelb und Blau lösen Blockierungen auf.
2. Anregend für das Basis- oder Wurzelchakra wirken Grün, Indigo und Violett. Beruhigend sind Rot, Orange, Gelb und Blau; Grün ist die Farbe der Wahl zur Auflösung von Blockaden in diesem Chakra.
   (vgl.: D. V. Tansley, »Der feinstoffliche Mensch«).

Farben lassen sich natürlich auch als Frequenzen darstellen. Die Frequenzen für sämtliche sichtbaren Farben liegen zwischen 40,1 Hz (für Rot) und 75,0 Hz (für Violett). Mit einem entsprechenden Gerät der »Gemeinschaft Lebendige Energie« (z.B. PRIMUS 100/3) kann die benötigte Farbschwingung verabreicht werden und der Körper dadurch ins Gleichgewicht gebracht werden. Welche Farbe bzw. welche Frequenz benötigt wird, läßt sich auch hierbei radiästhetisch testen.

Beachten Sie bitte, daß Farben in der Farbtherapie zwar für sich alleine schon eine große Rolle spielen, doch durch den zusätzlichen Einsatz von Tachyonenenergie wird ihre Wirkung noch um ein Vielfaches verstärkt.

> *Krankheiten und ihre Heilmittel sind nichts weiter als Namen und Formen, beide haben ihren Ursprung und ihr Ziel im kosmischen Licht.*
>
> B. BHATTACHARYA

Fehlergebnisse I

Das Vermeiden von möglichen Fehlern ist – wie bei allen Wissenschaften – auch in der Radiästhesie ein Problem. Nachstehend finden Sie deshalb einige Fehlerursachen, die sich bei gewissenhaftem Vorgehen und sorgfältiger Handhabung vermeiden lassen.

Selbst verursachte Fehlergebnisse durch:

- Brille, Schmuck, Quarzuhr
- falsches Pendel/falsche Rute
- Keine klare Formulierung der Frage
- mangelnde Konzentration
- nicht entstörte Arbeitsunterlage
- Ungeduld
- unreines Motiv
- Vermessenheit
- Voreingenommenheit
- Übermüdung
- Zerstreutheit
- sonstige Ursachen

Von außen kommende, störende Einflüsse:

- Wohnung in der Nähe eines Flugplatzes (Einflugschneise)
- Erdmagnetfeld in Unruhe (Kernkraftversuche)
- Gegenstand ist Od-Träger (z.B. von Verstorbenem)
- größeres elektrisches Spannungsfeld in der Nähe
- laufender Fernseher im Zimmer
- kosmische Einflüsse (Komet Hall)
- Mißtrauen anwesender Skeptiker
- persönliche Polarität nicht beachtet
- störende fremde Zuschauer
- gestörter Arbeitsplatz (Netzgitterzone)
- sonstige Ursachen

> *Wiederholtes Messen und Testen ist in der Radiästhesie unerläßlich. Die einmalige Austestung, z.B. mittels der Rute, hat nur geringe Aussagekraft. Es ist quasi ein Schnappschuß. Es bedarf anschließend weiterer sachkundiger Nachfragen, etwa mit Hilfe eines Nachschlagewerkes oder eines Fachmannes.*
>
> K. Krause

Fehlergebnisse II

Unter »Fehlergebnisse I« wurden Ihnen die objektiv vermeidbaren Fehler geschildert. Es ist jedoch ein Nachtrag erforderlich darüber, wie Sie sich selbst optimal vorbereiten können.

Sie sollten vor wichtigen Arbeiten (wie Hausuntersuchungen etc.) folgendes vermeiden:

- Alkohol, Tabak, Drogen, Kaffee
- Zeitdruck
- zu wenig Schlaf
- Schlafmittel
- längere Autofahrten

Sie können Ihre Ruten-/Pendelkraft erhöhen:

- durch vegetarisches Essen (keine Genußmittel)
- durch einen entstörten Bettplatz
- durch regelmäßig ausreichenden Schlaf
- durch Übungen zum Aufladen der Lebenskraft
- durch eine körperlich gute Verfassung
- durch regelmäßiges Händewaschen und Duschen (zum »Erden«)
- durch Arbeiten im Stehen, das ist besser als im Sitzen
- durch innerliches »Leermachen« (Meditation)
- durch eine Ausrichtung mit Blick nach Süden (Norden im Rücken)
- indem Sie an stürmischen, regnerischen Tagen nicht arbeiten

Zur Kontrolle, nach der radiästhetischen Arbeit, sollten Sie immer folgende Fragen stellen (und ebenfalls mit der Rute oder dem Pendel abfragen):

- Ist das Ergebnis richtig?
- Habe ich etwas vergessen?
- Habe ich etwas falsch gemacht?
- Ist das Ergebnis unter allen gefundenen Möglichkeiten das beste?

Beim Schreiben über die Radiästhesie stößt man unweigerlich auf das von dem griechischen Philosophen Platon entwickelte Höhlengleichnis. Platon beschreibt darin die von uns wahrnehmbare Welt als einen Schatten der eigentlichen Wirklichkeit, als Schatten der Welt der Ideen. (Hier wurde die Quantentheorie bereits vorweg genommen!)

Feldbegehungen

Um bestimmte Kapitel des praktischen Teils nicht zu überlasten, wird hier ein eigenes Kapitel über die Art und Weise der radiästhetischen Begehung eines Feldes (eines Raumes, eines Baugrundstücks etc.) bei der Suche (1) etwa nach Wasseradern, Verwerfungen, Bodenschätzen und (2) nach Gittersystemen eingefügt. Es handelt sich nicht um eine weitere Möglichkeit des Einsatzes der Rute, sondern lediglich um eine Vorgehensweise, wobei die Art der Begehung variiert werden muß, je nachdem, was man sucht. Versucht man nur festzustellen, ob auf einer bestimmten Fläche Störstreifen sind, reicht es, die Fläche – soweit dies möglich ist – am äußeren Rand abzuschreiten, und zwar in der Reihenfolge (Richtungsfolge): Nord-Süd sowie Ost-West.

(1) Zur Feststellung, ob in einem vorgegebenen Gebiet Wasseradern, Verwerfungen, Bodenschätze etc. gefunden werden können, geht man präzise vor, und zwar wie folgt: Man steckt zunächst das zu untersuchende Feld mit Holzpflöcken ab und verbindet die Pflöcke mit Schnüren. Der erste Test verläuft dann langsam mit der Rute in der Hand entlang dieser Seitenlinien (O-S-W-N). Alle testmäßig gefundenen Besonderheiten werden aufgezeichnet und ebenfalls im Feld markiert. Danach bildet man die Diagonale über das gesamte Feld, ebenfalls mit Schnüren, schreitet daran entlang das Feld ab und notiert und markiert die Reaktionspunkte.
Nach Abschluß dieser ersten Begehung teilt man das große Feld in vier gleich große Quadrate ein, und die vorstehende Art der Begehung wiederholt sich für die kleineren Quadrate (erst die Seitenlinien, dann die Diagonalen). Auch hierbei werden wieder

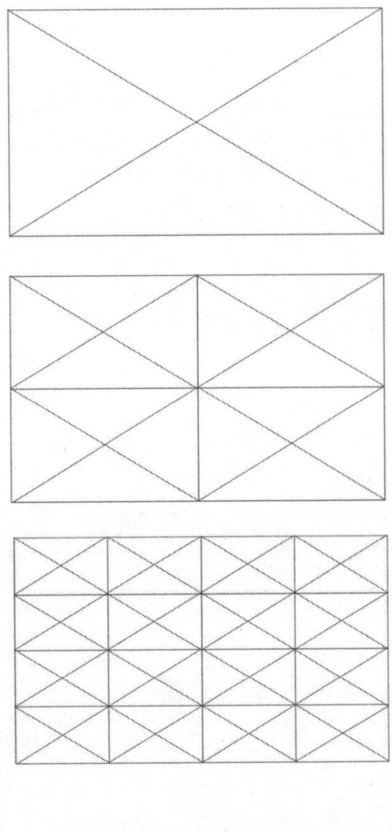

sämtliche Rutenausschläge notiert und im Feld markiert. Danach können – bei Bedarf – die kleineren Quadrate nochmals aufgeteilt werden (wie vorstehend), je nachdem, wie groß die Gesamtfläche ist (vgl. vorstehende Abbildung). Auf diese Art läßt sich jedes Gebiet systematisch untersuchen.
Bei der Begehung ist darauf zu achten, daß die Fragestellung (z.B. »Ist hier unter meinen Füßen eine Wasserader?«) während des Abschreitens der Linie unverändert bleibt und auch die Haltung der Rute nicht verändert wird (konstante Antennenlänge). Zu größeren Untersuchungen sollte man mindestens einen Assistenten mit heranziehen, der die Markierungs- und Schreibarbeiten ausführt (damit während der Testung des Feldes die Rute nicht aus der Hand gelegt werden muß.)

(2) Eine andere Art der Begehung hat sich z.B. bei der Suche nach dem Globalnetzgitter herausgebildet (etwa bevor man sein Haus baut). Hierbei wird mit einem Kompaß gearbeitet. Man stellt zunächst fest, wo Norden liegt. Dann schreitet man mit der Rute in nördliche Richtung los; Fragestellung: »Ist hier, wo ich stehe, ein Streifen des Globalnetzgitters?« Der erste Streifen findet sich innerhalb der nächsten 2 bis 2,5 m (Größe des Gitternetzes). Dieser Punkt wird markiert. Man sucht dann den weiteren Verlauf des Gitterstreifens Richtung Norden.
Damit hat man den ersten Netzstreifen des Globalnetzgitters, d.h. die Nord-Süd-Achse gefunden. Auf dieser Achse schreitet man dann entlang und sucht den Kreuzungspunkt des Gitters. Der muß etwa in einem Abstand von bis zu 2 bzw. 2,5 m in der Nähe Ihres derzeitigen Standortes liegen. Danach wird auch dieser Punkt markiert. Sodann läuft man im Zick-

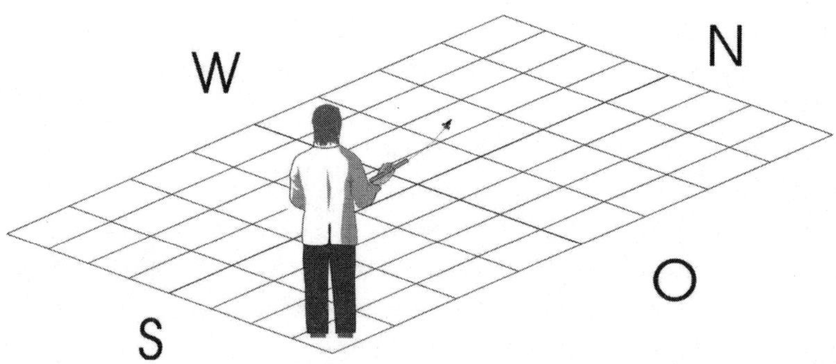

Zack weiter über das Gelände, um den Verlauf auch dieses Gitterstreifens festzustellen. Auf diese Weise hat man eine weitere Konstante im Gelände festgestellt: Man weiß, wo der Gitterstreifen in Ost-West-Richtung verläuft. Da das Globalnetzgitter in Deutschland in etwa quadratisch verläuft, findet man mit ziemlicher Regelmäßigkeit jeweils im Abstand von 2 bzw. 2,5 m den nächsten Gitterstreifen in Nord-Süd-Richtung und in Ost-West-Richtung. Das ist für den künftigen Hausbau ein Maß für die Größe der Zimmer. Die Zimmer sollten dann jeweils doppelt bzw. um ein Vielfaches so groß sein wie die Gitterquadrate. – Man schafft so eine wichtige Voraussetzung für störungsfreie Bettplätze, Arbeits- und Aufenthalts-Räume. Bei der Suche nach Bodenschätzen und Wasseradern ist das weitere Vorgehen dann sehr viel einfacher als bei der zuerst beschriebenen Vorgehensweise.

Radiästhesie hilft, sich und seine Umgebung besser zu erkennen und zu erfassen und dadurch in Harmonie zu bringen.

Feng-Shui

Feng Shui ist der Name für die uralte chinesische Wissenschaft von der Wirkung des selbstgeschaffenen Lebensraumes. Es wird versucht, die Ausstrahlung eines bestimmten Ortes, Hauses oder einer Landschaft, d.h. deren Schwingung, zu gestalten, zu erhalten und dabei negative Einflüsse abzuwehren. So geht es bei dieser Wissenschaft u.a. – ebenso wie bei der Radiästhesie – um die Gestaltung des Arbeits- und des Bettplatzes.

Das Ziel von Feng Shui ist, den Menschen mit seiner Umgebung in Harmonie zu bringen und zu halten und so auch den inneren Frieden zu fördern. Letzlich sind das alles auch Anliegen der Geomantie. Die jeweils vorhandenen Schwingungen lassen sich, ebenso wie die Schwingungen nach durchgeführten Veränderungen, mit der Rute feststellen. Es geht darum, Chi (=Lebensenergie) in die Wohnstatt zu bringen, d.h. beim Hausbau die Konstruktion so zu wählen, daß Chi ins Haus gelangen kann.

Nachstehend ein paar Beispiele, wie Feng Shui versucht, im Einklang mit dem Kosmos (den kosmischen Energien) zu kommen: Im Schlafzimmer sollte kein Spiegel hängen, man sollte mit dem Kopf nach Norden schlafen, die Aussicht aus einem Haus sollte nach Süden liegen, der Haushaltsvorstand sollte mit Blick nach Süden sitzen, das Bad dient zum Abspülen negativer Ladungen.

Feng Shui hat drei Aspekte, aus denen sich seine Wirkung erklärt:
(1) einen rational erklärbaren Aspekt,
(2) einen ästhetisch erkennbaren Aspekt und
(3) einen mit geheimnisvoller Qualität besetzten Aspekt
(vgl.: D. Walters, Feng Shui, »Die Kunst des Wohnens«)

Wer zu den Quellen will, muß gegen den Strom schwimmen.

Fernabfrage

In diesem Kapitel geht es um das Auswerten von Fotos, Handschriften etc. Anhand solcher Vorlagen ist es möglich, zu Aussagen über eine nicht anwesende Person zu kommen. Sie können auf diesem Weg u.a. zu Aussagen über die vorhandene Lebenskraft, Gefühlstiefe, partnerschaftliche Übereinstimmung, über den spirituellen Fortschritt, über das Geschlecht kommen. Wie ist so etwas möglich?

In der Naturwissenschaft kennt man die atomare Abstrahlung der Materie unter der Bezeichnung Radioaktivität. In der Radiästhesie nennt man eine ähnliche Strahlung odische Emanation. Und diese Ausstrahlung haftet allen Gegenständen an, mit denen ein Träger in Berührung war. Das gilt auf jeden Fall für das von einer Person Handgeschriebene und die Unterschrift, aber auch für das Foto einer Person.

Handschriften oder Fotos eines Menschen sind deshalb so etwas wie eine Stoffprobe. Die Schwingung, die z.B. von der Handschrift ausgeht, ist artgleich mit der Person. Für den geübten Radiästheten sind sie aus diesem Grund die idealen Resonanzmittel, weil sie in gleicher Wellenlänge wie der Mensch schwingen.

Weitere Od-Träger können sein: Haare, Zähne, Blut, getragene Kleidungsstücke etc. In gleicher Weise wie beim Menschen gilt dies auch für Tiere, wie Hunde, Katzen etc. Die Hundedecke z.B. eignet sich ausgezeichnet für gesundheitliche Tests. – Man kann solche Abfragen natürlich auch (mental) mit der Rute (oder dem Pendel) machen, zumal das Tier ja in der Nähe ist oder aber eine präzise Vorstellung von ihm besteht.

Die Pendel-Abfrage selbst erfolgt dann meist über speziellen Diagrammen, oftmals über einem 100-Prozent-Diagramm (oder mental mit der Rute) bzw. im Resonanztest. Sie können z.B. über einem 100-Prozent-Diagramm abfragen: »Wie hoch ist die Lebenskraft von ... derzeit?«, »Wie krank ist ... in Prozent?«, »Wie hoch ist die geopathische Belastung von ... in Prozent?«, »Wie hoch ist die Wirksamkeit von ...?« etc.

In gleicher Weise könnten Sie über dem Diagramm der Schüssler-Salze (Band »Pendel-Welten«) abfragen: »Welche der hier aufgeführten Schüssler-Salze soll ich meinem Hund geben?« Oder über der Diagnose-Tafel (Band »Pendel-Welten«): »Welche psychische Krankheitsursache liegt bei ... vor?« – Immer sollten Sie den Od-Träger bei Ihren Abfragen in unmittelbarer Nähe Ihres Pendeldiagramms liegen haben!

Auf diesem Weg (und mit Hilfe der Diagramme aus dem Band »Pendel-Welten«) können Sie künftig die pathogenen Störzonen, die am Schlafplatz der betreffenden Person vorliegen, per Foto feststellen und den Verlauf der Störzonen in einem Plan vom Bettplatz einzeichnen. Dazu gehört allerdings viel radiästhetische Übung und Erfahrung, denn Sie müssen das Bild »quasi Zeile für Zeile« abtasten. Die Kontrolle am Bettplatz, Arbeitsplatz etc. müßte dann die Übereinstimmung mit Ihren Ergebnissen zeigen.

Weitere Abfragen mit dem Od-Träger sind möglich (vgl.: hierzu das Buch von A. Stangl »Pendeln«), jedoch müssten Sie sich dazu Ihre eigenen Pendeldiagramme erstellen.

Abschließend soll noch auf eine andere Möglichkeit hingewiesen werden. Sie könnten z.B. eine Person anhand eines Bildes des Partners bezüglich der partnerschaftlichen Übereinstimmung der beiden Menschen beraten, und zwar mit Hilfe des Resonanztestes. Sie legen das Bild des Partners dazu etwa im Abstand von 40 cm neben die rechte Hand der anwesenden Person und machen einen Beziehungstest: »Liegt zwischen der Person auf dem Bild und der anwesenden Person Übereinstimmung vor?« (Oder eine ähnliche Fragestellung) Das Pendel gibt Ihnen die Auskunft. – Solche Befragungen sind auch mittels Fotokopien möglich!

Übrigens: Sie können anhand von Bildern auch das Geschlecht der abgelichteten, lebenden Person feststellen. Die Rute dreht sich über Bildern von Männern rechts, bei Frauen dagegen links. Bei Heiligenbildern dagegen ist kein Geschlecht feststellbar.

> *Ein Kritiker der bestehenden Arbeitsweisen und Meßmethoden der Physik hat einmal gesagt: Alles messen, was meßbar ist; was nicht meßbar ist, meßbar machen, und was nicht meßbar gemacht werden kann, ableugnen.*
>
> H. Pietschmann

Fragenkatalog

Nachstehend einige Begriffe, mit denen Sie den Bedeutungsgehalt einer abzufragenden Sache besser formulieren können:

a) Begriffliche Gegensatzpaare:

- allgemein – speziell
- aufladend – abladend (entladend)
- bekömmlich – unbekömmlich
- gut – schlecht
- ja – nein
- pluspolig – minuspolig
- positiv – negativ
- stärkend – schwächend
- unbelastet – belastet
- verträglich – unverträglich
- vorteilhaft – unvorteilhaft

b) Beim Austesten der Einnahme von Medikamenten kann es sinnvoll sein, sich stufenweise heranzutasten, welches Medikament an einem bestimmten Tag eingenommen werden soll (oder nicht). Dazu stellen Sie das jeweilige Medikament vor sich auf den ausgesuchten, störungsfreien Platz auf dem Tisch (vgl.: Teil A, Austesten von Gegenständen).

Frage	Kommentar
1. »Soll ich das Medikament ... jetzt einnehmen/anwenden?« und danach ...	Sie haben zwei verschiedene Medikamente für annähernd dieselbe Krankheit.
2. »Soll ich das Medikament ... jetzt einnehmen/anwenden?«	Manchmal schließt ein Medikament das andere aus.

Wenn beide Medikamente positiv waren, d.h. der Ausschlag der Rute oder des Pendels eine Rechtsdrehung war, ist eine weitere Abfrage erforderlich.

3. »Sind diese beiden Medikamente gleich?«	Sie versuchen damit festzustellen, welches das bessere Medikament für Sie ist.

Hier geht es um den Beziehungstest! Wenn JA suchen Sie über dem 100-Prozent-Diagramm das bessere Medikament! Möglicherweise schließen sich beide Medikamente wenigstens teilweise gegenseitig aus.
Oder aber der andere Fall: Sie sollen beide Medikamente zusammen einnehmen/anwenden, weil sich beide Medikamente in ihrer Wirkung ergänzen. Die Frage über den Medikamenten lautet: »Soll ich beide Medikamente zusammen einnehmen?« Wenn Sie jetzt eine Rechtsdrehung erhalten, bedeutet das JA, d.h. Sie können beide Medikamente heute bedenkenlos einnehmen. Bei einer Linksdrehung, beachten Sie bitte die Hinweise unter »Merke« am Ende dieses Kapitels.

Als nächstes müssen Sie in jedem Fall noch die Dosierung je Medikament abfragen:

4. »Soll ich von diesem Medikament heute (z.B.) 3 Tropfen einnehmen/anwenden?« (Gleiches gilt für Tabletten, Kapseln, Globuli)	Mental hochzählen auf die Anzahl der Tropfen – 4 Tr., 5 Tr., 6 Tr. usw.

5. »Soll ich dieses Medikament täglich 1x einnehmen/anwenden? ... oder mehrmals täglich?«	Mental hochzählen auf 1x tgl., 2 x tgl., 3 x tgl. usw.
6. Als weitere Abfrage bietet sich an abzufragen, zu welcher Tageszeit Sie ein bestimmtes Medikament einnehmen/anwenden sollen, also z.B. morgens, mittags oder abends bzw. evtl. nach der »Organuhr« oder vor/nach dem Essen.	Diese zusätzliche Abfrage kann sich wegen der besseren Verträglichkeit als sehr hilfreich erweisen.

Bei abendlicher Einnahme muß man zusätzlich abfragen: »Soll ich das Medikament ... jetzt vor dem Schlafengehen einnehmen/anwenden?«
Nach diesen Abfragen sollten Sie das erste Medikament einnehmen/anwenden und – gegebenenfalls die Fragen 4 bis 6 für das zweite Medikament wiederholen.

7. Zusätzlich können Sie fragen: »Wie lange soll ich dieses Medikament (noch) einnehmen/anwenden?«	Mental hochzählen auf Tage, Wochen, Monate.

Bei späteren Abfragen reduzieren sich die Abfragen wieder auf ein bis zwei Fragen pro Medikament; Sie sollten auf jeden Fall nicht die Mühe scheuen und täglich abfragen, ob Sie das Medikament jetzt/heute brauchen und wieviel Sie davon einnehmen sollen.

➲ **Merke:** Möglich ist durchaus, daß die Einnahme/Anwendung eines Medikamentes die Einnahme/Anwendung von zwei oder drei anderen Medikamenten überflüssig macht. Sie sollten deshalb immer so vorgehen, daß Sie das eine Medikament, das Sie gerade getestet haben, einnehmen/anwenden und dann erst das nächste Medikament testen ... und dann gegebenenfalls auch einnehmen/anwenden oder weglassen. Also nicht erst sämtliche Medikamente abfragen und dann alle zusammen einnehmen/anwenden! (vgl.: auch Kapitel »Kapseln, Tabletten«)

Übrigens: Sie sollten sich zusätzlich mit Lebensenergie aufladen, wenn Sie nach einem reichhaltigen Vollwertfrühstück (sowie der Einnahme der erforderlichen Medikamente) noch nicht mindestens 10.000 Bovis erreicht haben. Das Frühstück war dann wohl doch kein Vollwert-Frühstück (siehe Kapitel »Aufladen« und »Biometer«).

Beachten Sie: Ihre Testergebnisse mit Pendel oder Rute erfordern auf jeden Fall eine Interpretation durch einen erfahrenen Arzt oder Heilpraktiker.

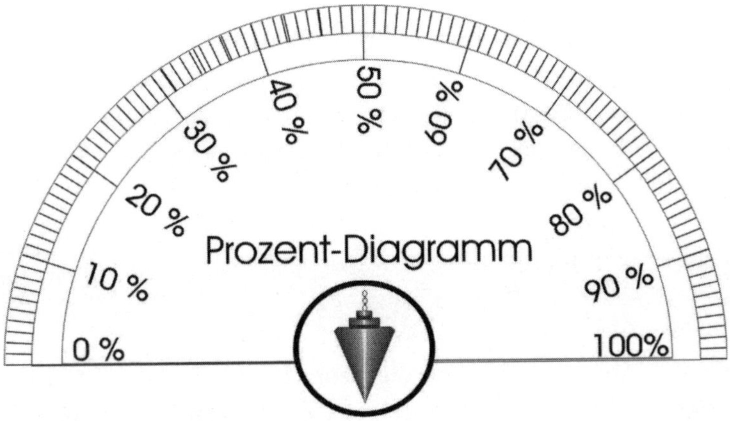

> *Wer Radiästhesie wirklich ernsthaft betreibt, für den ändert sich sein gesamtes Weltbild. Nichts, auf das er sich bisher verlassen hat, hat mehr Bestand ... und das ist gut so, nur so kommt man geistig vorwärts, d.h. zu neuen Erkenntnissen.*
>
> ERNST HARTMANN

Genußmittel

Als Genußmittel bezeichnet man Nahrungsmittel, die ohne Rücksicht auf ihren Nährwert genossen werden. Zu den berühmt-berüchtigten Beispielen für Genussmittel gehören:

- Weißer Zucker
- Tabak
- Kaffee
- Alkohol

Im Normalfall, d.h. bei einem gesunden Menschen, wird die Rute auf die Frage: »Soll ich ... essen/trinken?« bzw. »Ist das ... gut/bekömmlich für mich?« immer mit einer Linksdrehung reagieren, was bedeutet, daß in der Regel keines der möglichen Genussmittel für den Konsum der getesteten Person geeignet ist. – Auch der Radiästhet sollte sich des übermäßigen Genusses solcher Mittel enthalten.

Im einzelnen kann folgendes gesagt werden:

a) Zucker

Zucker ist ein Lieferant für Energie, aber auch ein Energieräuber, denn er enthält keine Mineralstoffe, Vitamine oder Ballaststoffe. Insbesondere die Hochleistungszellen des Gehirns und die Nervenzellen sind auf Traubenzucker angewiesen.

Es gibt jedoch einige Erkrankungen, die mit übermäßigem Zuckerkonsum im Zusammenhang stehen, wie Karies, Übergewicht etc. Ferner zeigen sich Störungen der innersekretorischen Tätigkeit der Bauchspeicheldrüse immer durch übermäßiges Verlangen nach Süßigkeiten. So etwas kann im Alter zu Diabetes führen. Zucker sollte man deswegen ganz allgemein meiden oder auf natürlichen »Zucker« in Form von Obst (Feigen, Datteln) ausweichen.

Es gibt allerdings auch den Zustand der Hypoglykämie (Unterzuckerung). Befindet sich die getestete Person in einem solchen Zustand, zeigt die Rute oder das Pendel eine Rechtsdrehung, weil nämlich in diesem Zustand der Zucker gerade gebraucht wird, d.h. zugeführt werden muß.

Übrigens: Zucker ist pluspolig, Süßstoff minuspolig.

b) Zigaretten

Grundsätzlich kann gesagt werden: Rauchen gefährdet nicht nur die Gesundheit, sondert verhindert auch die geistige Entwicklung.

Aber es kann auch vorkommen, z.B. bei Übelkeit, Schwindel etc., also wenn sich jemand wirklich sehr elend fühlt und eiskalte Hände und Beine hat, daß Tabacum als Medikament verabreicht werden sollte. Ob dieser Zustand bei der Testperson vorliegt, können Sie wieder mit Rute oder Pendel testen.

c) Kaffee

Kaffee als anregendes Getränk wird gerne getrunken. Seine Wirkung beruht auf seinem Gehalt an Koffein. Koffein wirkt auf verschiedene Organsysteme, wie Großhirn, Atemzentrum, Kreislauf, Nieren usw. Wie viel Koffein der Körper verträgt, ist sehr verschieden. Übermäßiger Genuß kann zu Unruhe, Zittern, Schlaflosigkeit etc. führen.

Es gibt jedoch auch Fälle, bei denen das homöopathische Mittel Coffea (hergestellt aus Rohkaffee) angezeigt ist (Rechtsrotation der Rute oder des Pendels), z.B. wenn jemand sehr empfindlich ist gegen Sinneseindrücke und Schmerzen, bei akuter Herzschwäche, und wenn Lärm, Geräusche und Kälte das Ganze verschlimmern.

d) Alkohol

Regelmäßiger Alkohol-Genuß vermindert geistiges Streben. Alkohol ist gesundheitsschädigend, führt zu Ablagerungen von Harnsäure in Gelenken und Muskeln. Alkoholismus ist eine Krankheit.

Alkohol in »homöopathischen Dosen« genossen, wie gelegentlich ein Glas Wein am Abend, führt jedoch nicht zu Alkoholmißbrauch. In kleinen Mengen soll er sogar lebensverlängernd wirken – und die mit Alkohol als Trägersubstanz zubereiteten Arzneimittel homöopathischer, phythotherapeutischer Art sind in der Regel nicht schädlich, sondern gesundheitsförderlich, es sei denn, Sie hätten eine Alkoholallergie (oder Sie machen gerade eine Entziehungskur).

Übrigens: Bier wirkt säurebindend, weil es im basischen Bereich angesiedelt ist (siehe Kapitel »Säure-Basen-Gleichgewicht«).

Die wahre Natur des Menschen ist eine komplexe Verschmelzung der Energien der physischen, emotionalen, intellektuellen und spirituellen Ebenen, die, eng verbunden, tatsächlich sogar eins sind mit der Gesamtsumme der kosmischen Energien.

DAVID V. TANSLEY

Geomantie

Die Geomantie versucht, das Wissen von den Kraftlinien und Kraftorten der Erde zu erklären. Die Kraftlinien durchziehen die Natur wie Nervenbahnen. Eine große Anzahl von alten Kirchen und Kultplätzen liegt auf solchen Linien (Leylines). Oftmals läßt die Beschaffenheit der Vegetation solche Linien erkennen; es gibt Bäume und Sträucher, die bestimmte Strahlen fliehen, wie Tanne und Fichte. Weißdorn und Wacholder findet man z.B. an Kraftorten sehr häufig.

Geomantische Arbeiten basieren auf Naturbeobachtungen, Gestaltinterpretationen, dem Anwenden von Analogiesystemen, dem Erspüren des Unsichtbaren und der geistigen Schau. Sie stellen ein ganzheitliches Erfahrungsgebiet dar, das darum bemüht ist, die qualitativen Strukturen des Raumes und der Phänomene seiner Beseeltheit auszumachen, Standortfaktoren und Ortscharakter zu erfassen und bei der praktischen Gestaltung von Bauten anzuwenden.

Eine andere Bezeichnung für Geomantie ist »sakrale Geographie«. Unsere Erde ist reich an prähistorischen Zonen und Kraftorten feinstofflicher (früher: heiliger) Energien. Das Erstaunliche an solchen Orten, vor allem an prähistorischen, ist, daß es noch heutzutage gelingt, deren Strahlungsintensität und Lage zu bestimmen, obwohl die Konturen der Altertümer manchmal nur als Schattenbilder der seinerzeitigen Realität erhalten sind. Der Biometer (vgl.: das entsprechende Kapitel) erlaubt, den Wert des Ortes in Zahlen anzugeben.

Methoden und Arbeitsweisen der Geomantie sind u.a.: Astrologie, Biokybernetik, Feng Shui, Kosmologie, Kosmosophie, Radiästhesie. Zur Warnung für Abfragen nach zukünftigem Geschehen läßt sich sagen: Forschen nach der Zukunft verdirbt die Gegenwart.

PROF. C. L. MOHLBERG

Geopathie

Geopathie bezeichnet den Bereich, der sich mit den Zusammenhängen zwischen Reizzonen und Krankheiten befaßt. Die Radiästhesie geht davon aus, daß diese Reize von sogenannten Erdstrahlen verursacht werden. Der Grund, warum die Geopathie von der Schulmedizin bisher nicht anerkannt wird, ist, daß diese Reizzonen bislang nicht exakt bestimmt werden können, was wiederum seine Ursache u.a. in den Bewegungen des Erdmagnetfeldes hat.

Unter Geopathie versteht man eine krankheitsfördernde und/oder krankheitsauslösende Beeinflussung lebender Organismen durch Kraftfelder und/oder Strahlungen, welche von Reizzonen ausgehen. Die negative Wirkung von elektromagnetischen Feldern muß hierbei mit berücksichtigt werden. Als Ursprung der sogenannten natürlichen elektromagnetischen Wellen kosmischer Art werden überwiegend die Gitternetze aufgefaßt (siehe Kapitel »Gittersysteme«).

Zu unterscheiden ist zwischen breitflächigen geopathischen Erscheinungen (Wasseradern, geologischen Brüchen) und engflächigen geopathischen Zonen (Gittersystemen). In verschiedenen Studien wurde z.B. der Zusammenhang zwischen Krebserkrankungen, Mattigkeit, Reizbarkeit sowie Rückenschmerzen auf der einen und Reizzonen auf der anderen Seite bestätigt. Auch Lern- und Verhaltensstörungen gehören hierzu (vgl.: K. Bachler, »Erfahrungen einer Rutengängerin«).

Die Tätigkeit des Radiästheten erschöpft sich in der Regel nicht in der Analyse, d.h. der Feststellung einer Stör- oder Reizzone, sondern setzt sich auch mit deren Neutralisation auseinander. Zur Ausschaltung kommen zwei Wege in Betracht:

(1) Veränderung, d.h. Verlegen des Arbeits-, Aufenthalts- oder Schlafplatzes und
(2) Entstörung/Neutralisierung der Arbeits-, Aufenthalts- oder Schlafplätze.

Eine wirkungsvolle Entstörung sollte mindestens zwei Jahre »belastungsfrei« machen, d.h. Sie müssen sich das Datum notieren, wann Sie die Entstörungsmittel installiert haben, und ab und an mit der Rute testen, welche Schwingung an diesem speziellen Platz vorliegt, an dem Sie sich häufig aufhalten.

Beim Wechsel von einem stark gestörten auf einen neutralen Platz können sogenannte Platzwechselreaktionen auftreten. Vorteilhaft sind daher Platzwechsel nach längerer Abwesenheit, z.B. nach einem 3-wöchigen Urlaub, also von einem Schlaf- oder Arbeitsplatz zu einem anderen.

> *Es wird Zeit zu begreifen, daß unsere neuen wissenschaftlichen Erkenntnisse oft nur die Bestätigung für altes medizinisches Wissen sind.*
>
> H.-E. Fick

Gesundheitliche Störungen I – Pendelmethode

Welche gesundheitlichen Störungen vorliegen, kann mit Hilfe des Pendels abgefragt werden (siehe Kapitel »Analyse I« und »Analyse II«). Die Länge des Fadens (mit anderen Worten: Auf welcher Höhe der Pendel gehalten wird) ermöglicht die Analyse. Die Reizeindrücke werden über das Unterbewußtsein an den Pendel weitergeleitet. Die Länge des Fadens stellt die Antenne dar. Die nachstehenden Angaben in cm-Länge gelten als Beispiel. Die Länge des Fadens/der Kette einschließlich des Pendels selbst muß zuvor an einem Lineal geprüft werden (siehe Kapitel »Reizzonen«).

Einige Richtwerte in cm Fadenlänge:

Bandscheibe	= 7,5 cm	Leber	= 7,0 cm
Dickdarm	= 5,7 cm	Galle	= 8,0 cm
Dünndarm	= 8,4 cm	Magenausgang	= 29,0 cm
Venenentzündung	= 8,3 cm	Lunge	= 9,0 cm

Diese Methode, die vergleichbar mit der Lecherantenne ist, hat sich leider nicht durchgesetzt, weil Tabellen mit den entsprechenden Werten fehlen bzw. auch die Abfrage bei nicht vorhandenen Werten erschweren. Das mentale Abfragen ist insofern einfacher.

➲ **Merke:** Jedes im Zusammenhang mit menschlichen Erkrankungen geteste-te Ergebnis bedarf der Interpretation durch einen erfahrenen Arzt oder Heilpraktiker.

Wenn wirkliches Neuland betreten wird, kann es vorkommen, daß nicht nur neue Inhalte aufzustellen sind, sondern daß sich auch die Struktur des Denkens ändern muß, wenn man das Neue verstehen will.

WERNER HEISENBERG

Gesundheitliche Störungen II – Rutenmethode

Auf die gleiche Weise wie bei der Pendelmethode läßt sich selbstverständlich auch mit der Rute arbeiten. Hierbei bedient man sich allerdings eines »Tricks«, um zu sicheren Ergebnissen zu kommen. Die mentale Methode der Abfrage bleibt Ihnen hierbei – zur Kontrolle – erhalten.

Die Methode, die hier zu sichtbaren Ergebnissen in einer sonst unsichtbaren Welt führt, ist der Einsatz eines Gerätes der »Gemeinschaft Lebendige Energie« (z.B. PROFI 100/2). Dieses Gerät arbeitet nach dem Interferenzprinzip mit feinstofflichen Schwingungen (vor allem ohne Strom). Man sucht sich die entsprechenden Werte aus dem Begleitheft, stellt sie auf dem Gerät ein und richtet das Gerät zu Testzwecken oder zur Anwendung auf die betreffende Person. Danach braucht man nur noch die Rute dazwischen zu halten und zu fragen: »Ist das die richtige Schwingung für ...?« Wenn JA, zeigt das die Rute durch eine Rechtsdrehung an.

Einige Richtwerte (vergleichbar mit Hertz-Frequenzen):

Bandscheibe	= 68,5	Leber	= 56,0
Dickdarm	= 61,0	Galle	= 38,5
Dünndarm	= 72,0	Magenausgang	= 73,0
Venenentzündung	= 89,0	Lunge	= 72,0

Wenn eine Tatsache, auf die man stößt, mit der herrschenden Theorie im Widerspruch steht, muß man die Tatsache akzeptieren und die Theorie verwerfen, auch wenn diese von namhaften Wissenschaftlern unterstützt und allgemein angenommen wurde/wird.

CHRISTIAN BARNARD

Gittersysteme

Gittersysteme oder auch geobiologische Gitternetze spannen sich rund um den Erdball; sie sind seit der Steinzeit bekannt: Megalithische Monumente wurden auf Kreuzungen solcher Systeme errichtet. Die Chinesen, die Inder, die Griechen und die Römer wußten über diese Netze Bescheid. Der Standort der Moscheen, Tempel, heiligen Stätten und Denkmäler wurde davon beeinflußt. Das Wissen über Gittersysteme und -netze war auch noch im Mittelalter vorhanden, wie die Anzeichen in alten Kirchen etc. beweisen (vgl.: Blanche Merz, »Orte der Kraft«).

In den letzten sechzig Jahren widmeten sich vor allem folgende Forscher diesen Systemen: Dr. E. Hartmann, Dr. Curry, Ing. Schneider, Ing. Wittmann, Dr. Oberbach, Dr. Peyre, Ing. Hiller. Die »entdeckten« Systeme haben jedes für sich eine besondere Charakteristik und Lage. Insgesamt sind mehr als zehn Netzsysteme bekannt. Um die Eigenart der Netze besser beschreiben zu können, hat man versucht, sie Himmelskörpern zuzuordnen; so z.B. das Globalnetzgitter dem Mars, das Curry-Netz der Venus, das Schneider-Gitter III dem Jupiter, das Schneider-Gitter IV dem Neptun, die Wittmann-Felder dem Uranus.

Das Auffinden der Gittersysteme ist eine schwierige Angelegenheit; manchmal hängt es von der Einstellung des Rutengängers ab, manchmal von der eingesetzten Rute, manchmal auch von der Meßmethode, ob die Gitter gefunden werden oder nicht. Grundsätzlich läßt sich zu den ersten sieben Gittersystemen folgendes sagen (die Numerierung wurde von Ing. R. Schneider eingeführt):

(1) Das Globalnetzgitter verläuft in Nord-Süd-Richtung. Es ist nicht flächendeckend über dem gesamten Globus zu finden (siehe Glossar). Abstand der Netzlinien etwa 2,0 bis 2,5 m.

(2) Das Curry-Netz verläuft diagonal zum ersten Gitter (siehe Glossar). Abstand der Netzlinien etwa 3,5 bis 4,0 m.

(3) Das Schneider-Gitter I gibt es gleich zweimal. Das erste ist ein positiv schwingendes Netz. Es handelt sich um die sogenannten Beredsamkeitslinien (sie-

he Glossar: Geomantische Zonen). In genau gleicher Abmessung gibt es ein negativ gepoltes Netzsystem. Der Richtungsverlauf ist spiegelverkehrt und die Energieflußrichtung ist entgegengesetzt.

(4) Das Schneider-Gitter II hat ebenfalls zwei Ausprägungen, d.h. es gibt ein positives und negatives Netzsystem. Auf den positiv polarisierten Linien finden sich viele Christusstatuen, Bildstöcke, Kapellen. Bei dem Doppelgänger ist der Richtungsverlauf entgegengesetzt.

(5) Das Schneck-Gitter I tritt ebenso doppelt in Erscheinung. Auch auf diesem Netz findet man Sakralzonen, heilige Linien etc.

(6) Das Schneck-Gitter II findet sich auch in zweifacher Polarisation. Das positive Netz heißt »Sakralnetz«, das negative Netz »Henkersnetz«.

(7) Das Schneck-Gitter III, ebenfalls zweifach polarisiert, trägt die Bezeichnung »Friedensnetz« und umgekehrt »Spuknetz«.

Das Gemeinsame bei allen Netzsystemen ist, daß bei allen positiv geladenen Gittern der Energiefluß von Nord nach Süd bzw. von Ost nach West verläuft (woraus die Positionen bei Schlafplätzen resultieren); bei negativen Systemen verläuft der Energiefluß von Süd nach Nord bzw. West nach Ost. Bei negativen Gitternetzen tritt zusätzlich nachts etwa zwischen 24 Uhr und 3 Uhr morgens eine Intensitätsverstärkung ein. Ebenso führen Mondphasen zu Verschiebungen.

Entsprechend den vielen Streifen und Gittersystemen gibt es keine Wohnung, in der nicht irgendwelche positiven oder negativen Netze vorhanden sind, die mit der Rute gefunden werden können. Verstärkungen der pathogenen, krankmachenden, Wirkungen eines negativen Gittersystems erfolgen durch Kreuzungen einerseits bzw. durch Überschneidungen mit Wasseradern und geologischen Strahlungen sowie der elektrischen und chemischen Verschmutzung moderner Wohnungen (vgl.: hierzu insgesamt G. Schneck, Zeitschrift für Radiästhesie (RGS), Heft 2/1993).

Geopathischer Streß und negative Gittersysteme sind ursächliche Faktoren für viele Erkrankungen. Die Abwendung ist mit Hilfe von Rute oder Pendel möglich. Sie schlagen z.B. den Band »Pendel-Welten« auf, gehen damit an den Platz, wo Sie sich regelmäßig längere Zeit aufhalten (Schlafplatz, Arbeitsplatz, Sitzungsraum etc.) und fragen mit dem Pendel über dem Diagramm ab: »Welche Störung liegt hier ... vor?«

Wenn an dem von Ihnen vermuteten Platz eine geopathische Belastung vorliegt, sollten Sie für Abhilfe sorgen, d.h. entstören! Solange es sich nur um eine einfache Störzone handelt, läßt sich dies mit Produkten bewerkstelligen, die der Markt bietet. Sollte es sich jedoch um eine Überschneidung von mehreren Systemen handeln, ist es ratsam, den Platz zu wechseln, also Bett bzw. Schreibtisch umzustellen (oder sich gar eine andere Wohnung zu suchen).

Alle radiästhetischen Abfragen lassen sich natürlich auch mental mit der Rute machen. Zu fragen wäre: »Liegt hier eine geopathische Störung vor?« »Ist hier ein negatives Gittersystem spürbar?« »Befindet sich der ...-Platz auf einer Kreuzung?« »Ist hier eine Schwingung vom Erdmagnetfeld spürbar?« »Ist hier eine Erdstrahlung spürbar?« »Ist hier die Strahlung einer Wasserader spürbar?«

➲ **Merke:** Für die Entstörung ist keine Unterscheidung nach den verschiedenen Gittersystemen, die vorstehend besprochen wurden, erforderlich. Bei Entstörung/Harmonisierung sind meist nur die ersten beiden Gitter beachtenswert (siehe Kapitel »Entstörung II«).

> *Lernen wir träumen, dann finden wir vielleicht die Wahrheit. Aber hüten wir uns, unsere Träume zu veröffentlichen, ehe der wache Verstand sie geprüft hat.*
>
> AUGUST FRIEDRICH KEKULÉ VON STRADONITZ

Goldtyp

siehe Kapitel »Nervensystem«

Halsketten/Schmuck

In diesem Abschnitt werden nur Metallhalsketten und Metallarmreifen sowie -ringe unter radiästhetischen Gesichtspunkten behandelt. Jedes Tragen von Metallhalsketten etc. schränkt die dem Menschen im Kopfkreislauf zur Verfügung stehende Lebenskraft ein oder blockiert sie sogar (siehe Kapitel »Lebenskreisläufe«). Die über die Chakren dem Körper gelieferten feinstofflichen Kräfte werden durch das Tragen dieser Metallketten (Metallarmbänder; Uhren mit Metallbändern gehören auch dazu) eingeschränkt.

Das kann soweit gehen, daß keine Kraft für das Arbeiten mit der Rute oder dem Pendel vorhanden ist und erst nach Ablegen des Schmuckes und entsprechendem Aufladen wieder getestet werden kann. Wer aber dennoch meint, Schmuck tragen zu müssen, sollte sich für die Halskette ein Kunststoffzwischenglied kaufen und am Verschluß einsetzen (siehe nebenstehende Abbildung). Ringe und Metallarmbänder lassen sich nicht entstören. Bei Armbanduhren kann man jedoch die Metallbänder durch Leder-, Textil oder Kunststoff-Armbänder ersetzen.

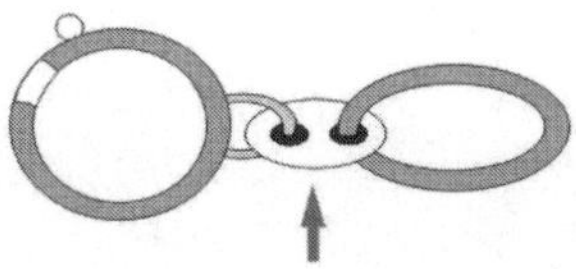
Kunststoffzwischenglied

Die einfühlsamsten radiästhetischen Anleitungen stammen bemerkenswerterweise von Geistlichen, nämlich von Prof. Dr. Cunibert Leo Mohlberg und Abbé Mermet. Pater Mohlberg OSB schrieb unter dem Pseudonym »Candi«; Abbé Mermet ist als »Vater der Radiästhesie« bekannt geworden.

Handantenne

Unter diesem Begriff versteht man (unter Rechtshändern) die Methode, die linke Hand als Antenne zu verwenden (bei Linkshändern funktioniert die Methode natürlich jeweils mit der anderen Hand). Man hält mit der rechten Hand die Rute (oder den Pendel) und streckt die linke Hand (Handfläche) zur Strahlenaufnahme aus, d.h. in Richtung des zu testenden Objektes. Frage: »Welche

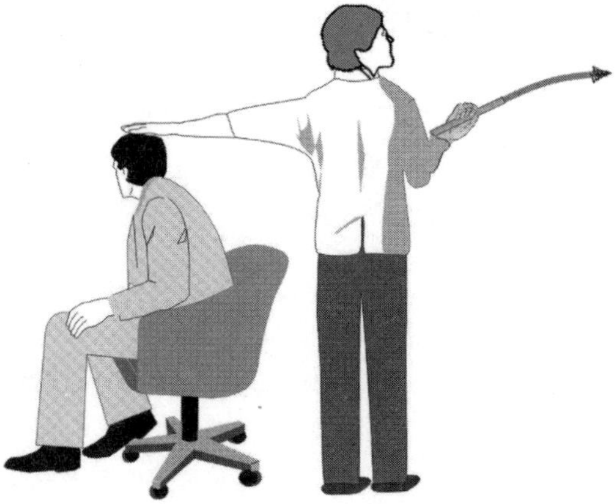

Schwingung liegt hier ... vor?« oder »Liegt hier eine Störung vor?« Oder: »Liegt bei dieser Person eine besondere Begabung für ... vor?« Die Hand nimmt bei dieser Abfrage Wellenlängen beliebiger Art auf.

Man kann bei dieser Art der Abfrage zwei Möglichkeiten unterscheiden: Einmal die Abfrage in Ihrer unmittelbaren Nähe und zum anderen die »Fernabfrage«, wo Sie sich nur noch in Sichtweite zum Objekt aufhalten (vgl. »Radiästhesie I« und »Radiästhesie II«).

Zunächst sei die Möglichkeit der Abfrage beschrieben, bei der sich der zu testende Gegenstand oder die zu testende Person in Ihrer unmittelbaren Nähe befindet. Sie legen dann einfach Ihre linke Hand auf den Gegenstand oder die Person (oder bringen ihre linke Hand in unmittelbare Nähe) und fragen – wie oben beschrieben – mit der Handfläche ab.

Bei der Möglichkeit der »Fernabfrage« müssen Sie zuvor Ihre linke Hand (Handfläche) »richtig justieren«, d.h. richtig auf den zu testenden Gegenstand ausrichten. Wenn Sie also in einer Kirche im hinteren Kirchenschiff stehen und die Schwingung am Altar ermitteln wollen, z.B. wegen der Beredsamkeitszone, dann strecken Sie Ihre linke Hand (Handfläche) aus und fragen ab: »Liegt dort vorne, wo der Priester steht, die Intensität der Schwingung von (z.B.) 9.000 Bovis vor?« Wenn NEIN, dann zählen Sie mental hoch: »Liegt eine Schwingung vor von 9.500 Bovis? 10.000 Bovis? 10.500 Bovis ?» etc. – Einfacher geht so etwas natürlich bei Gegenständen, die sich näher bei Ihnen befinden, etwa Bilder an einer Wand (vgl.: G. Hürlimann, »Pendeln ist erlernbar«).

> *Es gibt keinen eleganteren Weg, die Aktivität des Geistes zu trainieren, als über einen längeren Zeitraum mit der Rute bzw. dem Pendel zu arbeiten.*
>
> BRUCE COPEN

Kapseln, Tabletten

Kapseln und Tabletten, die in einer PVC-Folie eingeschweißt und auf der anderen Seite mit Aluminium-Verbundfolie abgeklebt sind (maschinelle Verpackung in Durchdrückfolie), sollten Sie – wenn Sie sie zum Testen nicht aus den Näpfen herausdrücken wollen – nicht auf der mit Aluminiumfolie abgedeckten Seite testen. Aluminium läßt keine Schwingung durch, so daß Ihr Test mit Rute oder Pendel, ob Sie dieses Medikament einnehmen sollen oder nicht, verfälscht wird. Die Seite mit der PVC-Folie eignet sich dagegen sehr wohl zum Testen. – Andernfalls müßten Sie das Medikament als Stoffprobe abfragen (siehe Kapitel »Fragenkatalog«).

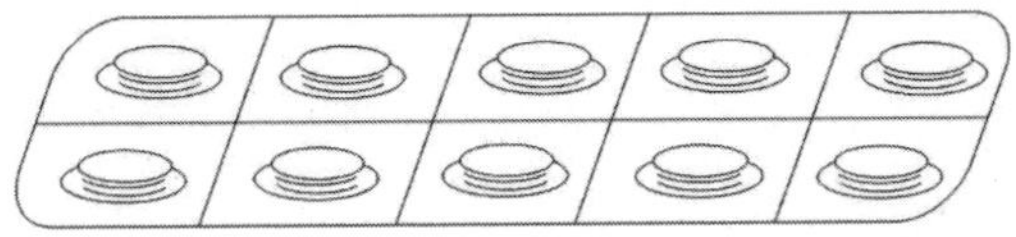

Für den Radiästheten ist es wichtig, daran zu arbeiten, jede Macht, jede Bevormundung und jede Berechnung aufzugeben.

Gerda Eyrich-Dürr

Kinesiologie

Dieses Kapitel über das Sondieren, Ausgleichen und Korrigieren des energetischen Zustandes des Menschen stellt scheinbar einen Ausreißer in einem Buch über Radiästhesie dar. Das ist jedoch nur auf den ersten Blick der Fall. Kinesiologie kann nämlich auch eine Methode zum Testen des Energiesystems des Menschen sein. Grundsätzlich besteht keine Überlegenheit der einen Richtung gegenüber der anderen, obwohl die Radiästhesie als mentale Methode oft weiter führt.

Der Grund, warum dieses Kapitel hier eingefügt wurde, ist: Es gibt Menschen, die nicht ruten oder pendeln können (wollen). Für diese Menschen stellt die Kinesiologie eine wirkliche Alternative dar. Dabei wird ein einfaches körpereigenes Rückmeldesystem angewandt, der »Armtest«. Mit dem Armtest kann man (ebenso wie mit der Rute) u.a. die nachstehenden Bereiche testen:

- Medikamente und Heilmittel
- Allergien und Unverträglichkeiten
- toxische Belastungen
- psychische Probleme
- sonstige Streßfaktoren (Umwelt, Geopathie u.v.m.)

Um zu verstehen, wie Sie kinesiologische Tests bei sich und bei anderen durchführen können, brauchen Sie ein Fachbuch und sollten einen Lehrgang besuchen. Man muß Kinesiologie praktizieren, um sie zu verstehen und – ähnlich wie bei der Radiästhesie – um begeistert zu sein (vgl.: M. la Tourelle, A. Courtenay, »Was ist Kinesiologie?«).

➲ **Merke:** Das Grundprinzip der Kinesiologie beim Armtest lautet: Starker Muskel wird schwach (bei falscher Verabreichung); schwacher Muskel wird stark (bei richtiger Verabreichung). Prinzip: Alles, was den Muskel stärkt, ist gut für den Menschen!

> *Wenn wir wirklich sehen, hören und fühlen würden, könnten wir die komplizierte Einfachheit des Menschen und die einfache Kompliziertheit des Menschen sehen, hören und fühlen.*
>
> G. GOODHEART

Kleider

siehe Kapitel »Textilien«

Kosmos/Kosmische Einflüsse

Kosmos ist zum einen die allgemeine Bezeichnung für das Weltall, zum anderen die Bezeichnung für die Herkunft der Strahlung, der Energie, die auf die Erde einwirkt und die man radiästhetisch messen kann.

Ein Teil des Kosmos ist die Atmosphäre, welche die Erde umgibt. Sie besteht aus folgenden Schichten: Bis zu ca. 10 km über der Erdoberfläche nennt man die Lufthülle Troposphäre; bis zu 17 km ist es die Stratosphäre. Beide Schichten sind für das Wetter auf der Erde bestimmend.

Darüber, bis zur Entfernung von ca. 500 km, spricht man von der Ionosphäre. Die Ionen verstärken/beeinflussen das Wettergeschehen auf der Erde. Bis zur Höhe von ca. 1.500 km findet sich die Protosphäre. Darüber existiert – nach wissenschaftlichen Erkenntnissen – nur noch der interplanetarische Raum.

Unter Kosmos als Gesamtheit versteht man also einerseits die Atmosphäre und andererseits die Himmelskörper, die anziehende und abstoßende magnetische Strahlkräfte besitzen. Für uns auf der Erde sind besonders die in unserem Sonnensystem gelegenen wichtig: Sonne, Mond, Venus, Mars, Jupiter, Pluto (zur Vertiefung sei auf die Astrologie verwiesen).

Kosmische Einflüsse stellen sich einerseits durch die radiästhetisch meßbare Strahlung dar und andererseits durch die Einflüsse der Gestirne, wie die Anziehungskraft des Mondes, die sich u.a. in Ebbe und Flut zeigt. Sie sind aber auch direkt durch das Wettergeschehen spürbar.

Wenn Sie Ihre eigene Wettervorhersage (für die nächsten Tage) machen wollen, schlagen Sie den Band »Pendel-Welten« auf und fragen ab: »Wie wird das Wetter voraussichtlich morgen?« Über dem Diagramm müssen Sie auf die Diagonale achten, die Ihnen das Pendel zeigt, und auf jedem Feld, das vom Pendelausschlag überstrichen wurde, noch einmal nachfragen: »Ist dies das Wetter von morgen?«

> *Ein System, das Strukturen nicht bereits enthält und/oder durch Randbedingungen und die Art der Energiezufuhr aufgeprägt bekommt, kann auch keine raumzeitlichen Strukturen aufbauen. Durch chaotische Speisung allein entsteht keine Ordnung.*
>
> FRITZ A. POPP

Lebenskraft

Der Mensch steht im Spannungsfeld von kosmischer und terrestrischer Energie, woraus er seine Lebenskraft bezieht/empfängt. Diese Energie steuert alle Organe und Lebensabläufe des Menschen einschließlich Gesundheit, Krankheit, Heilung. Die Kraft ist nicht physikalisch, wohl aber radiästhetisch meßbar, und zwar u.a. über den Abstand der beiden Hände zueinander. Man kann die Messung am besten mit Hilfe einer zweiten Person durchführen.

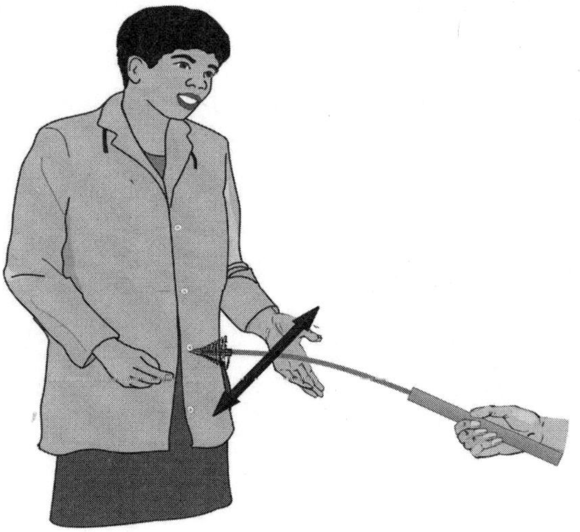

Zu diesem Zweck streckt die eine Person beide Arme nach vorn (etwa in U-Form). In dieser Stellung hält der Radiästhet die Rute zwischen die ausgestreckten Hände seines Gegenüber. Dann werden beide Hände langsam immer weiter auseinander gezogen, so lange, bis die Rute stillsteht. Der dabei erzielte Abstand der beiden Hände gilt als Maß für die momentan vorhandene Lebenskraft oder auch den gesundheitlichen Zustand der getesteten Person (vgl.: P. Schmidt, »Symphonie der Lebenskräfte«).

Unser Denken und deshalb auch die naturwissenschaftliche Beschreibung erfaßt nur eine Struktur, ein »WIE«, aber nicht den Inhalt, das Wesen, das »WAS« der eigentlichen Wirklichkeit.

HANS-PETER DÜRR

Lebenskreisläufe

Normalerweise ist es so, daß bei Mann und Frau unterschiedliche Kreisläufe der Lebenskraft in ihrem Körper anzutreffen sind. Man unterscheidet einen Kopf-, einen Arm- und einen Beinkreislauf. Der Armkreislauf beim Mann sieht so aus, daß die Rute über der rechten Handfläche des Mannes mit einer Rechtsdrehung schwingt, über der linken Hand dagegen mit einer Linksdrehung. Bei Frauen läuft dieser Kreislauf üblicherweise umgekehrt, dadurch ist die Frau auf der rechten Hand minus-gepolt und umgekehrt. Ähnlich verhält es sich bei den anderen beiden Kreisläufen. Diese Tatsache läßt sich leicht mit der Rute feststellen (vgl.: P. Schmidt, »Symphonie der Lebenskräfte«).

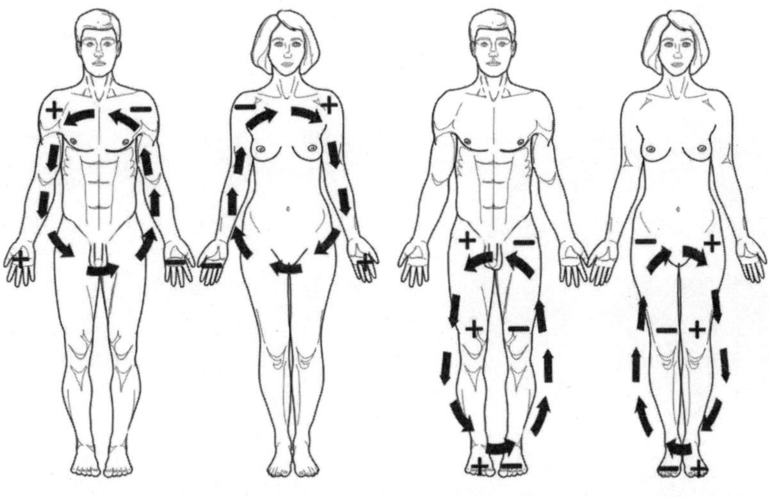

Radiästhesie ist altes Wissen, das heutzutage immer mehr an Bedeutung gewinnt und in das Bewußtsein der Menschen rückt, vor allem über die Quantentheorie.

Lebensmittel

Das Austesten von Lebensmitteln auf Verträglichkeit mit Rute oder Pendel ist bei manchen Erkrankungen (z.B. Neurodermitis, Allergien) besonders vonnöten, weil man sonst oft nicht weiß, was man essen oder trinken soll bzw. kann. Beim Austesten von Lebensmitteln gibt es zwei Möglichkeiten:

a) Die erste Möglichkeit – es ist zugleich die einfachere – ist das Austesten zuhause. Hier kann man in Ruhe jedes der vorhandenen Lebensmittel (Brot, Gemüse, Belag, Obst, Getränke etc.) testen, ob man gerade zu der gegebenen Zeit davon essen oder trinken soll oder nicht.

b) Die zweite Möglichkeit stellt das Austesten außer Haus dar. Man nimmt die Rute oder den Pendel mit ins Geschäft. Allerdings sollte das radiästhetische Testen im Geschäft nicht zu einer Show gemacht werden, weil man dabei die Blicke der Kunden (und des Inhabers) auf sich zieht. Als »Trick« haben sich betroffene Patienten folgendes einfallen lassen: Sie nehmen einen großen, in etwa runden Einkaufskorb mit ins Geschäft, halten den Korb mit der linken Hand vor den Körper und pendeln mit der rechten Hand im Korb und konzentrieren sich dabei (durch Blick auf die Ware), z.B. auf das Obst oder Gemüse, das man zu kaufen beabsichtigt. Fragen: »Kann ich das vertragen?« »Ist das für mich bekömmlich?« Die Pendeldrehung im Korb gibt dann den Ausschlag für den Kauf. (Für Linkshänder ist die Testanordnung natürlich umgekehrt!)

Radiästhesie will erlebt sein; einfaches verstandesmäßiges Zurkenntnisnehmen genügt nicht.

Linksdreher

In der Natur und von Menschen geschaffen gibt es sogenannte Linskdreher; gemeint ist hiermit der Ausschlag der Rute entsprechend der vorliegenden Schwingung. Frage: »Welche Schwingung liegt hier ... vor?«

Zu den Linksdrehern gehören u.a.:

- Scheck-Karten mit Magnetstreifen
- Bildschirme (angeschaltet, aber auch ausgeschaltet)
- Lautsprecher bzw. Lautsprecherboxen
- Musikkassetten
- Quarzuhren
- offene Vasen, Krüge, Flaschen, Gläser, Tassen
- Wände (vor allem Betonaußenwände)
- Spiegel (und hochglanzpolierte Flächen)
- Lichtschalter, Steckdosen
- Bilder hinter Glas

Zur Erinnerung sei hier wiederholt: Linksdrehung besagt, daß sich die vorgefundene Energie für Menschen in der Regel negativ, entladend, kräftezehrend bis gesundheitsschädlich auf den Menschen auswirkt.

> *In der verwirrenden Vielfalt einer zunehmend komplexeren und komplizierteren Welt wird der Ruf nach einer klaren Orientierung immer lauter. – Die Radiästhesie gibt hierbei Hilfen.*
>
> HANS-PETER DÜRR

Magnete I

Der Magnet, den man im Handel kaufen kann, ist entweder ein Stab-, ein Hufeisen- oder ein Platten-Magnet. Die Frage, die bei Verwendung eines Magneten immer wieder auftritt, lautet: »Wo ist der Pluspol?« bzw. »Wo ist der Minuspol?« Dieser Tatsache versucht man mit entsprechenden farblichen Markierungen gerecht zu werden. Die Farben rot und grün sind als Markierung nur in Deutschland genormt. Deswegen sollte man immer eine Rute zur Verfügung haben, um die Polarität des Magneten prüfen zu können (man kann sie natürlich auch mit einem Kompass feststellen).

Als Radiästhet erhält man über dem positiven Ende des Magneten (auch Nordpol genannt) eine Rechtsdrehung. Über dem negativ gepolten Ende des Magneten (Südpol) erhält der Radiästhet eine Linksdrehung.

Diese Überlegungen sind wichtig, wenn man mit einem Magneten arbeiten will, also beispielsweise sich oder einen anderen sedieren, beruhigen oder aktivieren will. Man kann dies auf direktem Wege machen, indem man den Magneten z.B. mit der Minusseite auf die Stelle des Körpers auflegt (wo sich eine schmerzende Stelle befindet). Die Dauer des Auflegens muß man radiästhetisch abfragen. Man kann es auch indirekt machen, indem man z.B. ein Glas mit Wasser entsprechend magnetisiert und dann das Wasser schluckweise trinkt.

➲ **Merke:** Die pluspolarisierte Seite des Magneten (Nordpol) aktiviert. Die minuspolarisierte Seite des Magneten (Südpol) sediert.

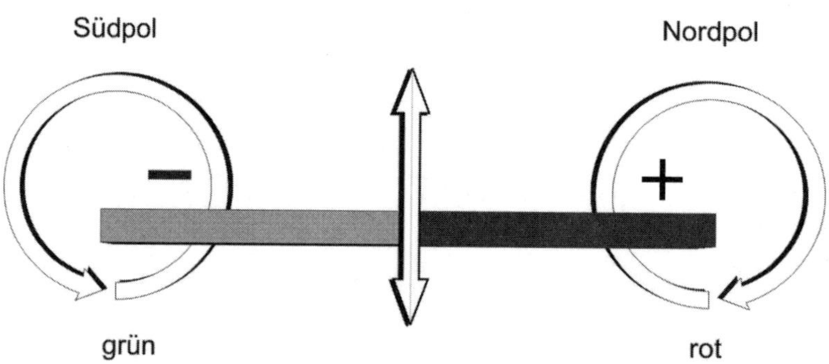

Als Darstellung der Wirklichkeit ist die naturwissenschaftliche Abbildung der Welt nicht ausreichend, einfach aus dem Grunde, weil die Naturwissenschaft nicht einmal den Anspruch erhebt, sich mit Erfahrungen schlechthin zu befassen, sondern nur mit bestimmten Ausschnitten und nur mit bestimmten Zusammenhängen. Die Naturwissenschaft tendiert vielmehr dazu, diejenigen Aspekte der Erfahrung, welche die Naturwissenschaftler wegen mangelnder Kompetenz nicht berücksichtigen, so anzusehen, als seien diese irgendwie weniger real als jene Aspekte, welche die Naturwissenschaft willkürlich durch Abstraktion aus der unendlich reichen Gesamtheit bestehender Tatsachen ausgesondert hat.

ALDOUS HUXLEY

Magnete II

Der Schweizer Naturarzt H. Hannemann schreibt viel Positives über Magnete. In seinem Buch erläutert er, daß wir Menschen den Wirkungsfeldern der Natur ausgesetzt sind. Einer dieser Bereiche sind die natürlichen Magnetfelder. Sie spielen seiner Auffassung nach eine größere Rolle im Spiel der Kräfte, als bisher von der Schulmedizin angenommen wird. So beruft Hannemann sich auf wissenschaftliche Experimente, die ergaben, daß in einem Magnetfeld gehaltene Pflanzen schneller wachsen und Wunden schneller heilen.

Die magnetische Kraft hat seiner Ansicht nach allerdings durchaus nicht nur positive Auswirkungen. Eine Gefahr sieht er beispielsweise in der Tatsache, daß wir von immer mehr künstlichen elektro-magnetischen Feldern – erzeugt von Stromleitungen, TV- und Radio-Sendern sowie Mobilfunksendemasten – umgeben werden. Die Energiemedizin ziele demgegenüber darauf ab, das Gleichgewicht magnetischer Felder aufrechtzuerhalten, was etwa durch Dauermagnete oder magnetisiertes Wasser u.v.m. möglich sein soll (vgl.: H. Hannemann, »Energiemedizin – Der Quantensprung zur Selbstheilung«).

➲ **Merke:** Ob eine Heilung bei Ihnen mit Magneten angezeigt ist und vor allem mit welcher der beiden möglichen Polaritäten, können Sie mit der Rute testen. Sie können ebenfalls die Dauer der Anwendung mit der Rute abfragen, d.h. bestimmen.

> *Ruten und Pendeln ist ein Prozeß genauso wie das Telefonieren, nur daß dabei unser eigener Geist in entscheidender Weise am Aufbau der Verbindung beteiligt ist.*
>
> GRAZYNA FOSAR

Medikamenteneinnahme I

Jedes Medikament, das man auf ärztliche Verordnung hin täglich einnehmen soll, sollte regelmäßig vor der Einnahme getestet werden. Frage: »Soll ich das Medikament ... heute einnehmen?« Damit erreichen Sie zumindest, daß Sie kein Medikament sinnlos oder zu lange einnehmen/anwenden. Wenn Sie bei manchen Medikamenten die Gegenanzeigen/Nebenwirkungen/Wechselwirkungen/Warnhinweise auf dem Beipackzettel lesen, wissen Sie warum. Also: Vorher immer das »Ob« der Medikation abfragen. Möglicherweise signalisiert Ihnen Ihr Körper/Unterbewußtsein: Jeden zweiten Tag einnehmen ist ausreichend!

Daran anschließend können Sie auch die Menge der Einnahme dieses bestimmten Medikaments testen. Sie können also fragen: »Wieviel Kapseln/Globuli/Tropfen soll ich von diesem Medikament einnehmen?« – Wenn Sie die Mengenabfrage noch nicht mental beherrschen, fertigen Sie sich eine Skala an und fragen darüber die Menge ab.

Sie können natürlich auch die Uhrzeit (nach der chinesischen Organuhr – siehe nebenstehend) für die beste Zeit der Einnahme bzw. der Wirkung abfragen. Außerdem können Sie auf diesem Weg, d.h. mit Rute oder Pendel, auch die homöopathische Potenz des von Ihnen benötigten Medikaments ermitteln (vgl.: Band »Pendel-Welten«). – Und schließlich können Sie auf die Art auch feststellen, ob Sie ein bestimmtes Medikament schon eingenommen haben oder nicht. Nach etwa 30 Sekunden ist die Einnahme radiästhetisch im Körper nachweisbar. Abfrage am Körper: »Habe ich das Medikament ... bereits eingenommen?«

➲ **Merke:** Mit diesen Hinweisen soll keinesfalls die Einnahmevorschrift Ihres Arztes oder Heilpraktikers außer Kraft gesetzt werden. Reden Sie über das gefundene Ergebnis Ihres Tests mit Ihrem behandelnden Arzt/Heilpraktiker oder Apotheker. Wenn es ein aufgeschlossener Arzt ist, wird er Sie entsprechend behandeln und unterstützen. Leider sehen es noch immer manche Behandler gar nicht gerne, wenn der Patient versucht, mitzudenken.

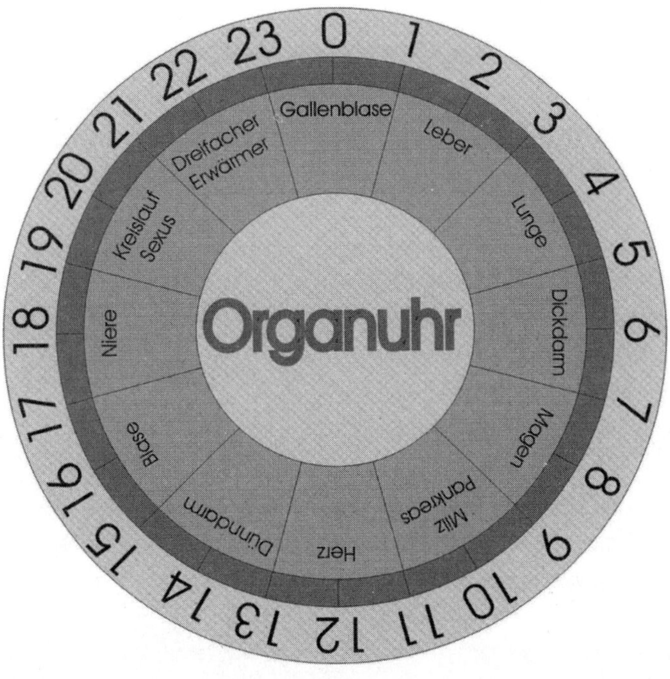

Hinweis: Bei Sommerzeit ist die Organuhr bezüglich des Verständnisses entsprechend um 1 Stunde zurückzustellen

> *Jede Messung, d.h. jede Testung mit einer Rute (oder einem Pendel) ist nur eine Momentaufnahme. Da der Mensch ein lebendiges, komplexes, offenes System ist, verändert er sich von Sekunde zu Sekunde.*
>
> HANS-JOACHIM EHLERS

Medikamenteneinnahme II

Wenn Sie wegen irgendwelcher chronischer Erkrankungen an jedem Morgen/Mittag/Abend (oder stündlich) mehrere Medikamente nehmen müssen, sollten Sie etwa wie folgt vorgehen: Sie testen das erste Medikament (vgl. das vorstehende Kapitel) und nehmen es – bei Rechtsdrehung der Rute (oder des Pendels) – ein. Danach testen Sie das zweite Medikament und – bei Rechtsdrehung – nehmen Sie auch dieses Medikament ein. Die Reihenfolge der Testung und Einnahme ist gleichgültig.

Sie nehmen also das nächste Medikament, testen es ebenfalls und ..., siehe da, heute braucht Ihr Körper dieses Medikament nicht; also Rutenausschlag negativ, nach links. Danach testen Sie die weiteren Medikamente trotzdem durch (wie vorstehend beschrieben) und nehmen sie ein oder nicht, je nach Ausschlag der Rute.

Damit erreichen Sie, daß sich keine Medikamentenwirkung überschneidet bzw. Sie kein Medikament doppelt einnehmen (auch von der Wirksubstanz her sind Wechselwirkungen möglich). Es könnte ja auch sein, daß Sie ein bestimmtes Medikament nur für eine kurze Zeit brauchen und sich Ihr Körper inzwischen wieder normalisiert hat (siehe auch Kapitel »Fragenkatalog«).

➲ **Merke:** Auch hier gilt »Sprechen Sie mit Ihrem Arzt/Heilpraktiker oder Apotheker über das gefundene Ergebnis, vor allem dann, wenn Sie mehrere Ärzte/Heilpraktiker parallel konsultieren.

Voraussagen sind sehr schwierig, vor allem, wenn sie von der Zukunft handeln. Das gilt auch im Bereich der Radiästhesie.

Yogi Berra

Medizin

In Deutschland ist das Ausüben der Heilkunde, das Diagnostizieren und Therapieren ausschließlich Ärzten und mit Einschränkung auch Heilpraktikern erlaubt. Ein Radiästhet macht sich daher strafbar, wenn er aufgrund seiner

»Untersuchungen« eine »Diagnose« stellt oder gar versucht zu therapieren. Das ist der eine Grund, warum Sie nie für fremde Menschen ruten oder pendeln sollten (es sei denn für Ihre Familienangehörigen).

Es gibt aber auch noch andere Gründe: Als Radiästhet arbeiten Sie zwar am Körper, jedoch in dessen feinstofflicher Hülle. Sie sind dabei nicht in der Lage, Zusammenhänge im Organismus zu erkennen. Deswegen ist der Begriff »Diagnose« Medizinern und ihrer Arbeit vorbehalten. Sie dagegen arbeiten im energetischen Bereich, also eher prophylaktisch, vorbeugend.

Sie können deshalb bestenfalls einen gestörten Gesundheitszustand wieder ins Gleichgewicht bringen, indem Sie feinstofflich-energetische Wellen regulieren. Dadurch kann es sein, daß körperliche Beschwerden günstig beeinflußt werden oder erst gar nicht auftreten.

Im Zusammenhang mit gesundheitlichen Problemen Ihres Gegenübers dürfen Sie allerdings den Belastungsstatus prüfen, d.h. biologisch ungünstige Auswirkungen des Kraftfeldes klären, in dem der Betreffende lebt. Dazu sollten Sie folgendes abfragen:

Belastungsstatus

- Belastung durch Elektrosmog
- Belastung durch Erdstrahlen
- Belastung durch Schadstoffe
- Belastung durch Verwerfungen
- Belastung durch Wasseradern
- Sonstiges:
    - physische Belastungen
    - psychische Belastungen
    - Fremdbeeinflussungen

Sie werden also z.B. abfragen: »Liegt bei ... eine Schadstoffbelastung vor?« und wenn JA: »Wie hoch ist diese Belastung in Prozent?« (siehe die Kapitel »Analyse I« und »Fragenkatalog«, dort »100-Prozent-Diagramm«)

> *Die Quantenphysik macht deutlich, daß unsere wissenschaftliche Erfahrung, unser Wissen über die Welt nicht der »eigentlichen« oder »letzten« Wirklichkeit, was immer man sich darunter vorstellen will, entspricht. Das wahre Wesen der Dinge bleibt verschlossen. Radiästhesie ist ein Weg zur Wahrheit.*
>
> HANS-PETER DÜRR

Mentales Hochzählen

Hierbei geht es um Fragestellungen etwa in der Form: »Wieviel Tropfen soll ich von ... einnehmen?« Sie können dabei wie folgt vorgehen: Konzentrieren Sie sich mit der Rute (oder dem Pendel) in der Hand auf das einzunehmende Medikament, und fragen Sie darüber ab: »Soll ich 2 Tropfen davon einnehmen?« – Falls Sie als Antwort JA, d.h. eine Rechtsdrehung erhalten, müssen Sie weiter abfragen, bis Sie ein NEIN, d.h. eine Linksdrehung, erhalten. Sie müssen also fragen: »Soll ich hiervon 3 Tropfen einnehmen?« »Oder soll ich 4 Tropfen einnehmen?« – Wenn Sie jetzt ein NEIN erhalten, wissen Sie, daß Sie 3 Tropfen einnehmen sollten.

Wenn Sie jedoch wiederum ein JA erhalten, sollten Sie weiter abfragen. »Soll ich mehr als 4 Tropfen einnehmen?« – Wenn Sie jetzt wieder ein JA, d.h. eine Rechtsdrehung, erhalten, fragen Sie weiter ab: »Soll ich 5 Tropfen einnehmen?« – JA – »Soll ich 6 Tropfen einnehmen?« – JA – »Soll ich 7 Tropfen einnehmen?« – NEIN – Wenn die Rute jetzt nach links dreht, wissen Sie, daß Sie 6 Tropfen auf einmal von diesem Medikament einnehmen sollten.

Diese Methode der Abfrage funktioniert selbstverständlich auch je Einnahme bei 10, 11, 12 und mehr Tropfen (sowie bei Tabletten, Kapseln, Globuli). Sie müssen nur weiter abfragen (hochzählen). Das macht beim ersten Mal etwas Mühe. Beim zweiten Mal kennen Sie die Einnahmemenge schon in etwa und fragen nur noch im Umfeld dazu ab.

Vertrauen Sie insoweit also nicht dem Beipackzettel des Herstellers. Die darauf gegebenen Hinweise über die Dosierung sind nur Durchschnittswerte, die für Sie infolge Ihrer speziellen Sensibilität, nicht stimmen müssen (aber Anhaltspunkte für den Einsatz der Rute oder das Pendel sind).

Der lebende Organismus kann nur dann funktionieren, wenn ein Gleichgewicht zwischen Energieladung und Energieentladung besteht. Ein gesunder Organismus sorgt dafür, daß sein Energiespiegel seinen Bedürfnissen und Möglichkeiten entspricht.

A. Lowen

Meridianenergetisches System

Bei den Meridianen handelt es sich um die Energiebahnen aus dem chinesischen System der Akupunktur. Man stellt sich die Meridiane wie Kanäle vor, in denen in einem 24-Stunden-Rhythmus Energie fließt (siehe »Organuhr«). Es gibt 12 Hauptmeridiane. Die Meridianendpunkte verbinden die Körperoberfläche mit den inneren Abläufen. Akupunkturpunkte sind Sender und Empfänger im Kommunikationsnetz des Körpers, die über die Chakren gespeist werden.

Man kann auch sagen: Die Meridiane sind wie Bewässerungskanäle, die Energie zuführen und den Körper damit nähren, wobei sie unnötige Flüssigkeitsansammlungen und sinnlosen Energieverbrauch bei der Durchführung gängiger organischer Aufgaben verhindern und gleichzeitig die Flüsse des Körpers und Geistes bewegen, um Stauungen zu vermeiden. Das meridianenergetische System ist die Grundlage für das Funktionieren der Biochemie des Körpers.

Die Bezeichnungen der 12 Hauptmeridiane finden Sie in der folgenden Tabelle, wobei die Darstellung so gewählt wurde, daß die gekoppelten Meridiane jeweils auf einer Zeile stehen. Daneben gibt es weitere acht Sondermeridiane sowie Meisterpunkte.

zugeordnete Gewebe	12 Meridiane 6 Funktionskreise	zugeordnete Sinnesorgane
Blut + Blutgefäße	Herzmeridian – Dünndarmmeridian	Zunge
Knochen + Gelenke	Nierenmeridian – Blasenmeridian	Ohr
Blut + Blutgefäße	Kreislauf-/Sexusmeridian – Dreifacherwärmermeridian	Zunge
Muskeln + Sehnen	Lebermeridian – Gallenblasenmeridian	Auge
Haut + Haare	Lungenmeridian – Dickdarmmeridian	Nase
Bindegewebe	Milz-/Pankreasmeridan – Magenmeridian	Lippen, Mund

Mit Rute (oder Pendel) kann man die jeweiligen Bezeichnungen – bezogen auf sich oder einen anderen – einfach abfragen und erhält dadurch den Meridian, in dem eine Störung vorliegt. Die Abfrage müßte etwa wie folgt lauten: »Liegt beim ...-Meridian eine Belastung/Störung vor?« Und wenn JA: »Wie hoch ist die Belastung in Prozent?« (Wenn es sich nur um 2, 3, 4 Prozent Belastung handelt, reguliert es sich meist im Tagesablauf von selbst, dann brauchen Sie nichts zur Normalisierung zu unternehmen!).

Eine andere – vor allem bei anderen anzuwendende – Methode ist, die Meridianenergie direkt abzufragen: Sie nehmen dazu die Rute in die Hand und stöpseln eine Abtastelektrode ein. Sie können damit direkt am Körper (jeweils an den Ecken des Nagelbettes) die Meridianendpunkte messen und wissen dann, bei welchem Meridian eine Belastung/Störung vorliegt. Wo die einzelnen Endpunkte am Fuß und an der Hand liegen, können Sie den beiden nachstehenden Skizzen entnehmen. – Sprachlich erfolgt die Abfrage ähnlich wie vorstehend!

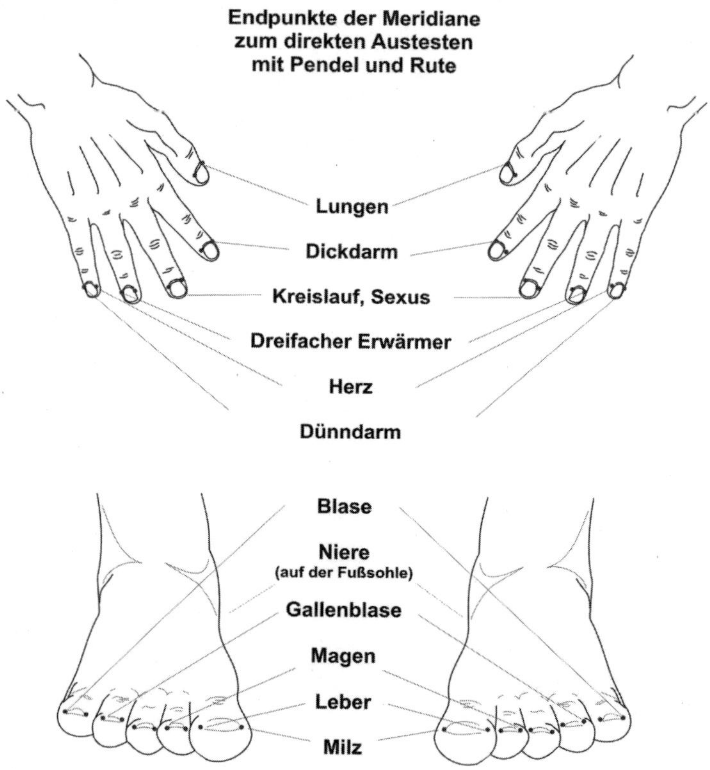

➲ **Merke:** Wenn Sie auf diese Art und Weise an einen anderen Menschen (der nicht zu Ihrer Familie gehört) Hand anlegen, fangen Sie an zu behandeln. Das aber ist in Deutschland nur den Ärzten und Heilpraktikern gestattet.

> *Die elektrischen Felder des Menschen nehmen grundlegende Funktionen wahr, indem sie Wachstum, Gestalt, Aufrechterhaltung und Erneuerung der lebenden Organismen steuern. Natürlich unterscheiden sie sich sowohl vom elektrischen Wechselstrom, den Gehirn und Herz umgeben, als auch vom Hautwiderstand, indem sie eine Art elektrischer Matrix bilden – ein Grundmuster, das die Körperform aufrechterhält.*
>
> HAROLD SAXTON BURR

Als Hinweis für mögliche weitere – mentale – Testungen finden Sie nachfolgend – aus der Sicht der chinesischen Medizin – weitere Zusammenhänge und Entsprechungen innerhalb der jeweiligen Meridian-Systeme (Haupt-Meridiane).

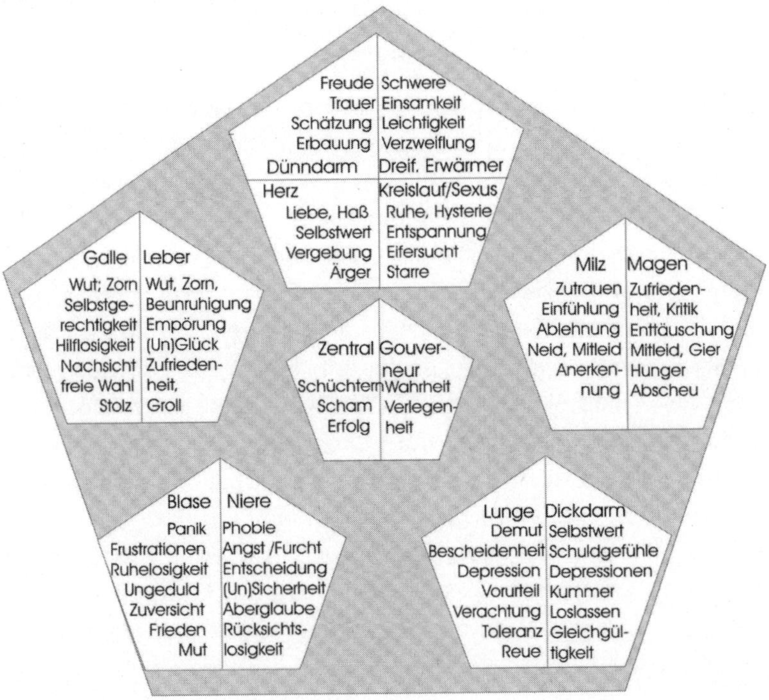

Morphogenetisches Feld

Der britische Biologe Rupert Sheldrake stellte nachfolgend zu dem Russen A. Gurwitsch vor einigen Jahren eine beachtenswerte Hypothese auf, wonach im Universum eine Art Datenbank außerhalb von Raum und Zeit existiert, die er morphogenetisches Feld nennt. Dieses »Feld« sorgt für immer wieder gleichartige Verhaltens- und Strukturformen der Organismen, wobei jeder Einzelorganismus durch sein individuelles Verhalten (und seine Lebensbedingungen) dieses Feld geringfügig verändern kann (Evolution ist möglich).

Sheldrake spricht im Zusammenhang der möglichen Veränderung der Feldinhalte, d.h. der Evolution (als fortschreitende Entwicklung), von morphischer Resonanz. Das Interessante dabei ist, daß diese Resonanz nicht örtlich begrenzt ist, sondern daß Organismen außerhalb von Raum und Zeit auch über große Entfernungen Einfluß aufeinander ausüben und quasi auch Antworten auf Fragen erhalten können.

Die Hypothese ist bis heute nicht widerlegt. Es gibt indes eine Reihe von Beobachtungen und experimentellen Befunden, die diese Hypothese stützen. Sie erklärt zudem bestimmte Fakten, die auf klassische Weise nicht zu erklären wären (wie z.B. die Radiästhesie). Wichtig ist im Zusammenhang mit diesem Thema, daß der Begriff »morphische Resonanz« ein Begriff aus der Schwingungslehre ist – und die Radiästhesie arbeitet mit der Wahrnehmung von Schwingungen, d.h. unter anderem nach dem Resonanzprinzip.

Hierher gehört auch das Experiment mit den Affen und ihrer Fütterung mit Süßkartoffeln – in esoterischen Kreisen unter dem Stichwort »Effekt des hundertsten Affen« bekannt. Das Sensationelle daran war, daß sich – ohne Kommunikationsmöglichkeit – eine Verhaltensform über Raum und Zeit fortpflanzte, also von Kontinent zu Kontinent: Nachdem am Ausgangsort des Phänomens genügend Affen, nämlich etwa 100 Stück, damit begonnen hatten, die Kartoffeln vor dem Verzehr zu waschen, geschah dies auch andernorts!

Inzwischen gibt es auch Experimente, die darauf schließen lassen, daß auch Sprache ihr Abbild im morphogenetischen Feld findet, und zwar um so mächtiger, je öfter ein Wort bereits gesprochen wurde. Worte sind aber nur ausgesprochene Gedanken, was wiederum darauf hindeutet, daß das morphogenetische Feld der Speicher von Gedankenstrukturen ist. Gedanken entstehen im Geistfeld des Menschen und sind radiästhetisch abrufbar (siehe Kapitel »Radiästhesie I«).

Folgendes Beispiel mag diesen Sachverhalt verdeutlichen: Sie kaufen sich einen Welpen. Der Hund erhält von Ihnen einen Namen, etwa Cäsar, wird damit ständig gerufen und reagiert auch darauf. Dieser Name existiert nur zwischen Ihnen, Ihrer Familie und Ihrem Hund, trotzdem ist er nach einiger Zeit im morphogenetischen Feld abgelegt. Wenn Sie dann nach einiger Zeit in Urlaub fahren und den Hund bei den Nachbarn in Pension geben, können Sie aus Ihrem Urlaubsort abfragen, wie es Cäsar geht: »Geht es Cäsar gut?« Die Rute wird Ihnen hoffentlich durch eine Rechtsdrehung antworten, daß es Ihrem Hund gut geht.

Das funktioniert nur, weil Sie durch das ständige Benutzen des Namens ein entsprechendes morphogenetisches Feld aufgebaut haben. – Versuchen Sie diese Abfrage dagegen einmal mental am ersten Tag des Besitzes des Welpen! Da fehlt für Sie und den Hund noch die Struktur auf der feinstofflichen Ebene, es ist keine Resonanz vorhanden (vgl.: R. Sheldrake, »Das Gedächtnis der Natur«).

Wir leben in einer bemerkenswerten Zeit, in der man beginnt, philosophische Fragen allmählich experimentell zu klären.

A. Shimony

Nahrungsmittelallergien

siehe Kapitel »Lebensmittel«

Nervensystem

Wir Menschen verfügen über ein zentrales und ein vegetatives Nervensystem. Das vegetative Nervensystem hält die vom Willen unabhängigen Körperfunktionen aufrecht; Herz, Leber, Darm und Drüsen (siehe Kapitel »Chakren«) funktionieren auf diese Weise. Ebenso wird hiermit der Blutdruck und die Darm- und Blasenentleerung gesteuert. Das sind nur einige Beispiele.

Weiter unterteilt man das vegetative Nervensystem in ein sympathisches und ein parasympathisches System. Vereinfacht gesagt, sorgt das sympathische Nervensystem für erhöhtes Aktivitäts- und Leistungsniveau des Menschen. Im Gegensatz hierzu führt eine Erregung des parasympathischen Nervensystems eher zu einem Ruhe- und Verdauungszustand. Dementsprechend weist der Mensch tagsüber eine erhöhte Aktivität des Sympathikus auf, während nachts die des Parasympathikus überwiegt.

Naturgemäß gibt es Menschen (die Prototypen), die aufgrund besonderer Umstände mehr über das sympathische System, und andere, die mehr über das parasympathische System agieren und reagieren. Daraus leiten Mediziner – vereinfachend – zwei verschiedene Menschentypen ab, mit denen sich in Diagnose und Therapie recht gut arbeiten läßt, und zwar:

- **Sympathikotoniker**
  Er ist pluspolig. Plus-Energie erzeugt Wärme. Dieser Typ Mensch ist deswegen wärmeempfindlich und in seinem Wesen herzlich sowie extrovertiert (Wärme ist ebenfalls pluspolig, und gleiche Polarität stößt sich ab). Die Körperform ist rund; er neigt zu hohem Blutdruck, ist ein schlechter Atmer, hat einen hohen Sauerstoffverbrauch.
  → Er kann Goldschmuck tragen!

- **Vagotoniker** (Parasympathikotoniker)
  Er ist minuspolig. Sein vegetatives Nervensystem ist leicht erregbar. Dieser Typ Mensch ist kälteempfindlich und in seinem Wesen kühl sowie in-

trovertiert (Kälte ist minuspolig, und gleiche Polarität stößt sich ab). Die Körperform ist schlank; er neigt zu körperlichen und seelischen Verkrampfungen, ebenfalls zu niedrigem Blutdruck.
→ Er kann Silberschmuck tragen!

Zwischen diesen beiden Prototypen gibt es selbstverständlich vielfältige Mischtypen.

Die Tatsache, daß das vegetative Nervensystem mit bestimmten Ölen beeinflußt werden kann, haben sich Hersteller im grenzwissenschaftlichen Markt zunutze gemacht und Öle hergestellt, die entweder reines 24-karätiges Blattgold oder echtes Silber enthalten. Sie empfehlen, die Öle zur Stabilisierung des Nervensystems am Bauchnabel in die Haut einzureiben.

- **Gold** fördert Eigenschaften wie Entschlußkraft und Durchsetzungsvermögen, stärkt die Konzentration, die Lebensenergie und erhöht das Bewußtsein.
- **Silber** fördert die weibliche Energie (auch für Männer wichtig), läßt die Intuition leichter fließen und verstärkt vorhandene Heilkräfte.

Welches dieser Öle für Sie richtig ist, welcher Typ bei Ihnen überwiegt (oder auch bei Ihrem Gegenüber), das sollten Sie mit der Rute abfragen oder von einem anderen für Sie abfragen lassen. Die vorstehenden Hinweise, obwohl theoretisch richtig, können Sie nicht blind übernehmen. Sie sollten deswegen – spätestens nach der Lektüre dieses Kapitels – Schmuck nur noch zu therapeutischen Zwecken tragen. Als echter Radiästhet trägt man ohnehin keinen Schmuck!

Übrigens: Entsprechend dieser Erkenntnis gibt es bei Dr. Oberbach zwei verschiedene Biotensoren (Ruten) zu kaufen: Für den Vagotoniker den versilberten und für Sympathikotoniker den vergoldeten Biotensor. Beide Tensoren arbeiten ansonsten mit derselben Perfektion wie andere Ruten auch.

Das wirklich Interessante an der neuen Medizin ist, daß sie sich zwar dem Physischen widmet, daß sie aber zu diesem Zweck das Metaphysische mit einschließen muß. So wird immer deutlicher, daß das Physische nur in Begriffen des Metaphysischen wirklich verstanden werden kann und umgekehrt. Allein dies wird zu einer großen Revolution des modernen Denkens führen.

A. Th. Westlake

Od

In jedem Menschen ist ständig Od (oder Prana) wirksam. Aus ihm bestehen letzten Endes alle Zellen, die Stoffe, der Kosmos und die Räume. Alle sind erfüllt von diesem Od. Je nach der Schwingungsanzahl der Feinstoffteilchen entsteht der Ausschlag der Rute.

Od läßt sich wie folgt beschreiben:

1. Od ist ein feiner, fluidaler Stoff, welcher der Elektrizität ähnliche Eigenschaften aufweist, jedoch mit ihr nicht identisch ist.
2. Der odische Stoff besteht aus Energie, d.h. ätherische Materie, die dem Prana der indischen Weltanschauung entspricht.
3. Od ist eine strahlende Materie, die durch feinsichtige Menschen mit dem Auge oder dem Tastsinn (auch mittels der Rute) wahrgenommen werden kann.
4. Od ist überall zu finden, d.h. in der Luft, im Wasser, im Gestein, in den Pflanzen, den Tieren und Menschen.
5. Od wird im Körper des Menschen erzeugt und kann durch entsprechende Atemübungen in seinen Wirkungen vermehrt werden.
6. Od ist der Erzeuger der Spannkraft unserer Muskeln und Nerven. Seine Sammelpunkte im Körper sind das Rückenmark, die Nervenzentren, die Lungen, das Herz und das Gehirn.
7. Die intensivste Strahlkraft erlangt das Od im menschlichen Körper. Die Strahlungen des Od gehen besonders von den Fingerspitzen und den Öffnungen des Körpers aus (und können mit Hilfe der Kirlian-Fotografie nachgewiesen werden).
8. Od kann von allen festen und flüssigen sowie gasförmigen Stoffen geleitet werden (Holz, Steine, Fäden, Pflanzen usw.), manifestiert sich also anders als Elektrizität.
9. Od entwickelt sich durch Schall, Licht, Druck, Temperaturänderungen und – im Menschen – durch Konzentration und Übungen (Meditation, Reiki, Atemübungen, Polarity).
10. Od kann durch Abstoßung und Anziehung wirken. Diese Wirkung ist im Menschen durch Strömungen innerhalb des Nervensystems zu erkennen (vgl.: H. Jürgens, »Die Wünschelrute und ihr Gebrauch«).

Übrigens: Sie können Ihre Od-Kraft und Od-Strahlung wieder aufladen, indem Sie z.B. Bäume umarmen (siehe Kapitel »Aufladen«).

Gehen die Ruten-Übungen gut, dann bleibe bescheiden, denn dann hast du erst die Möglichkeit, wirklich etwas zu lernen und vielleicht sogar etwas zu entdecken. Man soll nie versäumen, immer wieder lernen zu wollen, ehe man Meister wird. Wahre Meister aber halten sich immer für Lehrlinge. Bei Schwierigkeiten, wenn Übungen nicht recht gelingen wollen, verliere nicht den Mut. Fühlst du, daß der Arm müde wird und du dich nicht mehr konzentrieren kannst, dann laß Rute oder Pendel fallen und tue etwas ganz anderes.

CANDI

Od-Übung

Testen Sie Ihre Sensibilität. Um die nachstehende Übung zu machen, brauchen Sie viel Pendelkraft.

Die Vorbereitungen zur Übung selbst sind einfach. Sie benötigen dazu drei Blatt weißes Papier und zwei weitere Personen, eine Frau und einen Mann. Ziehen Sie aus der Mitte eines Stapels Papier (am besten Schreibmaschinenpapier) drei Blatt. Berühren Sie dieses Papier so wenig wie möglich und legen Sie die drei Bögen nebeneinander auf eine sonst freie Tischfläche (möglichst ein Holztisch ohne Störzone). Dann geben Sie den beiden anderen Personen folgende Anweisung: Jeder der beiden möge in Ihrer Abwesenheit auf eines der Blätter einmal für ca. 20 Sekunden die rechte Hand legen. Die Blätter sollten sonst nicht berührt oder vertauscht werden.

Wenn man Sie wieder hereinruft, versuchen Sie, mit der Rute über den Blättern festzustellen, auf welches Blatt die Frau ihre rechte Hand gelegt hatte und auf welches der Mann; das dritte Blatt muß neutral sein.

Die Abfrage lautet: »Welche Schwingung liegt hier ... vor?« Im Normalfall müßten Sie für das Blatt der Frau eine Linksdrehung, für das Blatt des Mannes eine Rechtsdrehung und über dem neutralen Blatt keinen Ausschlag der Rute (über dem Papier) erhalten.

Als Hauptfaktor im radiästhetischen Übertragungsmechanismus hat sich mir immer deutlicher die Seele des Radiästheten offenbart.

Prof. L. C. Mohlberg

Parasympathiker

siehe Kapitel »Nervensystem«

Pendel- und/oder Rutenfähigkeit

Die Beantwortung der Frage, ob jemand grundsätzlich pendel- oder rutenfähig ist, stellt sich in der Radiästhesie häufig. Entsprechend den Untersuchungen von Rudolf Spring läßt sich pauschal etwa folgende Einteilung als Antwort geben:

a) Menschen sind nicht pendel- oder rutenfähig, wenn Sie körperlich gebrechlich, nervös oder krank sind. Prozentual gesehen sind das etwa: *20 Prozent*

b) Infolge ihrer großen Muskelkraft sind manche Männer meist nicht für die Radiästhesie geeignet. Der prozentuale Anteil wird etwa geschätzt auf: *20 Prozent*

c) Menschen, die besonders kritiksüchtig sind, mit Vorurteilen belastet oder sich überheblich geben, sind ebenfalls nicht pendel- oder rutenfähig. Ihr Anteil wird geschätzt auf: *20 Prozent*

d) Lediglich der verbleibende Rest ist uneingeschränkt Pendel- oder rutenfähig. Es sind Menschen mit stabiler innerer Ausgeglichenheit und gesundem Menschenverstand. Anteilmäßig betragen sie etwa: *40 Prozent*

100 Prozent

Jedoch ist es mit der Pendel- oder Rutenfähigkeit so ähnlich wie mit dem Klavierspielen. Mit etwas Übung kann fast jeder das Lied »Hänschen klein« spielen; ob Sie sich zu einem Liszt-Interpreten eignen, ist jedoch eine andere Frage. Mit anderen Worten: Eine Resonanzabfrage zum Zwecke der Verträglichkeit kann jeder machen; ob Sie allerdings zur »Höheren Radiästhesie« geeignet sind, steht auf einem anderen Blatt.

Die besten Radiästheten sind Menschen, die einen guten Zugang zu ihrem Unterbewußtsein haben (vgl.: R. Spring, »Pendel-Lehrbuch«).

> *Das die Welt beobachtende Ich-Bewußtsein und das mystische Erlebnis der Einheit charakterisieren komplementäre, d.h. sich ergänzende, Erfahrungsweisen der Menschheit.*
>
> HANS-PETER DÜRR

Pendel- und/oder Rutenkraft I

Pendelkraft – oder auch Rutenkraft – zu haben ist eine wichtige Voraussetzung, die unbedingt vor dem radiästhetischen Arbeiten erfüllt sein muß. Dabei ist zu unterscheiden zwischen materiellem und mentalem Abfragen. Wie bereits im Kapitel »Pendel- und/oder Rutenfähigkeit« ausgeführt, kann ohnehin nicht jeder Mensch ruten/pendeln. Die dort genannten 40 Prozent Pendel-/Rutenfähigen werden hier nun weiter unterschieden, vor allem in Bezug auf das »mentale Pendeln«.

Rudolf Mlaker schreibt in seinem Buch »Geistiges Pendeln«: *Das mentale Pendeln ist ein ideales Verständigungsmittel zwischen Persönlichkeiten und höherem Selbst und kann auf dem Weg der geistigen Höherentwicklung des Menschen eine Unterstützung sein. Pendeln sollte man nur, wenn man äußerlich und innerlich ruhig ist und sich körperlich wohlfühlt.*

Zum Testen der gerade vorhandenen Pendel- und/oder Rutenkraft gibt es zwei Wege. Zum einen läßt sich die Pendelkraft über einem 100-Prozent-Diagramm feststellen, was für manchen einfacher ist. Mlaker selbst empfiehlt dazu die 360-Grad-Tafel, den »Dynamischer Kreis« nach Prof. Bähr. Beachten Sie bei dieser Grad-Tafel, daß sie vor der Messung mit einem Kompaß nach Norden ausgerichtet werden muß.

Für die Pendel- und/oder Rutenkraft ergeben sich nach Mlaker folgende Einteilungen:

50 ° Pendel-/Rutenkraft
Man kann ganz gut rein materielles Pendeln betreiben.

60 ° Pendel-/Rutenkraft
Man kann Erkrankungen feststellen.

80 ° Pendel-/Rutenkraft
Soviel braucht man mindestens, um Charaktereigenschaften auszutesten.

100 ° Pendel-/Rutenkraft
Diese sind ausreichend, um außer Charaktereigenschaften auch Besonderheiten mit Erfolg auspendeln zu können.

300 ° Pendel-/Rutenkraft
Soviel ist nötig, um mentales Pendeln erfolgreich betreiben zu können.

360 ° Pendel-/Rutenkraft
Über diese größte Pendelkraft verfügen nur wenige Menschen; ihnen sind in ihrer Pendel- und Rutenfähigkeit praktisch keine Grenzen gesetzt.

Abschließend sei noch angemerkt, daß eine Verbesserung der Pendel- oder Rutenkraft durch viel Übung möglich ist. Eine Entwicklung größeren Ausmaßes ist jedoch nicht erzwingbar. Große Sprünge in der Steigerung der Pendelkraft sind als Gnade zu verstehen; diese Kraft wird von »Oben« verliehen, wenn man ihrer würdig ist.

Alles Neue muß den Kampf gegen das Alte bestehen; die Unbequemlichkeit, ihm Platz machen zu sollen, regt den Widerstand an.

C. L. Freiherr von Reichenbach

Pendel- und/oder Rutenkraft II

Mit Hilfe eines Stabmagneten (sowie Kompaß und Rute) können Sie ihre eigene Pendel-/Rutenkraft (d.h. den Grad der Sensibilisierung) sehr gut messen. Das Experiment funktioniert wie folgt:

Legen Sie zunächst den Stabmagneten so hin, daß die Kompaßnadel entsprechend ausschlägt (roter Pfeil des Kompaß zur grün markierten Seite des Magneten). Dann gehen Sie mit dem Kompaß in der Hand langsam rückwärts und merken sich die Stelle im Zimmer, ab wann der Kompaß nicht mehr auf den Magneten reagiert, sondern sich wieder auf den magnetischen Nordpol ausrichtet.

Machen Sie anschließend denselben Versuch mit der Rute in der Hand. Fragen Sie zunächst die Schwingung des Magneten ab, und gehen Sie dann langsam – unter weiterem Abfragen – im Zimmer rückwärts vom Magneten weg. Wenn Sie dabei weiter zurückgehen können als zuvor mit dem Kompaß und immer noch die Schwingung des Magneten mit der Rute wahrnehmen, haben Sie eine hohe Sensibilisierung erreicht.

> *Magnetes Geheimnis, erkläre mir das. Kein größer Geheimnis als Liebe und Haß.*
>
> JOHANN WOLFGANG VON GOETHE

Polarität, allgemein

Biophysiker und Bioplasmatiker haben die Polarität bei Menschen, Früchten/Pflanzen und Tieren »entdeckt«, und zwar wie folgt:

- Bei Menschen
  Menschen sind in der Regel am Haaransatz plusgepolt und zwischen den Füßen minusgepolt. Männer sind (normalerweise) auf der rechten Handfläche plus- und auf der linken Handfläche minusgepolt, bei Frauen ist dies in der Regel umgekehrt.
- Bei Früchten
  Alle Früchte sind am Stil plus- und unten minus-gepolt.
- Bei Pflanzen
  Blätter sind an der Oberseite plus- und an der Unterseite minusgepolt.

Die vorstehend beschriebenen Polaritäten sowie weitere (der Organe, in der Aurahülle etc.) lassen sich sämtlich mit der Rute zeigen (siehe auch Kapitel »Lebenskreisläufe«).

Das Thema der Polaritäten, d.h. der Gegensätzlichkeiten, ist aber gar nicht so neu, wie es hier den Anschein haben mag. Die Metaphysik bezeichnet Beziehungen zwischen Gegensätzlichkeiten als Dualismus (Zwei-Prinzipienlehre).

Nachstehend finden Sie ein paar Beispiele für die Polaritäten:

- Sie treten uns als begriffliche, sichtbare Wirklichkeit entgegen und zwar in Berg und Tal, Feuer und Wasser, Himmel und Erde, männlich und weiblich, Welt und Gott sowie im Wechsel von Ebbe und Flut, Tag und Nacht, Sommer und Winter, Sonne und Mond.
- Sie offenbaren sich in jedem Gegensatz: oben und unten, hinten und vorne, rechts und links, stark und schwach, negativ und positiv, weich und hart, hell und dunkel, Licht und Finsternis.
- Sie zeigen sich in den Formen des Lebens, wie Zusammenziehung und Ausdehnung, Gesundheit und Krankheit, Alter und Jugend, Liebe und Haß, Frau und Mann, Freud und Leid, Vater und Mutter, Leib und Seele.

> *Der wissenschaftliche Geist schließt die Imagination und die Meditation nicht aus; im Gegenteil, würde man sie nicht heranziehen, wäre das für die Forschung eine Verarmung und keine Bereicherung.*
>
> Blanche Merz

Polarität, naturgesetzliche

Zur Polarität und zu den entsprechenden Naturgesetzen schreibt Dr. J. Oberbach in seinem Buch »Das atomare Feuerwerk des Lebens« folgendes:

1. Energetisches Naturgesetz

a) Alle horizontal gelagerten Linien und Flächen sind Träger der Minuspolarität (Linksdrehung). Der Mensch als ganzes ist im Liegen minusgepolt.

b) Alle genau vertikal gestellten Linien und Flächen sind Träger der Pluspolarität (Rechtsdrehung). Der Mensch als ganzes im Stehen ist plusgepolt.

2. Energetisches Naturgesetz

In dem Augenblick, in dem das Plus den direkten Kontakt mit dem Minus bekommt, beginnt energetische Bewegung und entsteht Leben, und zwar im minuspoligen Milieu (Base).

3. Energetisches Naturgesetz

Jeder Körper, jeder Mensch, jede Frucht, jede Pflanze ist bipolar, d.h. es sind immer zwei Pole anzutreffen. Auch die Erde ist bipolar; der Nordpol ist minus- und der Südpol ist plusgepolt.

4. Energetisches Naturgesetz

Die Natur vollführt ständig einen Balanceakt zwischen Minus- und Pluspolarität. Von der Minuspolarität geht stets die Anregung im Kosmos aus, wenn etwas Lebendiges passiert. Das Plus ist dazu da, Energien zu verbrauchen.

Diese Naturgesetze lassen sich sämtlich mit der Rute überprüfen. Sie erkennen daraus, daß alles vom Zusammenspiel der positiven und negativen Kräfte abhängt, aus Polaritäten besteht.

Beim Pendeln wenden Sie (ohne es zu wissen) eine der naturgesetzlichen Polaritäten an: Sie verwenden in der Regel Daumen und Zeigefinger zum Halten des Pendels. Der Daumen ist rechtspolarisiert und der Zeigefinger linkspolarisiert. Dadurch, daß Sie beide Finger gegeneinander halten, entsteht die neutrale Haltung für den Empfang der Schwingung.

Radiästhesie gehört, obwohl sie die naturwissenschaftlichen Begriffe benutzt, unbestritten zu den Geisteswissenschaften. Sie ist Mittler zwischen Geist und Materie und erweitert damit die Realität in Richtung der Potentialität.

Polarität, persönliche

Im allgemeinen versteht man unter persönlicher Polarität, daß die Rute beim Mann über der rechten Handfläche in der Regel eine Rechtsdrehung zeigt und über der linken Handfläche eine Linksdrehung (Frage: »Welche Polarität liegt in der ... Handfläche vor?«) Bei der Frau läßt sich auf dem gleichen Weg das Umgekehrte feststellen, was nichts daran ändert, daß sie auch mit der rechten Hand pendelt oder rutet und dann auch die richtigen Pendelergebnisse erhält (vgl.: Kapitel »Grundübungen«). Verhält sich das Meßergebnis entsprechend, ist der Radiästhet/die Radiästhetin »normal« polarisiert, d.h.

entsprechend der überwiegenden Mehrzahl der Fälle (vgl.: Kapitel »Lebenskreisläufe«).

In seltenen Fällen gibt es auch den anderen Zustand, nämlich daß ein Mann als JA vom Pendel oder der Rute eine Linksdrehung erhält, obwohl er auf der rechten Hand plusgepolt ist. In dem Fall haben wir einen Menschen vor uns, der auf der rechten Gehirnhälfte umgekehrt polarisiert ist. Sollte bei Ihnen dieser Zustand gegeben sein, müssen Sie bei den in diesem Buch aufgeführten Ruten- (oder Pendel-)Ergebnissen, also bei der praktischen Arbeit, immer umdenken, um zu – mit anderen Radiästheten – vergleichbaren Aussagen zu kommen. Wenn Sie die persönliche Polarität berücksichtigen, werden mögliche Irrtümer bei der Auslegung von Ergebnissen vermieden. – Allerdings muß der Pendel und/oder die Rute immer neutral sein, d.h. nicht polarisert.

➲ **Merke:** Die Problematik der persönlichen Polarität hat nichts damit zu tun, ob jemand Rechts- oder Linkshänder ist.

> *Radiästhesie als Methode umfassender, ganzheitlicher Analyse basiert auf der Einsicht, daß unsere Welt mehr ist als rein körperlich, mehr als nur materiell, mehr als das, was wir sehen, hören, riechen und schmecken und mit dem logischen Verstand erfassen können (bzw. bisher erfaßt haben).*
>
> TH. WEGNER

Potenzen

In diesem Zusammenhang sind die homöopathischen Potenzen gemeint; es ist die Zahl, die Sie hinter dem jeweiligen Buchstaben finden (D6, C3). Dr. S. Hahnemann erkannte, daß »Ähnliches mit Ähnlichem geheilt werden kann«. Das bedeutet, daß eine Erkrankung am besten durch jenes Mittel geheilt werden kann, das im gesunden Körper ähnliche Zustände hervorruft.

Er beobachtete außerdem, daß die Wirksamkeit der von ihm hergestellten Mittel noch dadurch zunahm und die Mittel gleichzeitig an Giftigkeit verloren, je weiter sie verdünnt wurden. Aus diesen Überlegungen sind die heute bekannten

Potenzen, das sind Verdünnungsstufen, entstanden. Es gilt: Je höher die Potenz, desto intensiver die Wirkung.

Man unterscheidet D-Potenzen (dezimal, x 10) von C-Potenzen (centesima, x 100) und LM-Potenzen (50-millesimal, x 50.000).

1. In Deutschland sind D-Potenzen beliebt. Bei D-Potenzen wird 1 Teil der Ausgangssubstanz mit 9 Teilen Trägersubstanz gemischt und durch 10 kräftige Schüttelschläge dynamisiert (ergibt D1); hiervon wird wiederum 1 Teil mit 9 Teilen Trägersubstanz entsprechend vermischt und geschüttelt (ergibt D2) usw.
2. Bei C-Potenzen, die stärker greifen als die D-Potenzen, wird 1 Teil der Ausgangssubstanz mit 99 Teilen Trägersubstanz gemischt und 10 mal geschüttelt (ergibt C1); hiervon 1 Teil mit 99 Teilen Trägersubstanz vermischt und geschüttelt ergibt C2 usw.
3. LM-Potenzen sind noch feinstofflicher. Die Reihe baut sich grundsätzlich wie folgt auf: 1 Teil der Ausgangssubstanz wird mit 49.999 Teilen der Trägersubstanz vermischt und geschüttelt (ergibt LM1); LM2 wird dann aus der LM1 mit weiterer Verdünnung im gleichen Verhältnis hergestellt.

Weitere Unterschiede bestehen zwischen Verreibungen und Verdünnungen.

Die Darstellung der homöopathischen Potenzen im Zusammenhang mit der Radiästhesie erfolgt deswegen, weil Sie sich aus entsprechenden Listen das Mittel Ihrer Wahl auspendeln oder mit der Rute auswählen und dazu die passende Potenz sowie die Verabreichung feststellen können, also wie oft das Mittel am Tag, pro Woche, in welcher Menge, eingenommen werden soll.

Als Faustformel gilt: Tiefe Potenzen haben eher körperliche Wirkungen, mittlere Potenzen wirken auf den Ätherleib, Hochpotenzen auf den Mentalkörper und höher. Ab den Potenzierungen D12, C6 und LM3 verläßt man den substanziellen Bereich. Ab D24, C12 und LM6 ist chemisch kein einziges Molekül der Ursubstanz mehr feststellbar.

Bei Abfragen der homöopathischen Arzneimittel, denn nur in diesem Zusammenhang spricht man von Potenzen, gehen Sie am besten so vor: Sie fragen zunächst über dem Diagramm (Band »Pendel-Welten«) die Mittel ab, also: »Welches Mittel brauche ich heute grundsätzlich?« Danach fragen Sie weiter:

»Brauche ich das Mittel ... in einer D-Potenz? ... in einer C-Potenz? ... in einer LM-Potenz?« Fragen Sie dann weiter, in welcher Potenz Sie dieses Mittel auf der festgestellten Ebene (z.B. D-Potenz) nehmen sollen (also hochzählen) D6, D12, D30 etc.

> *Stoffe können den menschlichen Organismus auf zweierlei Weise beeinflussen: durch ihre chemische Wirkung oder durch Interaktionen elektromagnetischer Felder, falls die Frequenzen ähnlich genug sind, um in Resonanz miteinander treten zu können.*
>
> GEORGOS VITHOULKAS

Quarzuhren

siehe Kapitel »Linksdreher«

Radiästhesie I

Radiästhesie ist die Lehre von der Strahlenfühligkeit des Menschen, die sich überwiegend mit Hilfe von Rute und Pendel darstellen läßt; in seltenen Fällen läßt sich die Strahlung auch mit bloßen Händen lokalisieren. Leider ist die Strahlenfühligkeit nicht bei allen Menschen in gleicher Weise vorhanden, kann aber – wenigstens zu Teilen – erlernt werden.

Das radiästhetische Arbeiten läßt sich vielleicht mit dem Können des Klavierspielens vergleichen. Jeder kann mit viel Übung das Lied »Hänschen klein« oder den »Flohwalzer« in etwa spielen lernen. Aber zu einem großen Pianisten reicht es nicht immer. So mag es auch beim Pendeln und Rutengehen sein. Das Testen von Stoffproben (Lebensmittel, Getränke etc.) ist mit viel Übung in der Regel zu erlernen.

Radiästhesie ist zweifelsfrei eine Wissenschaft, weil viel Wissen und ein reicher Erfahrungsschatz nötig sind, um die verschiedenen Ruten- und Pendelschwingungen richtig interpretieren zu können. An dieser Tatsache ändert sich auch dadurch nichts, daß bis heute noch nicht restlos alle Funktionen und Zusammenhänge erklärbar sind und deshalb manch einer zweifelt.

Radiästhesie verlangt von dem, der (täglich) damit arbeitet, daß er sich öffnen kann für das, was von außen auf ihn einströmt, oder für das, was er zu wissen beabsichtigt (siehe Kapitel »Morphogenetisches Feld«), und für das, was das Unterbewußtsein ihm signalisiert. Man spricht deshalb berechtigterweise von Strahlenfühligkeit oder außersinnlicher Wahrnehmung (siehe Kapitel »Wahrnehmung«).

Allerdings hat die Radiästhesie auch ihre Grenzen. Zunächst scheint es zwar, als sei das Abfragen mit Hilfe von Rute oder Pendel uneingeschränkt möglich (siehe Kapitel »Fernabfragen«), und der Radiästhet sei in der Lage, alles zu ergründen. Radiästhesie baut auf dem fundamentalen Grundsatz auf: Alles strahlt, alles schwingt! Wenn also keine Strahlungsenergie vorhanden ist, kann kein Radiästhet etwas ausrichten. Das ist mit ein Grund dafür, warum man Zukünftiges nicht abfragen kann. Etwas, was nicht zumindest bereits angedacht ist, also als Emanation, als Gedanke, als Ergebnis vorliegt, wie z.B. die Lottozahlen vor der kommenden Ziehung, läßt sich auch nicht abfragen (siehe Kapitel »Morphogenetisches Feld«).

➲ **Merke:** Der Erfolg der Radiästhesie besteht nicht allein aus Wissen und Verstehen der Ruten- und Pendelarbeit, sondern auch aus Begabung.

> *Der Grundsatz aller Radiästhesie aber, auf dem letzten Endes die gesamte Methode beruht, ist die absolute Vorherrschaft des menschlichen Geistes. Sie ist die einzige solide Grundlage der radiästhetischen Forschung. Radiästhetisches Arbeiten eignet sich deshalb hervorragend zur Erweiterung des Bewußtseins.*
>
> Prof. C. L. Mohlberg

Radiästhesie II

Wie unter »Radiästhesie I« bereits angedeutet, ist zu diesem Thema etwas nachzutragen. Es betrifft die Unterscheidung zwischen materieller und feinstofflicher (mentaler) Radiästhesie. Ich versuche nun, quasi als Zusammenfassung, das darzustellen, was anderweitig bereits angeklungen ist. Man könnte auch sagen, dieses Kapitel handelt von Materie, Seele und Geist.

Da gibt es zunächst die Stoffprobe, die beim Ruten oder Pendeln vorliegt und über der man seine Abfrage macht: »Ist ... gut für mich?« Das kann der Apfel, das Brot, das Medikament etc. sein, was gerade gegessen oder eingenommen werden soll. Diese Stoffabfrage nennt man auch materielle Radiästhesie. Es ist das grobstoffliche Arbeiten, was meist auch noch möglich ist, wenn man krank ist (Grippe etc.).

Zwischen der materiellen und der feinstofflichen Abfrage, etwa in der Mitte, steht die Abfrage über Diagrammen (siehe Band »Pendel-Welten«), das Arbeiten mit Bildern oder Handschriften u.v.m., also die Abfrage über einem Od-Träger. Es ist immer noch eine Art materieller Abfrage, weil immer noch etwas Stoffliches vorliegt, also das Bild oder das Wort eines entsprechenden Medikaments bzw. einer Krankheit. Für solche Abfragen ist ein höherer Grad der Sensibilisierung erforderlich. Es wird deswegen auch als »seelische« Abfrage verstanden.

Schließlich gibt es noch die rein feinstoffliche Abfrage. Hierzu ist der höchste Grad an Feinfühligkeit erforderlich. Man konzentriert sich also nur noch auf ein bestimmtes Medikament, d.h. dessen Namen, und fragt mit der Rute ab: »Ist ... gut für mich?« Es muß also die gedankliche Ausrichtung genügen, um zu einem richtigen Ergebnis zu kommen. Hierher gehören auch die Vermißtensuche, Fernmutungen, Teleradiästhesie etc.

Die Entfernung ist bei dieser Art des Arbeitens bedeutungslos. Die gesuchte Antwort mag nur zwei Häuser weiter weg oder auf der anderen Seite der Erdkugel zu finden sein. Eine besondere Variante ist, daß der Radiästhet sich mit Hilfe der Konzentration einer zweiten Person an eine dritte, abwesende Person »herantastet«, also mit ihr in Resonanz tritt, um eine Erkrankung, eine Begabung etc. festzustellen. Auch das Auffinden von Bodenschätzen aus dem Flugzeug oder per Landkarte gehören hierzu.

Sie sehen, für Anfänger ist das alles viel zu schwierig und deshalb ungeeignet, deshalb gehe ich in diesem Buch auch nicht weiter darauf ein.

> *Die höchste Stufe der Ruten- und Pendelkunst mit fast unbegrenzten Möglichkeiten erreicht man nur durch eine selbstlose Einstellung und durch jahrelanges Üben. Das tägliche Üben ermöglicht solche Quantensprünge.*
>
> PROF. C. L. MOHLBERG

Radionik

Für eine sachgemäße radionische Arbeitsweise ist eine Rute oder ein Pendel erforderlich. Wird ein Gerät zuhilfegenommen, handelt es sich regelmäßig um einen Bioresonanz-Vorgang. Man kann dabei wie folgt unterscheiden: Entweder es findet eine Direktbewellung statt, d.h., der Patient ist physisch anwesend und sitzt zur Bewellung am Gerät – das nennt sich **Bioresonanz,** oder man macht eine Fernbewellung mit dem gleichen Gerät – das nennt sich **Radionik**. In jedem Fall wird der Patient bzw. dessen biodynamisches Feld in die Bewellung eingebunden, und zwar direkt oder über einen Blutstropfen, eine Haarlocke etc., damit eine Harmonisierung erfolgen kann.

Die Arbeitsweise radionischer Geräte ist wie folgt: Sie nehmen ultrafeinstoffliche Energie auf und geben sie modifiziert in einem bestimmten Frequenzbereich wieder ab. Dabei wird meist mit dem positiven Teil der Amplitude gearbeitet. Die Geräte kommen stets ohne Einsatz elektromagnetischer Wellen aus. Bei der therapeutischen Verwendung wird radiästhetisch festgestellt, welche Schwingung wie lange und wie oft vom Patienten benötigt wird. Nebenwirkungen entstehen hierbei nicht. Die Wirkung des Verfahrens ist vergleichbar mit der Bach-Blüten-Therapie oder der Homoöpathie.

Radionik wird auch zur Beeinflussung der feinstofflichen Felder von Gegenständen, Pflanzen, Tieren, Landschaften etc. eingesetzt. Die Analyse erfolgt auch hierbei jeweils radiästhetisch (siehe »Fernabfrage«).

➲ **Merke:** Nach geltendem deutschen Recht sind Fernuntersuchungen, Ferndiagnosen ebenso wie Fernbehandlungen und Ferntherapien verboten. Es gehört zu den Aufgaben des Arztes, sich vom Leiden des Patienten ein eigenes Bild zu machen, wichtige Befunde selbst zu erheben und die Behandlung unmittelbar durchzuführen.

Rechtsdreher

In der Natur, und auch von Menschen geschaffen, gibt es sogenannte Rechtsdreher; gemeint sind damit Dinge, die entsprechend ihrer vorliegenden Schwingung einen rechtsdrehenden Ausschlag der Rute auslösen.

Zu den Rechtsdrehern gehören u.a.:

- Atlantiskreuz (von vorne)
- Islamisches Heiliges Zeichen (El Fatiha)
- Mandalas
- Indisches OM-Zeichen
- Geweihte Ikonen
- Pyramiden (über der Spitze)
- Tesla-Platten (Purpurplatte)
- Hakakehl-Platten

Zur Erinnerung sei hier wiederholt: Rechtsdrehung besagt, daß die Energie, die Sie aufgespürt haben, für Menschen positiv, aufladend, kraftgebend bis gesundheitsförderlich ist.

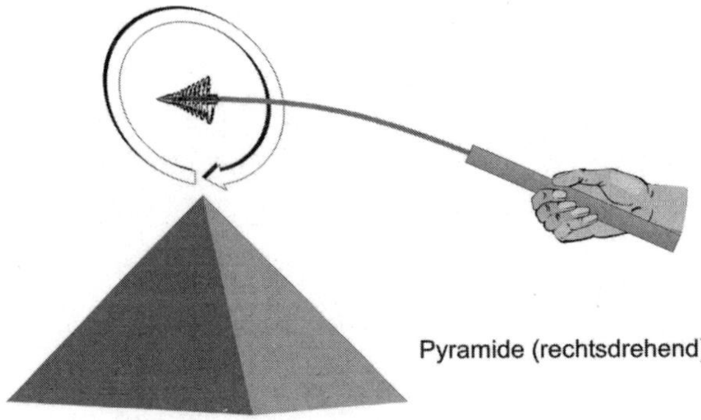

Pyramide (rechtsdrehend)

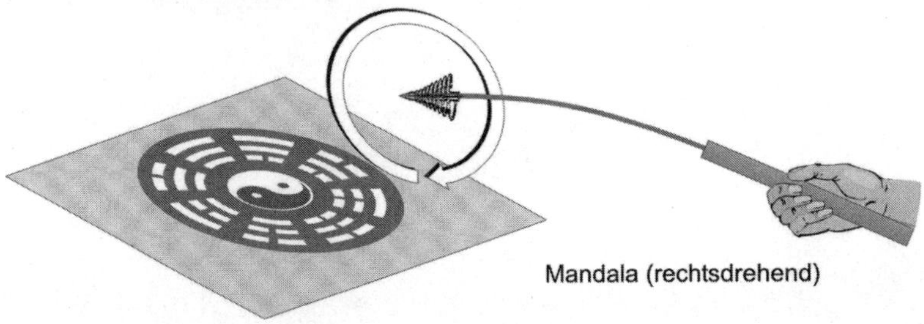

Mandala (rechtsdrehend)

> *Aus der klassischen Physik wissen wir, daß Begriffe wie Materie, Schwingung und Energie im Grunde gleichwertig sind. Sie sind bislang die eigentlichen Beobachtungsobjekte der Physik. Das wird sich ändern.*
>
> FRANZ BLUDORF

Rechtsdrehung

Unter dieser Überschrift finden Sie ein Experiment, das Sie selbst durchführen können, um Ihre Sensitivität zu testen.

Schlagen Sie das Ihnen hier vorliegende Buch auf der Titelseite auf. Nehmen Sie die Rute in die Hand und legen Sie die linke Hand auf das Deckblatt des Buches. Fragen Sie ab: »Ist das Buch »Praxisbuch der Einhandrute« gut für mich?« – In 99 Prozent aller Fälle werden Sie eine Rechtsdrehung der Rute erhalten. Aus dem allgemeinen Teil des Buches wissen Sie, was das bedeutet!

Übrigens: Mit dieser Methode können Sie – insbesondere z.B. in der Vorweihnachtszeit, wenn Sie auf der Suche nach Geschenken sind – sehr viel Geld sparen, weil Sie immer genau wissen, ob das Geschenk (also das Buch etc.), was Sie gerade ausgewählt haben, wirklich für denjenigen geeignet ist, dem Sie es dann schenken wollen.

Radiästhesie bedeutet Strahlenfühligkeit oder anders ausgedrückt, die besondere Empfindsamkeit und Fähigkeit sensitiver Personen, Strahlungen, Schwingungen, Vibrationen, Felder, Emanationen, die jeden Menschen umfluten, durchpulsen, berühren, wahrzunehmen und zu deuten.

Reizzonen 1

Reizzonen können durch Erdstrahlen, Gitternetze, Wasseradern, Verwerfungen etc. entstehen. Sie können sie mit der Rute wie auch mit dem Pendel feststellen, wobei die Rute meist feinfühliger ist. Rute und Pendel sind dabei – wie bei allen Darstellungen in diesem Buch – nur Anzeigegeräte (Indikatoren). Eine Möglichkeit stellt natürlich immer die mentale Abfrage dar.
Laufen Sie also – möglichst ohne Schuhe – ganz langsam über eine bestimmte Stelle (z.B. im Schlafzimmer). Dabei fragen Sie sich (bei jedem Schritt): »Befindet sich hier an der Stelle, wo ich stehe, eine Reizzone?« Wenn JA, fragen Sie weiter. »Handelt es sich um ...?« – Diese Arbeitsweise ist sehr zeitaufwendig und birgt auch Fehlermöglichkeiten!

Um das Abfragen etwas zu systematisieren und auch zu erleichtern (denn man geht nicht täglich bzw. wöchentlich auf Reizzonen-Suche), hat man versucht, das Suchen und Testen von Reizzonen bzw. Erdstrahlen zu standardisieren. Die Suche danach wurde mit dem Lecher-System und seinen Grifflängen zu hoher Präzision gebracht. Abfragen können aber auch in ähnlicher Weise mit dem Pendel und der Rute durchgeführt werden, wenn man sich gewisser Hilfen bedient. Deswegen nachstehend einige kurze Hinweise hierzu.

Wie Sie wissen, stellt der Pendel nur ein Anzeigegerät dar. Die Gesamtlänge des Fadens oder der Kette bzw. die Länge, wie der Pendel gehalten wird, gibt dabei Auskunft über die gesuchte Frequenz (Pendel als Antenne). Es macht in manchen Fällen der Abfrage also durchaus einen Unterschied, ob Sie Ihr Pendel lang oder kurz halten. Die cm-Länge des Fadens/der Kette entspricht bestimmten Wellenlängen bei Aufspüren und Bestimmen von Fakten der Natur.

Die nachstehenden Angaben in cm-Länge des Pendelfadens sollen eine Hilfe darstellen (Richtwerte):

Reizzone		**Fadenlänge**
1. Gitter	GNG	21,5 cm
2. Gitter	Curry	24,5 cm
3. Gitter	Schneider	14,5 cm
Wasserader		21,0 cm
Verwerfung		15,5 cm

Diese Methode des Arbeitens mit einem Pendel hat sich nicht durchgesetzt. Die Situation ist bei der Lecherantenne ähnlich. Es gibt keine Tabellen für sämtliche möglichen Abfragen mit entsprechenden Werten.

➲ **Merke:** Messen Sie Faden oder Kette des Pendels einschließlich Pendel selbst an einem Lineal ab. Halten Sie ihn/sie an der entsprechenden Stelle fest und warten Sie dann passiv auf die Schwingung, die am Ort vorliegt (siehe auch Kapitel »Testampullen«).

> *Die irrationale Fülle des Lebens hat mich gelehrt, nie etwas zu verwerfen, auch wenn es gegen alle unsere Theorien verstößt. – Man ist dadurch zwar beunruhigt; man ist nicht ganz sicher, ob der Kompaß richtig zeigt. Aber in Sicherheit, Gewißheit und Ruhe macht man keine Entdeckungen.*
>
> C. G. JUNG

Reizzonen II

Da vorstehendes Kapitel »Reizzonen I« eigentlich nur einen speziellen Anwendungsbereich des Pendelns beschreibt, will ich Ihnen nun zeigen, wie Sie im

Bereich Reizzonen/Erdstrahlen mit der Rute und dem PROFI 100/2 quasi mit einem »Trick« arbeiten können (siehe auch Kapitel »Gesundheitliche Störungen«). Dadurch wird eine Resonanzmessung ermöglicht.

Stellen Sie auf dem PROFI 100/2 der »Gemeinschaft Lebendige Energie« nach und nach folgende Frequenzen ein, halten die Rute zwischen Detektor und den vermutlichen Austrittspunkt der Störung und fragen ab: »Liegt hier ein/e ... (Verwerfung/Wasserader/Gitternetz/Erdstrahlung etc.) vor?«

Hier geht es also um ein Hilfsmittel zum Aufspüren und Bestimmen von Reizzonen. Hilfen dieser Art sind immer dann sinnvoll, wenn Sie nicht wissen, wie Sie sonst testen sollen (um sichere Ergebnisse zu erhalten).

Reizzone		**Richtwert**
1. Gitter	GNG	46,50
2. Gitter	Curry	70,00
3. Gitter	Schneider	75,00
Wasserader		22,00
Verwerfung		24,75

➲ **Merke:** Der PROFI 100/2 arbeitet ohne Strom im Resonanzprinzip (Lieferant: Gemeinschaft Lebendige Energie)

Ein Phänomen kann man nicht erklären, und daß wir es nicht erklären können, liegt nicht an dem Phänomen, sondern an uns.

HIPPOKRATES

Resonanztest

Bei dem Resonanztest wird die Schwingung, d.h. die Information, die Wirkung, die ein Medikament enthält oder die ein medizinisches Gerät ausübt, auf den menschlichen Körper getestet. Frage: »Ist das Medikament ... gut für mich?« Oder: »Ist die Schwingung, d.h. die Information, die das Gerät aussendet, gut für mich?«

Der Therapeut testet hierbei durch das Halten des Schwingkopfes der Rute zwischen Medikament oder Gerät und menschlichem Körper/Organismus und erhält entweder eine Entsprechung oder Ablehnung; es kann auch eine Rechts- oder Linksdrehung des Schwingkopfes der Rute entstehen, je nach Sensibilität des Therapeuten.

Der Patient, der für sich selbst testen will, testet auf die gleiche Weise, indem er z.B. das Medikament in die linke Hand nimmt und die Rute mit der rechten Hand zwischen Körper und Medikament hält. Die Rute zeigt dann auf die Frage: »Ist das Medikament ... gut für mich?« entweder eine Entsprechung, d.h. eine den Körper mit dem Medikament verbindende Schwingungslinie, oder eine Ablehnung bzw. Rechts- oder Linksdrehung.

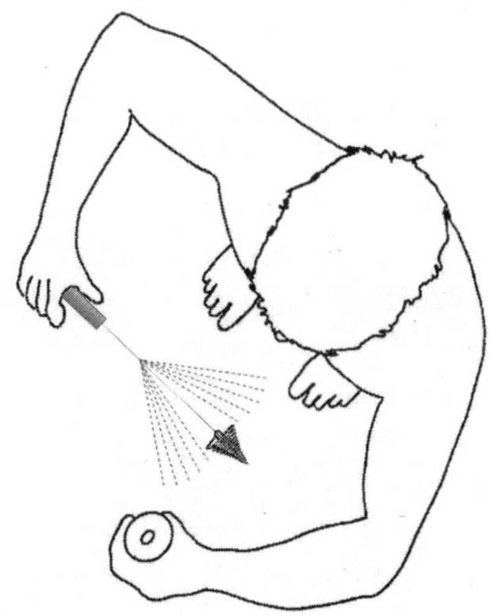

➲ **Merke:** Beim Resonanztest wird auf »Harmonie« getestet, denn die Rute schlägt mit einer Entsprechung zwischen Medikament/Gerät und Patient nur aus, wenn das Medikament/die Welle (die das Gerät aussendet) gut oder geeignet für den Patienten ist, er also das Medikament/die Welle nehmen/anwenden soll. Das Medikament/die Welle unterstützen den Organismus genau im Bereich seiner Eigenfrequenz durch den heilenden Reiz (den das Mittel der Resonanz auslöst). – »Disharmonie«, d.h. Ablehnung des Medikaments/der Welle, liegt also bei nicht empfohlener Anwendung vor, weil die Information, die das Medikament/die Welle enthält, bereits ausreichend im Körper des Patienten vorhanden ist.

> *Nichts intensiviert Erfahrung und klärt die wichtigsten Lebensbedingungen so sehr wie eine eigene ernsthafte Erkrankung.*
>
> A. Kleinmann

Ruten/Rutengehen

Gemeint ist hiermit das Arbeiten mit der Rute zuhause und im Freien. Das Ruten/Rutengehen ist eine alte Wissenschaft, fast so alt wie die Menschheit selbst; sie ist ebenso alt wie das Wissen um die Strahlungen aus der Erde. In biblischen Zeiten war die Rute als Stab bekannt; sie war Bestandteil der Tempelgeheimnisse. Auch die Bibel berichtet von dieser Wissenschaft, beispielsweise im Buch des Propheten Ezechiel und bei Hosea. Ruten und Pendeln wird seit dem 14. Jahrhundert v. Chr. immer wieder in geschichtlichen Dokumenten erwähnt.

Entsprechend unserer Zeitrechnung wurden etwa 13.500 v. Chr. bereits Brunnenanlagen in Südafrika und Togo nach den Angaben von Rutengängern gebohrt. Zentrales Prinzip der Radiästhesie ist nicht das Finden von Energie, sondern der Frequenz der gesuchten Sache. Etwa 3.000 v. Chr. – entsprechend den Bildern in Grabstätten der Pharaonen – kannten die Ägypter den Gabelzweig als Rute. Auch wurden Pendel als Totenbeigaben in den Pharaonengräbern gefunden.

Das Problem, das vom Ruten ausgeht, liegt im moralischen Bereich. Richtig gehandhabt, erfährt man durch das Ruten sehr viele Wahrheiten und Zusammenhänge, und diese sind heutzutage meist nicht gefragt. Gearbeitet werden kann mit der Rute auf allen Gebieten: Gesundheit, Ernährung, Baubiologie, Bauhandwerk, Kunst, Philosopie, Technik, Heilmittelzubereitung etc. Sie sollten aber immer nur dann abfragen, wenn Sie ernsthaft daran interessiert sind, die Wahrheit zu erfragen.

Radiästhesie ist Resonanzgeschehen! Das Grundgesetz in der Radiästhesie ist die Resonanz, weil alles strahlt, schwingt und vibriert.

Rute oder Pendel

Der Unterschied »Rute oder Pendel« ist schwierig zu erklären. Beim radiästhetischen Arbeiten kommt es immer auf die Art der Anwendung und das vorliegende Problem an, welches der beiden Meßgeräte zum Einsatz kommt. Immer sind sie nur Anzeiger für das Sichtbarmachen von Schwingungen. Bei dem Band »Pendel-Welten« sollten Sie eigentlich nur mit dem Pendel arbeiten, weil der gesamte Inhalt des Bandes aus Diagrammen besteht.

Bei der Arbeit mit dem Pendel kann es aber auch – wie Sie in diesem Band gelesen haben – auf die Länge des Fadens/der Kette als Antenne ankommen. Dann liegt ein anderes System zugrunde. Im weiteren Sinne verhält es sich ähnlich wie bei der Rute; deswegen gibt es so viele verschiedene Modelle aus den unterschiedlichsten Materialen (sowie die Lecherantenne und den Biotensor).

Tendenziell arbeitet man im Feld, im Freien, mehr mit der Rute und zuhause öfter mit dem Pendel, aber auch hier gibt es Ausnahmen. Vielleicht läßt sich als Unterschied festhalten, daß die feinabgestimmte Rute sensibler auf Schwingungen reagiert als der Pendel, weshalb manche Menschen fast ausschließlich mit der Rute arbeiten (und dann auch darauf »schwören«).

Es geht heute nicht mehr an, mit dem Besen der Wissenschaft und des Rationalismus alle Erkenntnis der Grenzwissenschaften in die Ecke zu kehren oder unter den Teppich. Wir müssen schon den Staub der Jahrhunderte herausklopfen und dürfen dabei nicht den Kopf und Verstand verlieren und jeden Aberglauben gleich für höhere Weisheit halten.

B.-A. Bohnke

Sachallergien

Neben den Allergien, die in der Ernährung ihre Ursache haben (siehe Kapitel »Lebensmittel«), gibt es eine große Anzahl weiterer Möglichkeiten als Ursache für allergische Zustände. Die Zeitschrift »Der Spiegel« hat Anfang des Jahres 1995 ca. 20.000 Möglichkeiten genannt. Im Zusammenhang mit dieser Darstellung soll jedoch nur auf fünf Formen hingewiesen werden: Arzneimittelallergie (Cortison, Brom), Materialallergie (Baumwolle, Nylon), Naturalienallergie (wie Blütenpollen, Katzenhaare), Metallallergie (Aluminium, Zinn, Nikkel) und diverse Allergien (Kunststoffe, Staub).

Sie können also einfach mit der Rute vorstehende Begriffe abfragen: »Liegt bei mir eine Metallallergie vor?« Wenn JA, dann weiter: »Liegt bei mir eine Zinnallergie vor?« usw. Danach können Sie weiter abfragen: »Wie hoch ist die Belastung in Prozent?« Sollten Sie auf eine der fünf Allergieformen positiv reagieren, müßten Sie weiter forschen und testen, z.B. anhand von Listen und Fachbüchern, etwa unter Zugriff auf öffentliche Bibliotheken, um das Problem einzukreisen. Von der praktischen Seite her verfahren Sie entsprechend dem Kapitel »Analyse I«.

> *Jedes Problem durchläuft bis zu seiner Anerkennung drei Stufen: In der ersten erscheint es lächerlich, in der zweiten wird es bekämpft und in der dritten gilt es als selbstverständlich.*
>
> ARTHUR SCHOPENHAUER

Säure-Basen-Gleichgewicht

Hier geht es um den pH-Wert in unserer Ernährung, in unserem Körper, in unseren Zellen (also nicht nur in unserem Magen). Das Leben findet zwischen Säure und Base statt; es ist ein Balanceakt. Der gesunde Mittelwert liegt zwischen einem pH-Wert von 7,3 und 7,7 (leicht basisch). Ein wesentliches Zuviel oder Zuwenig kann tödlich sein.

Sie kennen dieses Problem aus der Tagespresse. Es geht dabei um das Übersäuern von Gartenteichen und großen Seen, von Gärten und Ackerböden, um den »sauren Regen« und sein Einwirken auf Wald und Gebäude.

Beim Menschen ist es in der Regel die latente Azidose (Übersäuerung), die seiner Gesundheit schadet und inzwischen bei vielen anzutreffen ist.

Mediziner haben festgestellt, daß Diabetes, Herzinfarkt, Migräne, Rheuma, Psychosen etc. stets mit einem Abrutschen des Organismus ins saure Milieu verbunden sind, so daß viele Krankheiten allein schon durch ein Zurechtrücken des Milieus in den neutralen Bereich aufgefangen werden können. Im Notfall hilft manchmal eine Prise (Haushalts)-Natron zur Neutralisierung der Säure im Körper.

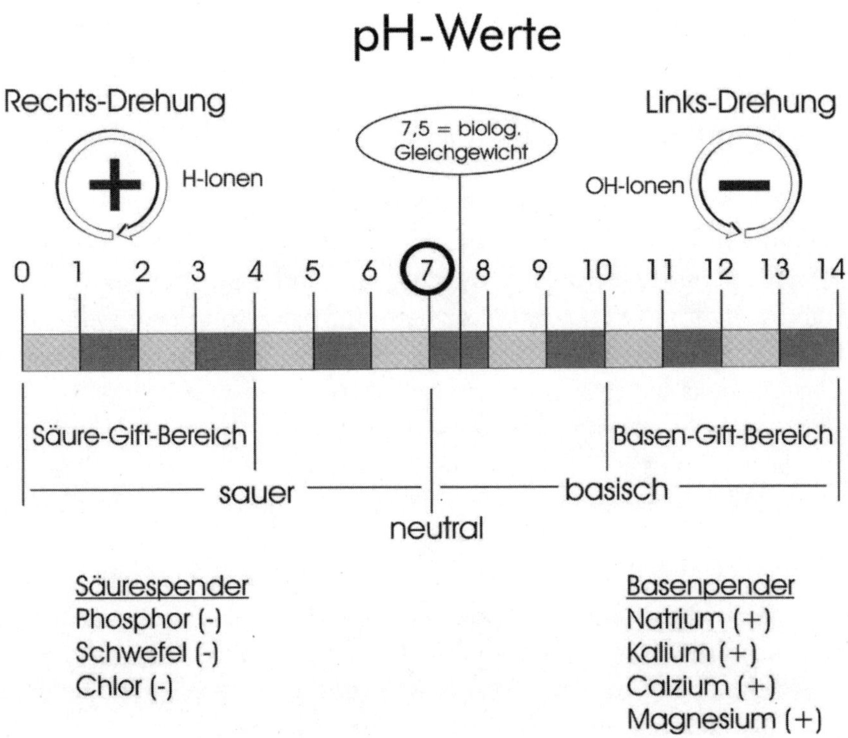

Weitere Zuordnungen zu den beiden Bereichen »Säuren« und »Basen« sind:

Gegensätzliche Zuordnungen

SÄUREN	BASEN
Azidose	Alkalose
pluspolig	minuspolig
Farbe: Rot	Farbe: Blau
Temperatur steigt	Temperatur fällt
Energieüberschuß	Energiemangel
Sympathikotoniker	Vagotoniker
Wenn der Mensch zu basisch ist, regen Säuren das Leben an (im Sinne der Rückkehr zum ph-Wert von etwa 7,3 → Bakterien und Viren werden dabei getötet)	Wenn der Mensch zu sauer ist, regen Basen das Leben an (im Sinne der Rückkehr zum ph-Wert von etwa 7,3 → Bakterien und Viren entwickeln sich)

Etwa 85 Prozent der »zivilisierten« Menschheit ist übersäuert. Der häufige Genuß von Bohnenkaffee, Süßigkeiten, Fleisch, Nikotin, Alkohol, aber auch Streß, Kummer, Sorgen, Streit, Haß etc. sind daran schuld. Man sollte deshalb bei der Ernährung darauf achten, daß man Kartoffeln, Gemüse, Salat, Obst, Flocken jeder Art, Kräutertee etc., also Basisches, zum Ausgleich der säureüberschüssigen Lebensmittel ißt. Aber auch sonstiger Ausgleich durch Meditation etc. ist empfehlenswert.

Um dieses Problem richtig angehen zu können, sind regelmäßige Abfragen mit der Rute oder dem Pendel notwendig, denn nur so kann man beurteilen, in welchem Zustand sich der Körper gerade befindet und was – entsprechend diesem Zustand – ergänzt werden sollte. Das gilt für jegliches Essen, für alle Medikamente, für die Bekleidung, für den Arbeitsplatz (Elektrosmog macht das Blut sauer) etc. Frage: »Soll ich ... essen?«, »Soll ich ... trinken?«, »Soll ich ... einnehmen?«, »Soll ich ... anziehen?«, »Ist der Arbeitsplatz (z.B.) am Computer gut für mich?« (siehe auch Kapitel »Wasser«).

Ohne Energie läuft nichts! Prinzipiell gibt es keinen Vorgang ohne Energie, sowohl in der Natur, in der Technik, als auch beim Menschen und der Schaffung seiner Lebensbedürfnisse. Dabei geht es immer um Energieumwandlung von einer Form in eine andere, ohne daß dabei Energie weder erzeugt noch vernichtet wird.

Schlafplatz

siehe Kapitel »Bettplatz«

Schreibtische

Schreibtische haben unterschiedliche Konstruktionen und Unterbauten. Das war schon von je her so und wird auch künftig nicht anders sein. Man ist sich zwar im klaren darüber, daß Büroarbeit auch produktive Arbeit ist; die Umsetzung in gesundheitlich und ergonomisch bewußt gestaltete Arbeitsplätze wird aber noch lange auf sich warten lassen. An diesem Zustand vermag selbst die 5. EG-Richtlinie, die auch die Auswahl der Arbeitstische umfaßt, kurzfristig nicht viel zu ändern.

Ändern können Sie aber für sich selbst mit Blick auf Ihre Gesundheit sehr viel. Sie können nämlich darauf achten, daß Ihr Schreibtisch z.B. aus massivem Holz besteht oder daß er zumindest nicht mit einer durchgehenden Stahlkonstruktion versehen ist. Als Stahlkonstruktion ist hierbei zu verstehen, daß vier Stahlbeine mit einem durchgehenden Stahlrahmen verbunden sind, auf dem die Tischplatte aufgelegt wurde. Dieser Stahlrahmen wirkt wie ein »Käfig«, dem Sie von der Gürtellinie nach unten 8 bis 12 Stunden am Tag ausgesetzt sind, und kann große gesundheitliche Probleme verursachen.

Dafür ist es nicht notwendig, daß Sie mit dem Solarplexus am Tisch angelehnt sitzen. Die Beeinträchtigung Ihrer Gesundheit erfolgt über die feinstofflichen Kräfte der Aurahülle, d.h. durch die unter dem Schreibtisch (oder auch unter sonstigen Tischen gleicher Konstruktion) herrschende Minuspolarisation, der Sie etwa die Hälfte des Tages ausgesetzt sind. Durch die Stahlkonstruktion werden Ihre Energien abgeschnürt. Dieses Abschnüren führt zu Störungen im Unterleib, in den Knien und Gelenken. Vor allem wird der Fluß der Vitalkräfte vom Wurzelchakra nach oben behindert. – In gleicher Weise wirkt natürlich das Berühren/Anlehnen/Festhalten an diesen Stahlrohrverstrebungen.

Das einzige Mittel dagegen ist, diese feinen Ströme aus dem Stahlrahmen des Schreibtisches abzuleiten, den Schreibtisch also richtig handwerklich zu erden. Nur so können Sie die Minuspolarisierung neutralisieren. Testen Sie zunächst den vorstehenden Tatbestand mit der Rute: »Welche Schwingung liegt hier ... vor?« Erhalten Sie eine Linksdrehung, müßten Sie eine Stelle am Stahlrohr blank machen und ein dünnes Kupferkabel darumbinden und es auf der anderen Seite mit einem Heizungs- oder Wasserleitungsrohr verbinden. – Wenn Sie danach noch einmal mit der Rute testen, erhalten Sie eine Rechtsdrehung.

Gleiches gilt für Stühle mit durchgehenden Stahlgestellen. Auch sie müssen wenigstens einmal pro Tag für kurze Zeit richtig geerdet werden, um die Ströme aus dem Stahlrohr abzuleiten. – Also, auch hier ein Kabel an einer blanken Stelle festmachen, den Stuhl mindestens einmal am Tag zum Heizkörper tragen und das andere Ende des Kabels an die Heizung halten. Damit ist der Stuhl für diesen Tag einigermaßen entstört. – Wenn Sie danach auch hier mit der Rute über der Sitzfläche testen: »Welche Schwingung liegt hier ... vor ?« erhalten Sie eine Rechtsdrehung. ... Und Strahlenflüchter bevorzugen den Rechtsspin.

Heilung wird durch Schwingung und nicht durch chemische Materie bestimmt. Unsere Resonanzfähigkeit ist die Voraussetzung zu Gesundheit und Heilung. Auch eingesetzte Medikamente sind letztlich nur Träger dieser Schwingung.

PAUL SCHMIDT

Schwingung

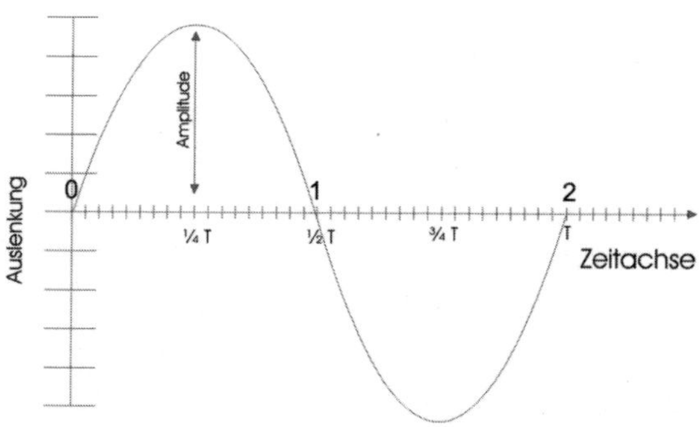

Da im praktischen Teil dieses Buches immer wieder von Schwingungen die Rede ist, finden Sie nebenstehend eine vereinfachte Darstellung zur Schwingungslehre:

Die Strecke von 0 bis 2 auf der Zeitachse in der vorstehenden Skizze stellt eine harmonische Schwingung dar (das entspricht einem Ruten- oder Pendelausschlag von ganz links nach ganz rechts). Wie die Schwingung entsteht, ist in diesem Zusammenhang unwichtig. Sie ist eng verknüpft mit der Wellenlänge (meßbar in mm, cm oder m) und wird mit Hilfe der Frequenz und der Amplitude beschrieben.

(1) Das Maß für eine Schwingung ist Hertz. Wenn eine Schwingung in einer Sekunde abläuft, handelt es sich um eine Schwingung von 1 Hertz (Hz). Ein anderer Begriff dafür, wie oft eine Schwingung in einer Sekunde abläuft (Häufigkeit), ist die Frequenz. Ist die Strecke von 0 bis 2 das Maß für eine Sekunde und die ablaufende Schwingung ist doppelt so schnell, dann liegen zwei Schwingungen pro Sekunde vor, d.h. 2 Hertz. Man sagt dann, die Schwingung hat eine Frequenz von 2 Hertz. So werden die Schwingungen von Rundfunk, Radar- und Röntgenstrahlung angegeben. – Bei den Angaben der Schwingungen für den PROFI 100/2 oder den PRIMUS 100/3 kann man näherungsweise von Hertz-Schwingungen sprechen.

(2) Jede Schwingung hat (vgl. vorstehende Skizze) einen »Wellenberg« und ein »Wellental«. Die Höhe eines solchen Wellenberges (oder die Tiefe eines Wellentales) nennt man Amplitude, das ist der größte Ausschlag (z.B. eines Pendels) aus der Ruhelage. Die Amplitude ist ein Maß für die Intensität, die Kraft/Energie, einer Schwingung. Das, was die Radiästheten in Bovis-Einheiten angeben, ist die Intensität der Schwingung.

(3) Eine bedeutsame Variante ist die invertierte Schwingung (auch Inversschwingung genannt). Eine solche Schwingung liegt vor, wenn – vereinfacht – genau an der Stelle, an der ein Wellenberg existiert, ein Wellental dagegen gesetzt wird. Auf diese Art sind die Geräte konstruiert, die im biokybernetischen Regelkreislauf arbeiten. Sie nehmen am Patienten dessen körpereigene Schwingung ab, wandeln diese mit einem Computer um und senden eine Inversschwingung über Hand- und/oder Fuß-Elektroden zurück.

Die therapeutische Idee ist, durch die invers-gestalteten Schwingungen die pathogenen Schwingungen im Körper des Patienten zu löschen (Ähnlichkeits-Prinzip). Das Interessante ist, daß man die Arbeit des Gerätes an der Person während der Behandlung in der feinstofflichen Hülle mit der Rute testen kann. Solange die Behandlung läuft, dreht sich die Rute rechts; ist die

Behandlung abgeschlossen, zeigt die Rute dies durch einen Stillstand an. Das hiermit aufgezeigte Verfahren nennt sich – sprachlich ungenau – Bioresonanztherapie, obwohl es eigentlich Bioinverstherapie heißen müßte; gemeint ist das entgegengesetzte Mitschwingen der Zellen des Körpers und der Körperhülle mit dem Gerät. – Resonanz dagegen, im eigentlichen Wortsinn verstanden, meint mitschwingen, d.h. die entsprechende Geigensaite schwingt mit, wenn z.B. auf einem Klavier der Kammerton »A« angeschlagen wird. Unter Resonanz versteht man auch das Mitschwingen in Obertönen, meist in Oktaven über dem Grundton.

(4) Ergänzt werden soll noch die anscheinend triviale Aussage, daß Schwingung nicht gleich Schwingung ist. Bei Schwingungen muß aus energetischer Sicht unterschieden werden zwischen lebensfördernder Schwingung und lebensbehindernder Schwingung (hier zunächst für Menschen), d.h. Rechtsdrehung bzw. Linksdrehung beim Testen mit der Rute. Technisch hochwertige Erfindungen wie Abaris-Pfeil, Weber-Isis-Vitalon, Orgonstrahler, Pyramidion, Tachyonenprodukte etc. geben für Menschen ausschließlich lebensfördernde Energien/Schwingungen ab, die man sich zu vielen Zwecken nutzbar machen kann.

> *Radiästhesie arbeitet mit Information. Information ist immer vorhanden und kann sich auf verschiedenste Art und Weise bemerkbar machen. Sie entspricht der 7. und 8. Ebene des Systems nach Burkhard Heim.*
>
> M. Straub

Schwingungsmedizin

Der Begriff stellt die Zusammenfassung der Bemühungen dar, eine ganzheitliche Sichtweise von dem, was Krankheit und Gesundheit des Menschen ist, zu beschreiben. Diesem Ansatz liegt die Erkenntnis zugrunde, daß der Mensch und damit jedes Lebewesen nicht nur aus dem physischen Körper besteht, sondern auch noch eine feinstoffliche Hülle hat, die nahezu sämtliche Information enthält.

Seit einigen Jahrzehnten sind Wissenschaftler mit Rute oder Pendel in der Lage, diese subtilen Bereiche des Menschen zu beschreiben und erfolgreich damit zu arbeiten. Die Integration dieser neuen Sichtweise in das traditionelle medizinische Weltbild erfolgt bereits bei Heilpraktikern und einigen Ärzten.

Die gewonnenen Erkenntnisse lassen sich folgendermaßen zusammenfassen:

1. In der Erbsubstanz sind alle chemischen Informationen des Organismus gespeichert. Daneben existiert um den Menschen herum ein sogenanntes Biofeld, in dem neben den physikalischen Informationen alle psychischen, emotionalen und mentalen Informationen gespeichert sind (siehe die Kapitel »Chakren« und »Aura«).
2. Erkrankungen gleich welcher Art, sind, bevor sie physisch zum Ausbruch kommen, längst im Biofeld als disharmonische Schwingungsmuster erkennbar (siehe die Kapitel »Blütenessenzen« und »Aura-Soma«).
3. Werden Krankheiten lediglich auf der Ebene der Symptome, d.h. physisch, therapiert, so ändert sich das Biofeld in der Regel nicht, die Störung/Ursache besteht weiter und wird erneut zum Ausbruch kommen (siehe letzten Absatz zum Kapitel »Meridianenergetisches System«).
4. Das Biofeld, d.h. die Aura, enthält ganzheitlich sämtliche Informationen des Menschen, d.h. in jedem Teil steckt die Gesamtinformation, allerdings unterschiedlich gewichtet und unterschiedlich aktuell, je nach Tagesform.
5. Jeder Gesundheits- oder Krankheitszustand ist durch eine eigene Schwingung im Biofeld entsprechend der Stärke des Zustandes vertreten. Der energetische Zustand läßt sich in Bovis-Einheiten messen (siehe Kapitel »Biometer«).

Die Schwingungsmedizin eröffnet mithin Möglichkeiten einer Wiederherstellung des Gleichgewichts des Biofeldes ...

- bezüglich physischer, emotionaler und psychischer Störungen;
- über das Testen und Behandeln von Chakren und dem meridianenergetischen System;
- unter Einsatz von getesteten Medikamenten, Lebensmitteln und gesundem Wasser.

Da die Gesundheit des Menschen zu den höchsten Gütern im Leben zählt, ist eines der meist praktizierten Teilgebiete der Radiästhesie die medizinische Radiästhesie . Sie ist auch in allen Teilbereichen am besten erforscht, bestätigt und nachvollziehbar.

Silbertyp

siehe Kapitel »Nervensystem«

Steine

siehe Kapitel »Edelsteine«

Störeinflüsse

Menschen können infolge längerer Einwirkung von natürlicher und technischer Strahlung gesundheitlich belastet sein. Längere Einwirkungen sind gewöhnlich am Bettplatz und am Arbeitsplatz gegeben. Menschen reagieren in Abhängigkeit von Konstitution, Klima (Biowetter) etc. unterschiedlich auf störende Einflüsse.

Störstrahlen besitzen an sich nur eine schwache Intensität. Da ihre Kenngröße (Frequenz, Polarität) jedoch im Bereich der feinstofflichen Körperenergien liegt, beeinflussen sie das biologische Regelsystem des Menschen. Es kann viele Jahre dauern, bis die Gesundheitsschädigung soweit fortgeschritten ist, daß sie klinisch festgestellt werden kann. Bei einer entsprechenden Vorbelastung kann es auch sehr viel schneller gehen.

Als Beispiel sei hier aufgezeigt, was in Ihrer Wohnung oder am Arbeitsplatz alles an Strahlung auf Sie einwirken kann: Da sind zum einen die elektromagnetischen Wellen von vorbeifahrenden Straßenbahnen und Leitungen für die Stromversorgung zu Ihrer Wohnung. Hinzu kommen die Erdstrahlen von Wasseradern und Verwerfungen u.a.m. Zum anderen sind Sie den Schwingungen der Sendemasten der Telefongesellschaften ausgesetzt, den Radarstrahlungen von Flugzeugen, schlecht justierten Satellitenempfangsanlagen und den Senderumsetzern. Schließlich kommt noch die kosmische Strahlung nebst Sonneneinstrahlung hinzu. Im Innern des Hauses strahlen das schnurlose Telefon, der Mikrowellenherd, das TV-Gerät etc.

Strahlenbedingte Erkrankungen können Veränderungen im Endokrinum (Drüsensystem), in der Psyche, im immunologischen Bereich oder auch in vielfältigen Organen hervorrufen.

> *Nicht umsonst findet sich unter den Vordenkern des »New Age« eine besonders große Anzahl von Physikern. Man denke nur an Männer wie Fritjof Capra, Hans-Peter Dürr oder Friedrich von Weizsäcker. Die Welt der modernen Physik ist so bizarr und entfernt von unserer Alltagsanschauung, daß gerade die besten Vertreter dieser Wissenschaft tief in den philosophisch-religiösen Bereich vorgedrungen sind.*
>
> GRAZYNA FOSAR

Strahlenflüchter

Menschen sind ausgesprochene (Erd-)Strahlenflüchter. Sie leiden auf bestrahlten Flächen/auf bestrahltem Grund, d.h. keinem Menschen bekommen gesundheitsschädigende Erdstrahlen. Ob und inwieweit solche Strahlen schädlich sind, hängt von der Strahlungsart und deren Intensität ab. Hinsichtlich der Belastungen ist zu unterscheiden, ob es sich nur einfach um einen Reizstreifen, um eine Kreuzung, um ein Kreuzungssystem mehrerer Streifenarten oder eine Kombination daraus handelt.

Zur Richtigstellung sei gesagt, daß »gesundheitsschädigend« nicht gleichzusetzen ist mit »krankheitserregend«. Gesundheitsschädigende Strahlen vermindern nur die menschlichen Abwehrkräfte gegen Krankheiten, weil der Körper Kraft verbraucht, um den schädlichen Strahlen zu widerstehen. Krankheitserregend dagegen wirken pathogene Mikroorganismen (wie Bakterien, Pilze, Viren u.a.m.), aber auch nur dann, wenn eine entsprechend günstige Disposition beim betroffenen Menschen vorliegt, also z.B. gesundheitsschädigende Einflüsse das Abwehrsystem des Menschen zuvor geschwächt haben (z.B. durch längeren Aufenthalt auf einer Reizzone).

➲ **Merke:** Nicht an jeder Stelle der Erde, an der mit der Rute eine Schwingung feststellbar ist, liegt eine gesundheitsschädigende Reizzone vor. Es gibt auch positive, lebensfördernde Schwingungen z.B. auf Mediallinien.

Übrigens: Menschen reagieren auf Reizzonen mit pH-Wert-Verschiebung im Blut. Bei pathogener Belastung ist das Blut meist elektrisch, und es findet eine Veränderung der feinstofflichen Energie statt; nach einem Ortswechsel berichten Ärzte über auffallende Heilung chronischer und akuter Erkrankungen.

Strahlenflüchter sind u.a.:

a) In der Tierwelt: Hunde, Pferde, Rinder, Schweine, Ziegen, Schafe, Rehe, Hühner. – Tiere reagieren auf Reizzonen mit Gewichtsverlust, Verminderung der Wurfzahl; Kühe geben weniger Milch; Pferde leiden an Koliken; Hühner bekommen Augenentzündungen.

b) In der Pflanzenwelt: Viele Kulturen wie: Rosen, Geranien, Blumenkohl, Tomaten, Kartoffeln, Sellerie; Enzian, Brennessel, Schafgarbe, Tabak. – Stehen Pflanzen verkehrt, hat die Frucht eine schlechte Qualität, Bäume zeigen Schief- oder Drehwuchs.

> *Das irdische Leben ist durch unsichtbare Fäden mit dem nahen und fernen Kosmos verknüpft. Der Mensch braucht sich nicht in den Weltraum schicken zu lassen, um sich kosmischen Einflüssen auszusetzen. Er muß nicht einmal seine Wohnstube verlassen.*
>
> G. A. Sergeje

Strahlensucher

Während im Kapitel »Strahlenflüchter« vor allem über die Auswirkungen gesundheitsstörender terrestrischer Strahlen mit Bezug zum Menschen berichtet wurde, sind hier nur noch die Auswirkungen von Strahlungen und Reizzonen mit Bezug zu Tieren und Pflanzen Gegenstand der Betrachtung. Es gibt nämlich einige Lebewesen, die Strahlen bevorzugen, sie benötigen Erdstrahlen wie die Menschen die Sonne.

Zu den Strahlensuchern gehören u.a.:

a) In der Tierwelt: Katzen, Kaninchen, Biber, Schlangen, aber auch Bienen, Ameisen und Termiten.
b) In der Pflanzenwelt: Eichen, Weiden, Fichten, Kastanien, Mistel, Zwetschgen, Pflaumen, Kirschen sowie die Heilkräuter: Farne, Nessel, Tollkirsche, Fingerhut, Holunder, Arnika, Brennessel u.v.a.m. An Nutzpflanzen sind zu nennen: Knoblauch, Rhabarber, Karotten, Rettich, Zwiebel.

Die verschiedenen Eigenschaften der Strahlensucher macht sich die Medizin nutzbar. Man verwendet Bienengift als Rheumamittel, Ameisensäure als Hautreizmittel, Schlangengift gegen Zellgewebserkrankungen, Mistel gegen Krebs und Bluthochdruck, Pfefferminz als Magen- und Gallenmittel, Brennessel als Nierenmittel, Holunder als schweißtreibendes Mittel.

> *Von allen uns bekannten Kräften können nur die elektromagnetischen oder elektrodynamischen Felder eine richtungweisende Funktion der Steuerung der unaufhörlichen chemischen, metabolischen oder molekularen Umwandlungen innerhalb eines Systems übernehmen. Denn offenbar sichern diese Felder die Entwicklung einer Struktur noch vor dem Auftreten bekannter chemischer Reaktionen.*
>
> Harold Saxton Burr

Strahlung

Wir alle sind ständig (bipolaren) Strahlungen ausgesetzt, und zwar tags und nachts. An dieser Tatsache ändert sich dadurch nichts, daß wir tagsüber in einer Werkshalle, im freien Feld oder im Büro arbeiten und nachts zuhause im warmen Bett liegen. Bei der Strahlung, von der hier die Rede ist, handelt es sich vorwiegend um terrestrische Strahlung aus der Erde und um kosmische Strahlung aus dem Weltraum. Neuerdings kommt auch noch der Elektrosmog dazu.

(1) Genauso, wie der Mensch eine Körperhülle, die Aura, hat, so hat die Erde eine Hülle, das Magnetfeld. Es besteht aus dem Kubensystem nach

Benker, den polaren Feldern nach Wittmann, dem Globalnetzgitter nach E. Hartmann, dem Curry-Netz u.v.m. Diese Gittersysteme »halten die Erde zusammen« und beeinflussen unser Leben auf der Erde. Sie bilden zusammen das Magnetfeld der Erde.

(2) Beeinflußt wird unser Leben aber auch direkt durch die kosmische Strahlung; das sind vor allem die Wasserstoffstrahlen des Sonnensystems und die kosmischen Hintergrundstrahlen aus dem Weltall. Verstärkt wird diese Strahlung in neuerer Zeit noch dadurch, daß die schützende Ionosphäre wegen der Ozonlöcher dünner und durchlässiger geworden ist.
Die kosmische Strahlung beeinflußt unser Ökosystem auf der Erde auch noch indirekt, und zwar deswegen, weil das Magnetfeld der Sonne ständig das Magnetfeld der Erde berührt und ausgleicht. Dadurch werden Sonneneruptionen und Erschütterungen im Sonnensystem sowie der Milchstraße auf den Magnetgürtel der Erde übertragen.

(3) Mit diesen Strahlungen mußten Menschen zu allen Zeiten leben. Der menschliche Körper ist darauf einigermaßen eingerichtet, sofern es sich nicht um ungeschützte Dauerbestrahlung handelt. Auf Dauer- und Intensivbestrahlung (aus der Erde oder aus dem Kosmos) war der Mensch noch nie eingestellt. In neuerer Zeit kommt zu diesen natürlichen Strahlungen auch noch – mit zunehmender Intensität – der sogenannte Elektrosmog in zahlreichen Varianten.
Elektrosmog, das sind die technischen Strahlungen und Wellen der UKW- und Fernsehsender, die Hochspannungsleitungen, schlecht justierte Satelittenempfangsanlagen, die transportablen Telefone mit dem dichten Sende- und Empfangsnetz, Richtstrahler, Füllsender, UMTS, Laptops, Videokameras, Mikrowellenherde, Leuchtstoff-Röhren etc. – Hinzu kommt noch die moderne Bauweise mit Beton und Stahlarmierungen, die »unorthodoxe« Bauweise in Großstädten, die Einflugschneisen bei Flugplätzen, Kernkraftwerke etc.

(4) Bekannt ist auch, daß sich UKW-Wellen bzw. -Strahlen an metallenen Bauteilen, z.B. Metallbetten in Wohnungen oder Metallgeländern im Treppenhaus brechen und quer durch die Räume weiterleiten oder aber neue

Strahlungen induzieren, die ebenfalls wie Reizstreifen/Reizstrahlung wirken. Weiter gibt es auch den Fall, daß Wände Strahlungen reflektieren und dabei mit anderen einfallenden Strahlen zusammentreffen und sich auf diese Weise neue Störzonen und Störfelder bilden.
Leider wird das Feld von technischen Strahlungen, der Elektrosmog, immer dichter (Spezialisten sprechen von einem Wellensumpf). Das Fernsehen sendet auf immer mehr Kanälen, was weitere Wellen bedeutet. Zudem gibt es Sender, die Uhren nachstellen, es gibt Sprechfunk, Wetterradar etc.

(5) Es besteht kein Zweifel daran, daß Schlafstörungen, innere Unruhe, Reizbarkeit, Konzentrationsschwäche aber auch Beschwerden wie Neuralgien, Allergien usw. auf diese gestiegenen Strahlungseinflüsse zurückzuführen sind. Die Schwächung des Immunsystems gehört hierzu ebenso wie Brustkrebs, Alzheimer, Leukämie und das Waldsterben.

Zusammenfassend kann gesagt werden: Sämtliche vorstehend aufgeführten Strahlungen wirken als Belastung auf den einzelnen Menschen, d.h. sie bringen ihn dem Zustand der Erkrankung näher. Das ist die eine Dimension der Auswirkung der Strahlung. Die andere Dimension ist, daß Kinder, Kranke und ältere Menschen, die viel weniger gegen die Strahlungen geschützt sind und sich schützen können, bei dieser Art der »Umweltverschmutzung« gar nicht mehr richtig gesund werden können.

Alle zuvor genannten Wellen können mit der Rute festgestellt werden. Es kommt hierbei gar nicht auf die direkte Bestrahlung und die Art der Welle an. Wichtig ist nur: Ist es eine Erdstrahlung? Ist es (als Steigerung) eine Kreuzung? Oder: Ist es eine kosmische Strahlung? Oder: Handelt es sich um Elektrosmog? Sie müßten z.B. abfragen: »Liegt hier ... eine Erdstrahlung vor und beeinflußt den Bettplatz?« oder: »Liegt hier ... eine Reflektion von der Satellitenempfangsanlage des Nachbarn vor?« etc.

Reflektionen von Satellitenschüsseln kann man z.B. mit einem Bergkristall auf der Fensterbank zerstreuen (mindestens einmal wöchentlich unter fließendem Wasser abspülen). Man kann Erdstrahlen durch Bioenergiegeneratoren neutralisieren; die dreidimensionale Strahlung der Gittersysteme (Kubensysteme) kann in einem Zimmer z.B. mit dem Abaris-Pfeil (Firma Medea 7) oder mit dem Weber-Horusstab (Firma Weber-Energie-Systeme) entstört werden.

Wie hoch die Elektrosmogbelastung einer Person ist, läßt sich mittels eines Tests mit einer Aluminiumfolie feststellen. Die betreffende Person legt dazu für einige Minuten ihre beiden Hände auf die matte Seite einer Aluminium-Folie. Danach kann ein erfahrener Radiästhet anhand der Folie abfragen/testen, welche Art von belastender Schwingung hier vorliegt etc.

> *Im gesunden Zustand des Menschen waltet die geistartige, als Dynamis den materiellen Körper belebende Lebenskraft unumschränkt und hält alle seine Teile in bewundernswürdig harmonischem Lebensgang, in Gefühlen und Tätigkeiten, so daß unser innewohnender, vernünftiger Geist sich dieses lebendigen, gesunden Werkzeuges frei zu dem höheren Zustand unseres Daseins bedienen kann.*
>
> Samuel Hahnemann

Sympathikotoniker

siehe Kapitel »Nervensystem«

Tapeten, Wandfarben

Es ist tatsächlich so: Farben, Lacke, Tapeten, Bodenbeläge, Putzmittel etc. – alles in unseren Wohnungen kann uns krank machen; muß es aber nicht! Dieses Buch versucht Ihnen dabei zu helfen, eventuelle Risiken, die von Stoffen und Produkten ausgehen, zu erkennen und zu vermeiden bzw. zu beseitigen. Dazu ist es allerdings erforderlich, daß Sie die Radiästhesie erlernen und eifrig üben, um darin Meister zu werden.

Erfreulicherweise werden Produkte wie Farben, Lacke oder auch Tapeten, Bodenbeläge, Putzmittel und Möbel tendenziell immer schadstoffärmer. Umwelt- und Verbraucherorganisationen, Selbsthilfegruppen etc. haben die Menschen für diese Risiken sensibilisiert. Mehr Informationen führen zu gesünderen Produkten, zu einer gesünderen Umwelt und damit zu gesünderen Menschen (wenn nicht der Elektrosmog wäre).

Die gebräuchlichste Wandfarbe ist die Dispersionsfarbe, auch Binderfarbe genannt. Sie ist bis zu 95 Prozent wasserlöslich und enthält nur wenig Lösungsmittel. Die schädlichsten Bestandteile der Farben sind die Lösungsmittel. Aber auch Bindemittel bestehen aus Natur- oder Kunstharz, die beide Schadstoffe enthalten können.

Bei Tapeten verhält es sich ähnlich. Auch Tapeten können Träger gesundheitsschädlicher Stoffe sein. Tapeten, vor allem geschäumte Relieftapeten, können Schwermetalle, Formaldehyd, Insektizide, Pilzgifte, PVC etc. enthalten. Besonders im Kinderzimmer, aber auch im elterlichen Schlafzimmer sind Schadstoff-Ausdampfungen, die aus den Tapeten kommen, und damit die Schadstoffanteile der Luft vermehren, zu vermeiden. Mit bloßem Auge kann man die Unterschiede nicht feststellen, mit der Rute hingegen schon.

Ähnlich wie bei Farben und Tapeten verhält es sich mit Bodenbelägen und bei Putzmitteln. Auch sie können gesundheitsschädigende Lösungsmittel enthalten und an die Raumluft abgeben. Allergiker können gegen nahezu jeden Stoff mit Hautausschlag reagieren. Ja, es gibt sogar Allergien gegen wirklich natürliche Stoffe (wie Stroh, Kork, Baumwolle).

Die einzige Möglichkeit, die für sie besteht, ist das Lernen der Arbeit mit der Rute oder dem Pendel. Die Abfrage lautet in all diesen Fällen: »Ist dieser Stoff gut für mich?«, »Enthält dieser Stoff irgendwelche Schadstoffe, gegen die ich allergisch bin?« (vgl.: P. Mikutta, »100 Fragen zur gesunden Wohnung«).

Es gibt zwei Reiche oder – anders ausgedrückt – zwei Welten: Diejenige der Ursachen, der Ursprünge und diejenige der Konsequenzen, der Effekte. In dieser äußeren, physischen, subtilen Welt können wir nur mit den Augen sehen, mit den Fingern fühlen, riechen nur mit der Nase und hören nur mit den Ohren. Das ist das Reich der Resultate. Das Reich der Ursachen ist unsichtbar, man kann es nicht mit seinen sechs Sinnen erfassen; das ist die Welt der Gedanken, der Ideen, der Elementale, faßbar nur mit Verständnis und Intelligenz.

J. T. KENT

Testampullen

Hilfsmittel sind seit alters her in der Radiästhesie bekannt, sei es nun das »temoin« der Franzosen oder der Füllpendel; immer geht es um das Arbeiten im Resonanztest. Das Arbeiten mit Testampullen ist eine moderne Variante dieser Art. Die Methode wird ebenfalls bei der Elektroakupunktur eingesetzt, allerdings wird dabei mit Strom gearbeitet, der an den Akupunkturpunkten am Körper abgenommen wird. Die Radiästhesie arbeitet ähnlich, allerdings mit Körperschwingungen. Hierbei wird u.a. an den Endpunkten der Meridiane mit der Rute abgefragt.

Der Vorteil des Einsatzes von Testampullen liegt darin, daß man die Wirkung eines Präparates (auch bezüglich seiner Potenzen) testen kann, bevor es zu Therapiezwecken eingesetzt, also z.B. gespritzt, wird. Im Falle des Testsatzes gegen Strahlenbelastungen liegt der Vorteil darin, daß man im Sinne einer Stoffprobe mit der Rute und der Ampulle z.B. am Bettplatz testen kann, ob eine bestimmte Belastung vorliegt. – Es wird auf Entsprechung getestet (siehe Kapitel »Resonanztest«), d.h. man sucht z.B. eine Wasserader und hat gleichzeitig eine Wasserampulle in der Hand.

Die Abfrage erfolgt in der Weise: »Liegt hier ... eine Belastung (Wasserader) vor?« Abgefragt werden kann für:

(1) sich selbst (als Patient);

(2) jeden anderen, der beim Radiästheten anwesend ist;

(3) einen Odträger (Bild, Handschrift) als Fernabfrage (dabei legt man die Ampulle neben das Bild etc. und fragt: »Ist das ... (Medikament) gut für ... (Person auf dem Bild)?« Oder: »Liegt bei ... (Person auf dem Bild) eine Strahlenbelastung vor?«
(4) Das Ganze läßt sich natürlich auch unter Einsatz des Detektors bewerkstelligen (siehe Kapitel »Zubehör«).

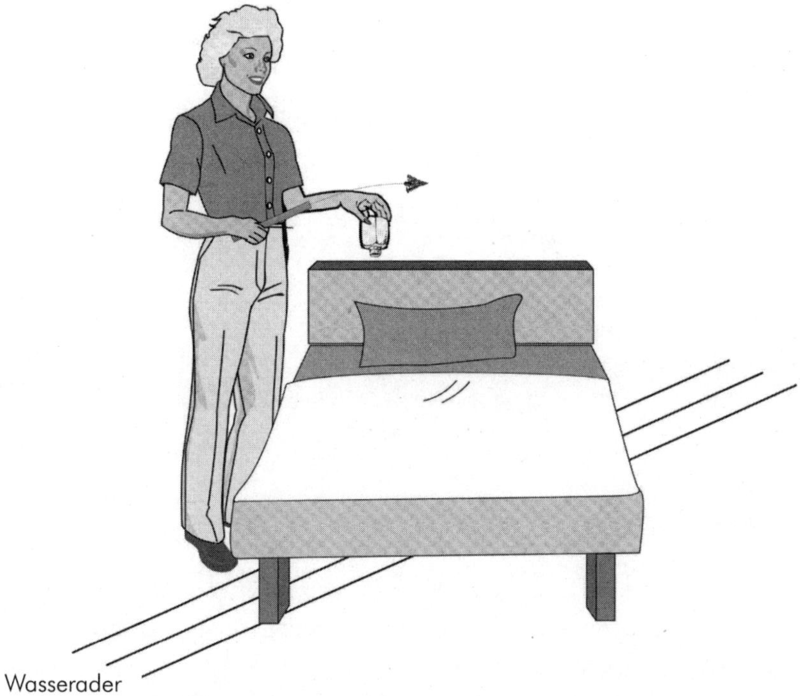

In Deutschland gibt es verschiedene Hersteller, die große Sätze von Testampullen aus allopathischen und homöopathischen Substanzen fertigen (z.B. Firma Stauffen-Pharma). Vom Äußeren her sehen diese Ampullen genauso aus wie Ampullen zur medizinischen Verwendung (zum Spritzen); oftmals enthalten die Ampullen auch die gleichen Wirkstoffe. Einige dieser Ampullen (und Röhrchen) sind jedoch ausschließlich zu Testzwecken hergestellt und enthalten Stoffe, die nicht für medizinische Zwecke (Spritzen) geeignet sind.

Mittels dieser Ampullentestmethode und unter Zuhilfenahme der Geräte der Elektroakupunktur (nach Voll) ist die Früherkennung von pathologischen Entwicklungen im Organismus möglich. Das Gleiche will der Radiästhet: Er will mit Hilfe der Rute (oder dem Pendel), der Testampulle und der Abfrage am Körper feststellen: »Ist dieses Medikament gut für ... (Organ)?« oder »Liegt bei mir eine Störung des ... (Organ) vor, so daß ich dieses Medikament benötige?«

Testampullensätze gibt es für Zahn-/Kieferherde, Allergene, Intoleranzen, Toxine in Nahrungsmitteln, Wohngifte, Belastungen durch Schadstoffe am Arbeitsplatz, Strahlenbelastungen etc. Sie werden von Ärzten und Heilpraktikern je nach Ausbildung und Praxisausstattung eingesetzt. Es sind in der Regel große Mengen von Testsätzen in unterschiedlicher Potenzierung erforderlich, um einen Großteil der Palette der Möglichkeiten von Erkrankungen abdecken zu können.

Folgende Testampullen sind zur Prüfung der Strahlenbelastung erhältlich (Geo-Testsatz, Dr. Schimmel):

(1) Erdmagnetfeld
(2) Elektromagnetisches Feld (niederfrequent)
(3) Elektromagnetisches Feld (hochfrequent)
(4) Erdstrahlung
(5) Radioaktivität
(6) Radarstrahlung
(7) Wasserführung

➲ **Merke:** Testsätze, die bei bioelektrischen Verfahren benutzt werden, sind auch in der Radiästhesie ein wertvolles Hilfsmittel. Sie gestatten Diagnosen und Erkenntnisse der Zusammenhänge, die sonst nur – wenn überhaupt – mit sehr viel aufwendigeren Methoden, in zeitlicher, materieller, finanzieller und personeller Hinsicht möglich sind.

> *Die Kunst der Radiästhesie besteht darin, zu finden, was zu finden ist, und vor allem, nichts zu finden, wo nichts zu finden ist.*
>
> Abbé Mermet

Textilien

Dieses Kapitel müßte eigentlich überschrieben sein mit: »Wie schädlich sind unsere Textilien?«, zumal für Neurodermitiker, Allergiker, Sensitive etc. Derjenige, der nicht darunter zu leiden hat, wird meinen: Textilien sind gar nicht so schädlich. Die anderen werden sagen: Textilien können Mitverursacher von Krankheiten sein. Immerhin nennt der Katalog der »Textilhilfsstoffe« rund 8.000 Chemikalien, mit denen die Stoffe bearbeitet sein können und für die keine Kennzeichnungspflicht besteht.

Die Wahrheit, gemeint ist die Schadstoffwirkung, läßt sich nur aus Sicht des Betroffenen feststellen, d.h. die Antwort kann nur subjektiv gefunden werden. In der medizinischen und textilen Fachliteratur lassen sich nicht gerade viele Hinweise auf gesundheitsgefährdende Potentiale in unseren Textilien finden. Grundsätzlich besteht auch keine akute, tödliche Gefahr durch das Tragen von Textilien. Aber was ist mit dem allergenen und pathogenen Potential?

Allergische Reaktionen bekommt man nur, wenn ein Teil der körpereigenen Abwehr geschwächt ist. Betroffene reagieren auf bestimmte Stoffe übermäßig, so als ob man diesen bestimmten Stoff »in eine offene Wunde« steckt. An sich sind die Stoffe »unschädlich«, d.h. die meisten Menschen bleiben symptomfrei; in speziellen Fällen können sie aber allergen oder pathogen wirken. Man weiß nie, welche weiteren Belastungen beim betroffenen Menschen sonst noch vorliegen. Auch werden das die Hersteller nur ungern dazuschreiben.

Sicher ist, daß selbst Stoffe, die als »reine Baumwolle« oder »reine Wolle« gekennzeichnet sind, einen Chemieanteil von bis zu 10 Prozent enthalten. – Bekannt geworden sind in diesem Zusammenhang die sogenannte Nylondermitis, das Wildseidenasthma, Kontaktallergien bei besonders gefärbten Stoffen, die Legginsallergie etc. Auch Mischgewebe mit Kunststoffanteilen gehören hierher. Weiterhin sind als allergiefördernd im Gespräch: Formaldehyd, Metalle (Nickel, Kobalt, Chrom), Pestizide, Herbizide, Fungizide, Flammschutzmittel; ebenso Waschmittel.

Jedoch, was auch immer von Seiten der chemischen oder der Textilindustrie behauptet wird, fest steht, wenn Sie darunter leiden, müssen Sie etwas dagegen tun. Gegebenenfalls kann es bei Ihnen sogar so sein, daß Sie selbst aufgrund einer besonderen Disposition (es sind schon zu viele Allergene im Körper angehäuft) auf völlig naturbelassene Stoffe allergisch reagieren. Auch diese Disposition kann inzwischen bei Menschen vorliegen.

In einer solchen Situation helfen auch wieder Rute und/oder Pendel. Sie fragen bei einem bestimmten Textil ab: »Ist dieses Teil gut für mich verträglich?«, »Ist die Jacke für mich verträglich?«, »Ist die Bluse für mich verträglich?« Das können Sie zuhause machen, es geht aber auch vor dem Kauf im Geschäft. In diesem Fall – anders als bei Lebensmittelallergien – kann man sich die ausgesuchten Teile mit in die Kabine zum Anprobieren nehmen und dabei auch gleich mit auspendeln. – Wenn Sie auf diese Frage eine Linksdrehung erhalten, unterlassen sie den Kauf am besten.

In gleicher Weise sollten Sie mit Bettwäsche und Leibwäsche verfahren, d.h. sie auspendeln bzw. mit der Rute testen. Denn wer zieht schon gerne 10 bis 15 Stunden täglich Wäsche oder ein Hemd an, das der Haut nicht bekommt, d.h. der Gesundheit schadet? Oder wer schläft schon gerne ca. 8 Stunden pro Nacht in einem Bett, in einem Millieu, d.h. in Bettwäsche, die einem gesundheitlich abträglich ist. Kein Wunder, daß man irgendwann krank ist und nicht weiß, woher das alles kommt.

Mit den vorstehenden Ausführungen ist keine Aussage darüber gemacht, ob es sich um ein saures oder ein basisches Milieu handelt. Das müssen Sie für sich selbst entscheiden. Welchem Ausschlag der Rute Sie den Vorzug geben, hängt von Ihrer Zellbelastung ab. – Denken Sie auch daran, daß es sich bei den hier gefundenen Ergebnissen zwischen sauer und basisch jeweils nur um eine Abweichung von Zehntel auf der pH-Wert-Skala handelt. Was für Sie schlecht ist, kann für Ihren Partner verträglich sein!

➲ **Merke:** Sie sollten Ihre Wohnung möglichst sparsam mit Kunstfaser- und chemisch veränderten Textilien ausstatten. Die verwendeten Stoffe sollten waschmaschinenfest sein. Waschen Sie sämtliche Stoffe vor dem ersten Gebrauch, dann ist der Chemiegehalt schon wesentlich verringert, und testen Sie mit der Rute oder dem Pendel Ihre Verträglichkeit.

Der gesamte Kosmos kommuniziert dadurch, daß seine Teile untereinander Energie und Information austauschen. Heilmittel sind deswegen Kommunikatoren von Gesundheit, weil sie die Schwingung vermitteln, die der Körper braucht. Gifte sind Störsender, genauso wie negative Gedanken oder zerstörende Bilder. Jeder Zelle, jeder Organismus und jeder Gegenstand ist ein Empfänger und Sender von Schwingungen und auf einen bestimmten qualitativ festgelegten Input angewiesen, um störungsfrei funktionieren zu können.

H. Kinateder

Tiere

Die geliebten Haus- oder Stalltiere, sollten Sie einmal erkrankt sein, lassen sich auf die gleiche Weise behandeln wie es in diesem Buch für Menschen beschrieben wurde. Hierzu gehört das Abfragen anhand eines Bildes oder die mentale Abfrage genauso wie das Austesten der Menge und der Potenz von Medikamenten. In gleicher Weise sollten Sie den »Stellplatz« bedenken (siehe Kapitel »Bettplatzsanierung«) und gegebenenfalls die Pferdebox oder den Stall umbauen, wenn dort eine Störzone existiert. Inzwischen gibt es auch Tierheilpraktiker, die sich mit dieser Materie auskennen.

Nur müssen Sie beim Anwenden homöopathischer Medikamente manchmal sehr trickreich sein. Tiere, wie etwa Katzen, sind nämlich viel sensibler als Menschen. Die Verabreichung hat bei Haustieren in der Regel zum einen in sehr viel kleineren Mengen zu erfolgen und zum anderen müssen Sie sich recht genau überlegen, wie Sie dem Tier das Medikament verabreichen.

Es kann sein, daß es Ihnen z.B. die Tropfen von der Hand leckt, vielleicht sollten Sie die Medizin ins Fressen oder ins Wasser geben, manchmal reicht es auch, das Medikament ins Körbchen zum Tier zu legen oder ins Fell einzureiben. Die Strahlung des Medikaments wirkt auch positiv, wenn sich das Tier daneben legt etc.

Sie könnten natürlich auch mit farbigem Licht (Chromotherapie) versuchen, Ihrem geliebten Tier zu helfen; allerdings müßten Sie auch hier die Art der Bestrahlung, d.h. die Farbe und Dauer der Bestrahlung jeden Tag mit der Rute testen.

Bei dem gegenwärtigen Stand unserer Wissenschaft, die noch im Werden ist, gibt es keine Theorie, die für die Gesamtheit aller Tatsachen gültig ist.

Abbé Mermet

Vagotoniker

siehe Kapitel »Nervensystem«

Verträglichkeitstest

Menschen, die gesundheitlich stark angegriffen sind, sollten vor der Einnahme von Medikamenten (oder auch von Lebensmitteln etc.) immer erst die Verträglichkeit testen. Das kann mit der Rute oder dem Pendel geschehen. Frage: »Ist ... für mich/meinen Körper verträglich?«

Sie können diesen Test auf zwei Arten durchführen:

1. Sie halten die Rute direkt über das Medikament, das Essen etc. und warten nach dem Stellen der Frage geduldig den Ausschlag ab.
2. Die andere Methode funktioniert mit dem Tester/Detektor: Sie halten den Detektor an das Medikament etc. und die Rute (Arm in Hüfthöhe) in den Raum. Die Fragestellung ist die gleiche.

Soweit besteht Ähnlichkeit zum Kapitel »Medikamenteneinnahme«. Sie können aber auch, was die Verträglichkeit gezielt für Sie betrifft, direkter abfragen: »Ist dieses Medikament gut für ... (z.B. die Galle/die Leber/den Magen)?« Dabei kann dann zwar eine JA-Aussage kommen, es kann aber sein, daß Sie bei der Abfrage nach möglichen Nebenwirkungen etc. keine JA-Antwort von der Rute erhalten. Ein solcher Fall kann beispielsweise bei einem Präparat gegen Kreislaufstörungen vorliegen, welches gleichzeitig die Nieren angreift.

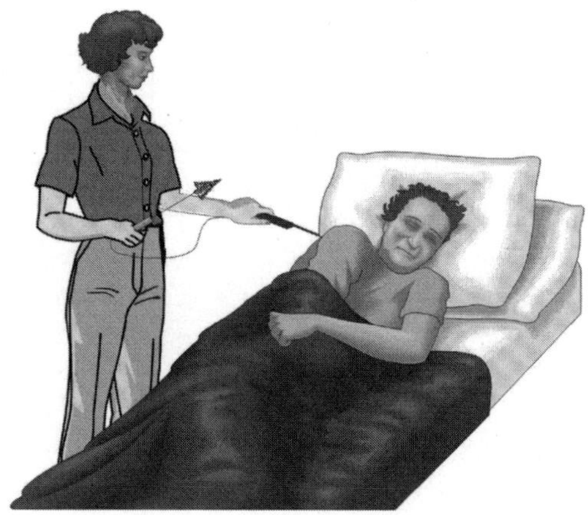

Sprechen Sie dann auf jeden Fall mit Ihrem behandelnden Arzt oder Heilpraktiker über das Medikament (oder auch die Ernährung). Meist finden Sie bei Medikamenten entsprechende Hinweise auf dem Beipackzettel. Diesen Test auf Verträglichkeit gilt es um so mehr anzuwenden, je schlechter es um Ihre Gesundheit bestellt ist. Sollte bei Ihnen ein solcher Problemfall vorliegen, wäre es zweckmäßig, daß eine andere Person diese Tests für Sie durchführt. In einem solchen Fall kommt besonders der Detektor mit Abtastkabel und Rute zur Anwendung.

Zur Zeit mag es manchem noch unverständlich sein, warum man Rute und Pendel anwenden soll: Aber der Pfad, auf dem wir uns befinden, wird breiter und breiter von Tag zu Tag.

P. Walz

Verwerfungen

Unter Verwerfungen versteht man einen Riß oder Bruch in der Erdkruste, mit anderen Worten: Verschiebungen der Gesteinsschichten. Dadurch entstehen, an der Erdoberfläche feststellbar, geologische Störungen, ähnlich denen von Wasseradern. Die Verwerfung kann nach allen Richtungen verlaufen. Verschiebungen der Erdkruste können auch Erdbeben auslösen.

Über Verwerfungen stellen Radiästheten mit der Rute verstärkte Radioaktivität fest (z.B. als Radonemanation). Werden bei den radiästhetischen Abfragen Verwerfungen festgestellt (»Liegt hier ... eine Verwerfung vor?«), so ist es angezeigt, diesem Platz auszuweichen. Gleichzeitig sollten Abschirm-Maßnahmen mit Biogeneratoren oder ähnlichen Hilfsmitteln unternommen werden. Verwerfungen sind in gebirgigen Gegenden häufiger anzutreffen als im Flachland.

Verwerfungen

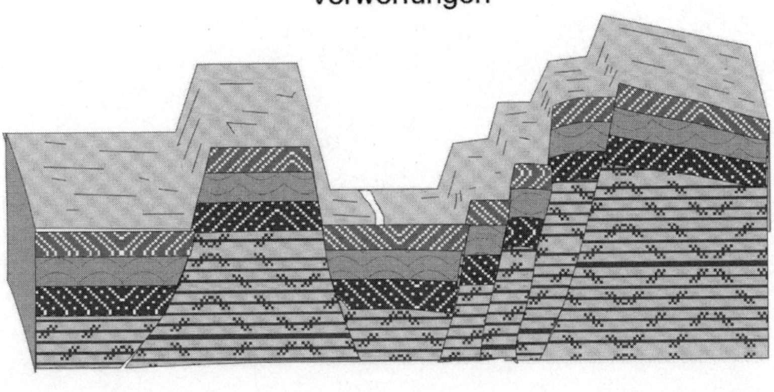

> *Die Tatsache, daß die Radiästhesie zu verblüffenden Ergebnissen und Einsichten führt, ist noch lange kein Grund dafür, daß wir jeden Sinn für das Maßhalten und den gesunden Menschenverstand verlieren.*
>
> Abbé Mermet

Volksmund

Der Volksmund sagt es in Spruchweisheiten, ob man sich in der Nähe von Bäumen bei Gewitter aufhalten soll:

Buchen sollst du suchen,
Eichen sollst du weichen,
Fichten sollst du flüchten,
Linden sollst du finden (Dorflinde),
Tannen sollst du rennen,
Weiden sollst du meiden.

Doch der Volksmund irrt hier. Der Grund ist, daß unter Bäumen Wasseradern verlaufen können, denen man bei Gewitter besser aus dem Weg geht. An Kreuzungen von Wasseradern schlägt der Blitz besonders gern ein.

Beim Pendeln und Ruten muß man sich voll auf das konzentrieren, was man abfragen möchte. Durch die gesammelte Aufmerksamkeit und den Gebrauch des Verstandes und der Sinne entsteht eine radiästhetische Abdichtung gegen alles, was nicht Gegenstand der Untersuchung ist. Es geht dabei um einen ganz passiven Willen und eine geschärfte aktive Empfindsamkeit.

> *Ich wünsche nicht, ich will empfindsam werden für die Ausstrahlung, zum Beispiel einer Wasserader, mit Ausschluß jeder anderen Strahlung.*
>
> Candi

Wahrnehmung

Hinsichtlich der normalen Wahrnehmung, d.h. der Aufnahme von Sinneseindrücken, werden in der Literatur sechs Sinne unterschieden: Hör-, Riech-, Fühl-/Tast-, Geschmacks-, Seh- und Temperatursinn. Nach dieser Aufzählung handelt es sich bei der Wahrnehmung im Bereich der Radiästhesie um den sogenannten »7. Sinn«, d.h. um den Sinn für paranormale Phänomene und Fähigkeiten (PSI-Phänomene).

Nach Meinung der Mediziner ist in anderer Weise zu unterscheiden:

Sinnesorgan	**Empfindungen**
Gesichtssinn	Helligkeit, Dunkelheit, Farben
Temperatursinn	Kälte, Wärme
Mechanischer Sinn der Haut	Druck, Berührung
Gehörsinn	Töne, Tonqualität
Statokinetischer Sinn (Gleichgewichtssinn)	Körperlage, -beschleunigung, Kraftempfindung, relative Lage
Geruchssinn	Gerüche, chemische Substanzen
Geschmackssinn	süß, bitter, salzig, sauer
Schmerzsinn	Schmerz

Wie Sie unschwer erkennen, fehlt auch bei dieser Auflistung die außersinnliche Wahrnehmung. Die medizinische Physiologie hat für die Radiästhesie keine Erklärung.

Bei allem, was wir tun und tun möchten, gibt es nur die Grenze, die wir uns selbst setzen. Unsere Welt, von der wir reden, in der wir leben, entsteht in unserem Mental (Geist).

Wasser

Gemeint ist hiermit gesundes, sauberes Trinkwasser; meistens ist das Wasser, das wir täglich trinken, ob es nun aus der kommunalen Wasserversorgung stammt oder aus Wasserflaschen, alles andere als wirklich gesund und sauber. Verunreinigungen des Trinkwassers sind inzwischen fast »an der Tagesordnung«.

Trinkwasser-Belastungen können bestehen aus: Aluminium, Arsen, Asbest, Blei, Cadmium, Chlorverbindungen, Dioxin, Eisen, Kalium, Kalzium, Magnesium, Natrium, Nitrat, organischen Stoffen (Bakterien), Pestiziden, Phosphaten, radioaktiven Stoffen, Schwebestoffe, Schwefelverbindungen, Trichloraethylen, Trihalomethanen u.v.a.m.

Zwar gibt es in Deutschland eine Trinkwasserverordnung, in der die Grenzwerte für Schadstoffbelastungen im Trinkwasser festgelegt sind, jedoch: Diese Grenzwerte sind in einigen Fällen bedenklich hoch angesetzt (andere Länder haben niedrigere Werte) und manchmal können die Wasserwerke die Grenzwerte aus technischen Gründen nicht einhalten.

Wasser ist indes unser wichtigstes Lebensmittel. Unser Körper besteht zu 60 bis 70 Prozent aus Wasser, also aus dem, was wir trinken. Wasser ist daher ein wesentlicher Schlüssel für die meisten Körperfunktionen, wie Blutkreislauf, Nahrungsaufnahme, Verdauungssystem, Temperatursteuerung. Die Reinheit des Wassers ist wesentlich für unser Wohlbefinden, für den Fortbestand der Menschheit.

Neben der Möglichkeit, Wasser abzukochen, Ionenaustausch- und/oder Kohlefilterdestilliergeräte einzusetzen – manche Hersteller solcher Geräte versprechen eine Menge an Leistung –, gibt es auch hier wieder die individuelle Lösung mit Hilfe der Radiästhesie. Das gilt für Allergiker, Neurodermitiker, Kinder, Alte und Kranke in besonderem Maße.

Man sollte zum einen nur frisch gefiltertes Wasser verwenden. Abgestandenes Wasser als Trinkwasser kann durch Bakterien verunreinigt sein. Zum anderen sollte erst jetzt die Rute oder das Pendel verwendet werden. Denn wie gesagt: Wasseraufbereitung ist eine subjektive Lösung, die sich auch von Zeit zu Zeit ändern kann, je nach Befinden (siehe auch Kapitel »Säure-Basen-Gleichgewicht«).

Wie gut auch immer der eingesetzte Wasserfilter ist: Sie können damit nur in sehr geringem Maße die Qualität des Wassers (gemessen in Bovis-Einheiten), den Gehalt der Plus-/Minusionen und den Säurewert verändern. Und gerade auf den Säure-Basen-Ausgleich kommt es in der Mehrzahl der Fälle – neben der Beseitigung der Schadstoffe – an. Und gelegentlich muß auch der Filter in der Anlage gewechselt oder gereinigt werden.

Wenn Sie also, von Ihrem gesundheitlichen Befinden her, bereits leicht sauer sind (und die meisten Menschen neigen aufgrund der modernen Lebensweise dazu) sollten Sie kein auch nur leicht saures Wasser trinken. Dadurch steigt der Säurewert Ihres Körpers weiter an (d.h. der pH-Wert sinkt). Um dieser Tatsache ein für alle Mal zu entrinnen, mein Tip: Verwenden Sie künftig als tröpfchenweisen Zusatz das hochenergetische »Himalaya-Wasser«, und geben Sie damit Ihrem Trinkwasser den letzten Pfiff.

Hierbei handelt es sich um eine ganz individuelle Lösung. Nachdem Sie mit einem hochwertigen Filter die Schadstoffe entfernt haben, entscheiden Sie anschließend mit der Rute, ob das Wasser für Sie verträglich/bekömmlich ist oder nicht. Dabei entscheidet sich, ob Sie Himalaya-Wasser dazugeben müssen oder nicht.

Wenn JA, d.h. wenn das gereinigte Wasser für Sie zu sauer ist, erst dann geben Sie zwei bis drei Tropfen auf einen halben Liter Wasser, um das leicht saure Wasser in den alkalischen Bereich zu kippen, um damit auch die letzten Zweifel der Ungenießbarkeit auszuräumen (Lieferant Firma Markt-Kommunikation GmbH).

Bedenken Sie, daß sich das Säure-Basen-Gleichgewicht täglich ändern kann. Außerdem ist das Filtern des Wassers nicht Bedingung, bevor Sie den Zusatz des Himalaya-Wassers vornehmen. Sie können Himalaya-Wasser natürlich auch einfach einer gekauften Flasche Wasser zusetzen. Aber optimal ist diese Lösung eben nicht. Vielleicht haben Sie jedoch gutes Quellwasser und müssen über keine Verbesserung der Wasserqualität nachdenken.

➲ **Merke:** Der Geschmack von Sprudelwasser lässt sich verbessern, wenn man ein Glas mit dem Wasser vor dem Trinken einige Zeit auf eine Tachyonenscheibe stellt.

> *Höhere Dimensionen entziehen sich dem wissenschaftlichen Zugriff. Viele wissenschaftliche Einsichten sind in veränderten Bewußtseinszuständen gewonnen worden.*
>
> H. Bender

Wasseradern

Wasseradern sind unterirdische Wasserläufe mit verschiedensten Ausmaßen. Abhängig von der geologischen Formation (Lehm, Sand, Schotter, Gestein) ist der Wasserlauf mehr oder weniger kanalförmig. Wasseradern, die gesundheitsschädigende Einflüsse ausüben, liegen zwar meist relativ dicht an der Erdoberfläche, sie können unter Umständen aber auch in einer Tiefe von 200 Metern und mehr liegen.

1. Die geopathische Wirkung von Wasseradern hängt ab von der durchfließenden Wassermenge und von der dabei u.a. entstehenden Reibungselektrizität, d.h. dem Zustand der geologischen Formation, durch die das Wasser fließt. Wasseradern stellen von allen möglichen terrestrischen Einflüssen die bedeutsamsten Störzonen dar. – Stehende Gewässer (unterirdische Seen etc.) üben in diesem Sinne keine negativen Störwirkungen aus. Ebenso stellt Wasser selbst in der Regel keine Störzone dar.
   Wasseradern sind für den Rutengänger gekennzeichnet durch je zwei Ankündigungszonen rechts und links von der Haupt- oder Schwerpunktzone. Die Schwerpunktzone ihrerseits ist abgegrenzt durch je eine Kantenzone. Die Lage und die Breite der einzelnen Zonen ist von der Tiefe, den Bodenschichten und der Bodenbeschaffenheit abhängig (vergleiche hierzu die nachstehende Abbildung), was aber nur bei Brunnenbohrungen von Bedeutung ist:

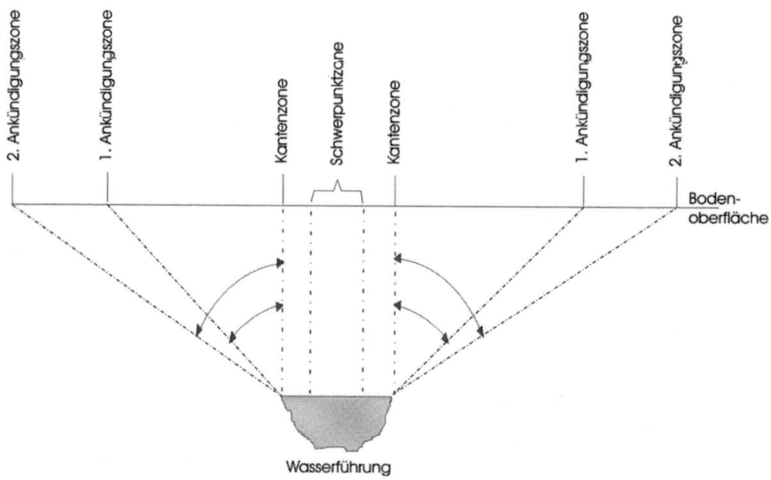

Die vorstehend genannten Zonen lassen sich mit der Rute im Gelände einwandfrei abfragen und erkennen. Es gibt dazu drei brauchbare Verfahren (für die Rute), bei denen Sie den zu untersuchenden Platz langsam abschreiten (siehe Kapitel »Feld-Begehung«):

(1) die mentale Abfrage
(2) die Abfrage mit Testampullen
(3) die Abfrage mit der Grifflängentechnik an der Lecherantenne

Wasseradern existieren überall unter der Erdoberfläche und wir alle »erleben« sie z.B. bei einem Spaziergang im Wald und auf dem Feld. Bei den Spaziergängen halten wir uns jedoch nur kurz darüber auf, das beeinträchtigt die Gesundheit eines Menschen nicht. Das Problem setzt erst bei einem längeren täglichen Aufenthalt auf einer solchen Ader ein (z.B. am Arbeits- oder Schlafplatz).
Es ist allerdings nicht die wasserführende Ader als solche, welche die gesundheitliche Beeinträchtigung bewirkt, sondern die Reibungselektrizität, die an den Randzonen entsteht. Der Randstreifen selbst ist energetisch neutral. Es ist Reibung des Wassers an den Wänden der Ader, woraus die zwar schwachen aber stetigen elektromagnetischen Wellen stammen.
Hinzu kommt – neben den schädlichen Wirkungen von den Randzonen der Wasserader –, daß Wasseradern sich in der Natur kreuzen. Kreuzen sich zwei (oder mehr) Wasseradern in unterschiedlicher Tiefe, entstehen sogenannte stehende Wellen, die eine zigfach höhere Strahlungsintensität aufweisen können als »einfache« Wasseradern.
Bei Schlafplatzuntersuchungen ist es deshalb immer notwendig, Kreuzungen von einfachen Wasseradern zu trennen. Kreuzungen kann man eigentlich nur ausweichen, Wasseradern kann man entstören. – Wasseradern können auch Kreuzungen mit Verwerfungszonen bilden; auch diesen Kreuzungen sollte man besser ausweichen.

2. Hat man die Wasserader genau nach Lage und Fließrichtung des Wassers bestimmt, gibt es – neben der Schlafplatzbestimmung – noch den anderen Fall, daß Wasser für eine Brunnenbohrung gesucht wird. Dazu sind dann zusätzlich von Bedeutung: die Wassertiefe (in m), der pH-Wert des

Wassers, die Mächtigkeit des Wasserlaufes (in dm), die Wasserhärte (in Grad), die Ergiebigkeit der Wasserverfassung (in m^3/h), den Gehalt von Fe, Mn, Ca (in mg/l) sowie die Kolititer (Bak/ml).

In seinem Artikel »Hilfsmittel der radiästhetischen Praxis« hat Dipl.-Phil. Leszek Matela dazu ein sehr schönes, von ihm geschaffenes Hilfsgerät vorgestellt. Es ist ein Stab mit sechs Flächen (Sechskant-Stab) und auf jede dieser Flächen ist in der Art einer Bovis-Skala einer der vorstehenden Begriffe als Skala abgetragen/aufgeklebt. Damit läßt sich dann vortrefflich die Feinabstimmung im Gelände machen (vgl.: RGS-Zeitschrift, Nr. 195, Jahrgang 39).

3. Zur Wirkung von Wasseradern in der Natur läßt sich sagen: Der Wuchs von vielen Pflanzen wird durch Wasseradern ungünstig beeinflußt (Strahlenflüchter). Jeder Baum mit Geschwulsten und Misteln in den Zweigen steht über einer Wasserader. Wildwechsel verlaufen immer über Wasseradern.
Sowohl im Pflanzen- als auch im Tierreich gibt es neben den Strahlenflüchtern auch Strahlensucher (vgl. entspr. Kapitel). Ameisen erstellen zum Beispiel ihre Bauten nur auf Kreuzungen von Wasseradern, und ihre Straßen verlaufen auf Wasseradern. – Auch der Blitz schlägt nur dort ein, wo sich meist drei unterirdische Wasseradern kreuzen.

4. Sollten Sie unmittelbar an einem Flußlauf (offenes Gewässer) wohnen, so müssen Sie sich auch hier gegen Wasser schützen. An der Haus- bzw. Wohnungsseite, an der das Wasser vorbeifließt, zieht es Ihnen und Ihrer Familie Energie ab. Eine Möglichkeit, sich zu schützen, ist, an dieser Seite (auf die Fensterbank) mehrere Bergkristalle aufzustellen. Sie müssen diese jede Woche einmal unter Leitungswasser halten und dann in der Sonne trocknen, damit sie ihre Wirkung behalten.

Materie lässt sich als den Bereich des Raumes betrachten, in dem das Feld mit Energie extrem dicht ist. In der neuen Physik ist deshalb kein Platz mehr für beides, für Feld und Materie, denn das energiegeladene Feld ist die einzige Realität.

ALBERT EINSTEIN

Wein

Für Weintrinker wird es interessant sein, zu erfahren, wie man Wein auf seine Bekömmlichkeit testen kann, bevor man ihn kauft.

1. Zunächst einmal gibt es die Möglichkeit der Stoffprobe, d.h. mit der Rute abfragen: »Ist dieser Wein für mich bekömmlich?« Auf diesem Weg kann man ihn auch gleich auf Nebenwirkungen (ob der Wein, z.B. aufgrund von Klärungsprozessen, Histamin enthält) abfragen.

2. Zum anderen kann man die Qualität des Weines anhand der Biometer-Skala feststellen (sensibilisieren Sie sich zuvor auf die Werte der Bovis-Skala). Liegt der Wein bei etwa 7.000 Bovis, dann ist er von der Qualität her gut bekömmlich. – Diese Abfrage funktioniert bei allen Weinsorten.

Die in den 80er Jahren durch die Presse gegangene Affäre »gepanschter Wein als Spätlese«, der sogenannte Glycolskandal (Glykol = Frostschutzmittel), hätte radiästhetisch ohne großen Aufwand – wie vorstehend beschrieben – ermittelt werden können. Dann hätte man, wenn man es denn gewusst hätte, fragen können: »Enthält dieser Wein Glycol?« – Da man möglicherweise beigesetzte Substanzen jedoch nie (vollständig) kennt, hätte man nur fragen brauchen: »Enthält dieser Wein irgendwelche Beimischungen?« Oder einfach: »Ist dieser Wein für mich bekömmlich?«

➲ **Merke:** Mit Hilfe der Rute (oder dem Pendel) kann man ohne aufwendige Labortests seine Gesundheit schützen!

In den »Pensées« beklagt sich der französische Philosoph Pascal darüber, daß der Mensch nur für die kleinen Dinge sensibel ist, jedoch nicht für die großen, und er fragt sich, warum das so ist. Er kommt dann zu dem Schluß: Vielleicht liegt es darin begründet, daß der Mensch seinem kleinen Ich eine zu große Bedeutung beimißt.

Wissenschaftlicher Nachweis

Die Existenz von Erdstrahlen konnte erstmals wissenschaftlich nachgewiesen werden. Ein Wiener Professorenteam der Fachbereiche Orthopädie, Innere Medizin, Chemie, Physik, Biologie u.a. legte nach einer Forschungszeit von zwei Jahren ein Dokument von mehreren hundert Seiten vor.

Das Ergebnis in Stichworten: 985 Versuchspersonen wurden nach vorausgegangener, radiästhetischer Ortung für die Dauer von 10 Minuten auf pathogene Stellen gesetzt. Die Folge: Bereits nach dieser kurzen Zeit konnten durch komplizierte Meßverfahren signifikante körperliche Belastungen nachgewiesen werden.

Jedermann kann sich jetzt ausmalen, welche bösen Folgen erst ein jahrelanger Aufenthalt auf solchen Störzonen hat. Übrigens wurden ausschließlich streng wissenschaftliche »Blindversuche« durchgeführt, d.h. weder der untersuchende Arzt noch die Versuchspersonen wußten, ob und wann sie sich auf einem gestörten Platz befanden (vgl.: F. Hirschmann, »Zeitschrift für Radiästhesie«, Heft III, 1990).

Das Leben des Menschen, ja alles Leben auf der Erde wird entscheidend von kosmischen Kräften bestimmt. – In den letzten Jahren haben Wissenschaftler aus aller Welt unabhängig voneinander Entdeckungen gemacht, die alle zu demselben Schluß führen: Starke kosmische, elektromagnetische, radioaktive Strahlungswellen beeinflussen unsere Welt, uns selbst und alles, was wir tun. Ein Netz unsichtbarer Kräfte verbindet uns und alles Leben auf der Erde, nicht nur mit der Sonne, dem Mond und den Planeten unseres Sonnensystems, sondern selbst mit den entferntesten Galaxien des unerforschten Weltraums.

G. L. Playfair

Zahlensymbolik

In der Gesamtheit der Darstellung sei auch noch etwas zur Zahlensymbolik (oder Zahlenmagie) ausgeführt. Es geht bei dieser Zusammenstellung um die Zahl Sieben:

Die Zahl Sieben ist in vielfältiger Weise in den Wissenschaften verankert:

- Sieben Hauptchakren
- Sieben hermetische Prinzipien
- Sieben innersekretorische Drüsen
- Sieben Weltwunder kennt die Menschheit.
- Sieben sichtbare Farben hat das Farbspektrum.
- Siebenarmiger Leuchter (Menora-Leuchter)
- Sieben Schöpfungsebenen (Septa Essentia)
- Ein Buch mit sieben Siegeln (... war der Mensch)
- Die Newton´sche Gravitätskonstante ist etwa 7 (6,6726).
- Der Ausgleich zwischen Alkalose und Azidose liegt bei pH 7.
- Nach sieben mal vier Tagen findet ein Mondwechsel statt.

Die vorstehend aufgeführten Beispiele haben überwiegend realen Bezug. Zudem behaupten Kenner (Kabbalisten), daß Zahlen auch geheime Kräfte innewohnen, besonders seit dem Aufkommen der Astrologie. – M. Talamo behauptet in seinem Buch »Das Rätsel des Foucaultschen Pendels«, dem Entschlüsselungsbuch zu Umberto Ecos Weltbestseller »Das Foucaultsche Pendel«, die Lektüre der Zahl und ihre symbolische Bedeutung sei ein privilegierter Weg zur Erkenntnis (angemerkt sei: Kabbala und Numerologie arbeiten auch mit Zahlen und Zahlenwerten.)

Die Deutungen zur Zahl Sieben lauten: Die Zahl Sieben schwingt im Einklang mit dem Planeten Neptun. Sie steht für Spiritualität, Sensibilität, Leben, Mitgefühl und das Geheimnisvolle (auch in der Musik die übermäßige Quarte, der Tritonus).

Die Arbeit mit Rute und Pendel kann gefährlich werden, wenn Stolz, Neugier, Unbeherrschtheit oder Gewinnsucht die Beweggründe sind. Wenn aber ein Christ ganz den Willen Gottes tun will, sich bei der radiästhetischen Arbeit durch das Gebet schützt, wenn er diese Instrumente also nur im natürlichen Bereich – für die Werke der Liebe –, z.B. zur Brunnensuche oder zur Wohnungsuntersuchung verwendet, so ist diese Arbeit auch von der Kirche gutgeheißen.

PAPST PIUS XII, 1942

Zellschwingung

Die Früherkennung von pathologischen Entwicklungen im Organismus, d.h. bevor sich der strukturell zelluläre Defekt bemerkbar macht, ist auch ein Anliegen der Radiästhesie. Je früher es möglich ist, die Veränderung von Zellschwingungen zu erkennen, sei es bei Grippe oder gar bei Krebs, desto größer sind die Heilungschancen.

Bekannt ist, daß die Vorgeschichte einer Erkrankung weit zurück liegen kann, d.h. daß der Zustand der Erkrankung nicht plötzlich entsteht, sondern sich unter Umständen über Jahre entwickelt. Im gleichen Maße wie eine Erkrankung zunimmt, nimmt die Zellenergie und damit die zelluläre Schwingung ab, was mit der Rute (oder dem Pendel) getestet werden kann. Die Verminderung der Zellschwingung kann mit Strahlungen jeglicher Art, aber auch mit ständiger Übersäuerung des Körpers der betreffenden Person zusammenhängen.

Nebenstehend finden Sie hierzu eine Abbildung, wie sich andauernde Zellbelastung, die beispielsweise beim Schlafen über einer Wasserader Nacht für Nacht besteht, entwickeln kann:

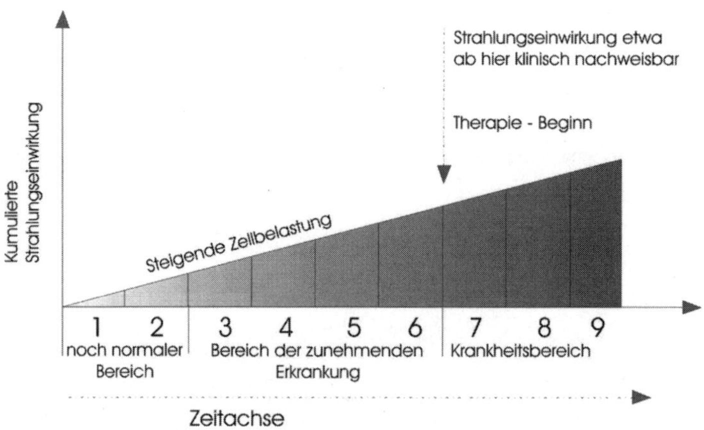

Zu den Feldern besteht folgende Zuordnung:

Feld 1 ohne erkennbare Symptome einer Erkrankung
Feld 2 erkennbare Disposition zur Erkrankung
Feld 3 diffuses Beschwerdebild, klinisch nicht faßbar
Feld 4 Beschwerdebild, klinisch nicht faßbar
Feld 5 Beschwerdebild, klinisch teilweise faßbar
Feld 6 Beschwerdebild, klinisch nachweisbar
Feld 7 Beschwerdebild, klinisch sicher feststellbar

Die vorstehenden Erläuterungen zum Verständnis der Zeitachse betreffen nicht zwingend gleich große Intervalle, denn die Entwicklung einer Erkrankung vollzieht sich nicht in gleich großen Abständen.

Die Testung erfolgt in der Weise, daß man an der anwesenden Person oder an einem Foto bzw. der Handschrift mit der Rute abfragt: »Liegt bei dieser Person eine Zellstörung der Stufe 1 vor?« Antwort »JA«. Man fragt dann weiter: »Liegt eine Zellstörung höherer Stufe vor?«, wenn JA, muß weiter hochgezählt werden.

Und vor allem: Reden Sie über das Ergebnis mit Ihrem Arzt oder Heilprakiker!

➲ **Merke:** Führen Sie eine solche Messung immer z.B. vor und nach einer Bettplatzsanierung durch, um den Erfolg der Bettplatzveränderung dokumentieren zu können.

> *Die wahre Natur des Menschen ist eine komplexe Verschmelzung der Energien der physischen, emotionalen, intellektuellen und spirituellen Ebenen, die eng verbunden, tatsächlich sogar eins sind mit der Gesamtsumme der kosmischen Energien.*
>
> DAVID V. TANSLEY

Zimmerpflanzen

Im Zusammenhang mit der Radiästhesie sei ein kurzer Ausflug in den Bereich der Zimmerpflanzen erlaubt. Pflanzen im menschlichen Wohnbereich (aber auch bei der Aussaat im Freien) reagieren grundsätzlich genauso auf die Störfelder ihrer Umwelt wie Menschen. Deswegen sollte man auch hier mit der Rute feststellen, ob der Standplatz für eine bestimmte Pflanze günstig ist oder nicht. Also abfragen: »Liegt hier ... ein Störfeld vor?« Und wenn JA, vielleicht ist es eine Pflanze, die auf einem bestimmten Platz besonders gut gedeiht, dann ist der Standplatz richtig.

Hinzu kommt noch ein weiteres wichtiges Element, nämlich das »Mit-den Pflanzen-reden«. Dabei kommt es nicht so sehr wirklich auf die Rede an, sondern vielmehr auf die Zuwendung ganz allgemein und regelmäßig. (Sie können auch nur einfach beide Hände über die Pflanze halten und – wie beim Reiki – mit Ihren Händen Energie auf die Pflanzen übertragen.) – Pflanzenzüchter haben festgestellt, daß Pflanzen auch eine Aura haben, und wenn sich der Mensch den Pflanzen liebevoll zuwendet, überträgt er sein Od den Pflanzen, was sie stark macht und an einer Ausweitung der Aura der Pflanzen mit der Rute festgestellt werden kann.

In den gleichen Zusammenhang gehört auch, daß Pflanzen nicht zu dicht beieinander stehen sollen, weil die Aura jeder Pflanze einen bestimmten Raum zur Ausdehnung braucht. Wo die Kraftfelder der Pflanze ineinander übergehen, schlägt die Rute mit einer Linksdrehung aus, d.h. der Platz reicht der Pflanze nicht. Das gilt auch bezüglich der »Sympathie« der Pflanzen untereinander. Es gibt Pflanzen, die vertragen sich einfach nicht! Stellen Sie also z.B. nie Rosen zu dicht neben eine Reseda.

Plazieren Sie daher Ihre Blumen nicht nur lichtmäßig günstig, sondern auch so, daß sich die Nachbarpflanzen immer harmonisch miteinander vertragen. Manche Pflanzen benötigen einfach mehr Platz, um sich richtig entfalten zu können. Beachten Sie auch, ob es sich um eine Pflanze der Art Strahlensucher oder Strahlenflüchter handelt. – Gutes Aussehen und reiches Blühen und gegebenenfalls schöne Früchte danken Ihnen die Mühe.

Verschiedene Pflanzen sind Schadstoffvernichter: Während sie Schadstoffe aufnehmen, geben Sie Sauerstoff und Feuchtigkeit an die Luft ab. Zu diesen Pflanzen gehören:

Pflanzenname	Formaldehyd	Benzol	Kohlendioxyd	Trichloräthylen
Efeutute	x	x	x	-
Efeu	-	x	-	x
Grünlilie	x	-	x	-
Einblatt	-	x	-	x
Drachenbaum	x	x	-	x

➲ **Merke:** Blumen im Büro sollten nicht zu dicht am Computer oder dem Fax-Gerät stehen, das ist in der Regel für die Pflanzen schädlich. Wichtig ist auch, daß die Pflanzen in einem Tontopf und nicht in einem Kunststofftopf stehen.

Das Muster oder die Organisation eines biologischen Systems wird von einem komplexen elektrodynamischen Feld gebildet; diese Feld wird einesteils durch seine atomaren physiochemischen Komponenten bestimmt, zum anderen Teil legt es selbst Verhalten und Orientierung dieser Komponenten fest. Physikalisch gesehen ist es ein elektrisches Feld und ordnet durch seine Eigenschaften die Komponenten des biologischen Systems zu einem charakteristischen Muster; außerdem ist es selbst teilweise ein Resultat dieser Komponenten. Es bestimmt sie und wird durch sie bestimmt.

HAROLD SAXTON BURR

Zum Schluß

Wahrscheinlich haben Sie beim Durcharbeiten des Buches festgestellt, daß die beiden Bände »Pendel-Welten« und »Das Praxisbuch der Einhandrute« nicht nur den üblichen Ansatz zum Arbeiten mit Rute (und Pendel) liefern, sondern auch einen Einstieg in die Medizin des nächsten Jahrhunderts, genannt Schwingungsmedizin, und deshalb alternative Methoden und Heilweisen aufzeigen.

Sie sollten sich deshalb unter dem Gesichtspunkt »der Medizin des nächsten Jahrhunderts« die nachstehend genannten Kapitel besonders ansehen. Sie wissen, daß die Naturwissenschaft dazu tendiert, gerade die Aspekte der Erfahrung zu vernachlässigen, die in diesem Buch angesprochen werden, und so zu tun, als seien sie weniger real:

- Aura
- Aura-Soma
- Bioenergetische Kräfte
- Blütenessenzen
- Chakren
- Edelsteine
- Energieanalyse
- Farben
- Kinesiologie
- Medizin
- Potenzen, homöopathische
- Meridianenergetisches System
- Schwingungsmedizin

Nachstehend werden die in diesem Buch gemachten Ausführungen noch einmal anhand einer Grafik ergänzt. Es soll damit gezeigt werden, wie die in den einzelnen Kapiteln beschriebenen Vorgehensweisen auf den menschlichen Körper wirken, d.h. auf welchen Ebenen die einzelnen Therapien greifen. Motto: Ein Bild sagt mehr als tausend Worte.

Die Wirkung der feinstofflichen Kräfte – links in der Grafik abbauend, rechts in der Grafik aufbauend – wird durch die gewählte Form der Darstellung gut verdeutlicht. Auch gelang es – in der Mitte – recht gut, das dem Menschen zugrunde liegende komplexe Energiesystem abzubilden, welches die Gesundheit des physischen Körpers beherrscht.

In diesem Geäst von Pfeilen, Kraftfeldern und Therapien kann man nur arbeiten, wenn man die Radiästhesie beherrscht; das gilt für Sie selbst und für andere. Auf dem deutschen Markt gibt es über dieses Gebiet bislang wenig praktisch umsetzbare Veröffentlichungen, weder über die medizinische Bedeutung noch über das Bioenergiefeld.

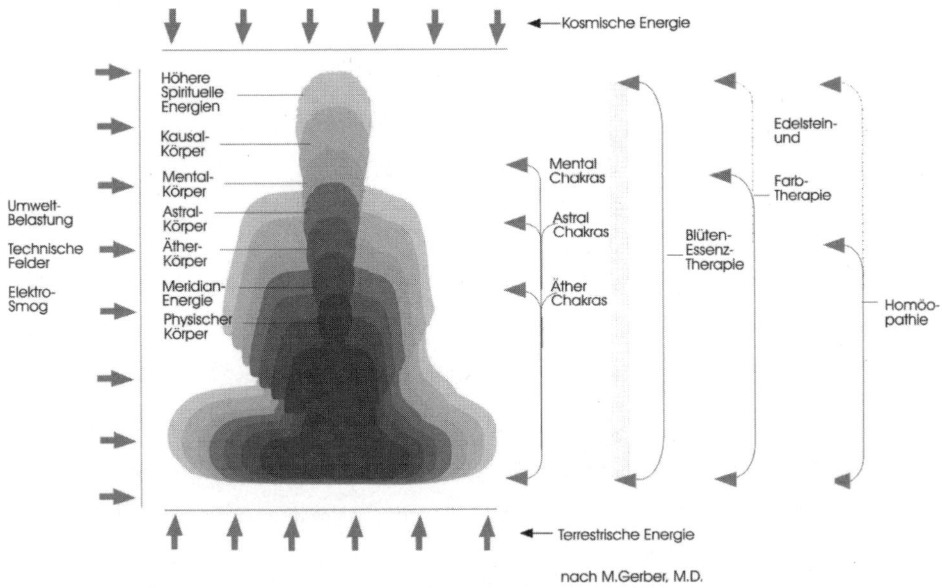

Krankheit ist nicht immer etwas so Grobstoffliches wie eine bloße Funktionsstörung in bestimmten Zellen, sondern oft etwas wesentlich Feinstofflicheres, Subtileres, das mit der grundlegenden Teilbarkeit der Materie im Zusammenhang steht. Der Mensch besteht aus einer Reihe von Hochfrequenz-Energiesystemen. Radiästhesie ist der Weg, um zu einem tieferen Verständnis unseres Seins zu kommen.

Die Weiterentwicklung der Medizin zum Wohle der Menschheit ist deswegen so wichtig, weil die Umwelt-Belastungen und damit die gesundheitlichen Störungen ständig steigen. Als Umwelt-Belastung werden angesehen:

- allergische Anhäufungen im Körper
- ernährungsmäßige Defizite
- geopathischer Streß
- psychologischer Streß
- extreme Temperaturschwankungen
- biologische Umweltverschmutzungen
- mikrobiologische Verunreinigungen
- Niederfrequenzschwingungen (ELF-Wellen)
- Elektromagnetische Verunreinigungen (Elektrosmog)

Das Wesen einer Krankheit bleibt solange etwas Unbekanntes, bis wir das wahre Heilmittel gefunden haben. – Wir können nichts, gar nichts von dem Wesen der Krankheit erkennen als auf dem Wege der Beobachtung.

J. G. RADEMACHER

Sollten Sie einen für Sie wichtigen Hinweis im Buch vermissen, bemühen Sie sich, das gesamte Buch systematisch durchzuarbeiten. Manchmal erhellt sich etwas erst bei nochmaligem Durcharbeiten. Oder versuchen Sie, bestimmte Verfahren, die an anderer Stelle beschrieben wurden, einfach auf das für Sie bestehende Problem zu übertragen. Sie werden feststellen, Radiästhesie ist einfach, wenn man erst mit Rute und/oder Pendel umgehen kann, und wird noch einfacher, wenn man sich in vielen Teilgebieten auskennt, die im Buch beschrieben sind.

Auf jeden Fall wünsche ich Ihnen »viel Hunger« für neugierige Testungen und das Gewinnen von neuen Erkenntnissen!

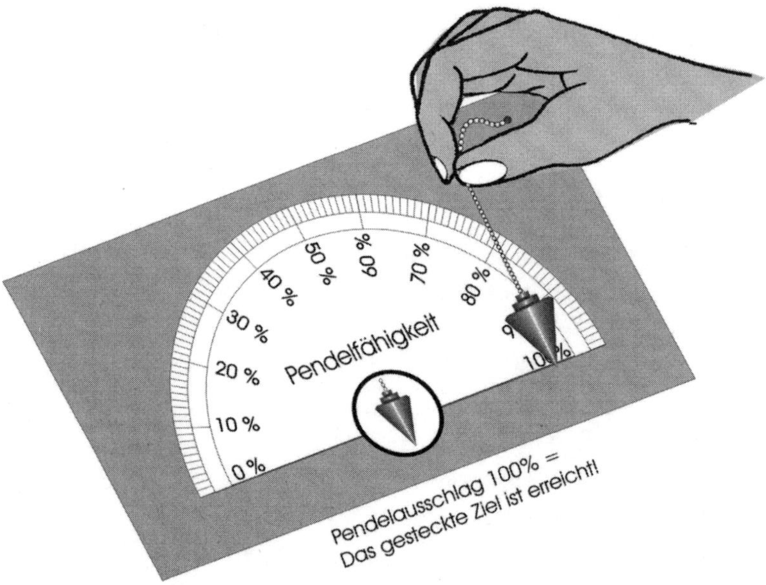

C. Glossar

Nachstehend finden Sie Erklärungen für einige gängige Begriffe der radiästhetischen Terminologie. Sie stammen vorwiegend aus der Physik, aber auch zu Teilen aus den Bereichen Medizin, Alternativmedizin und Grenzwissenschaften:

- A -

Abladepunkt

Ein bestimmter Punkt/eine bestimmte Zone, auf dem der Energieentzug stattfindet. Die meßbare Energie (des → Energiekörpers) verringert sich nach einer gewissen Einwirkungsdauer, z.B. bei einem Aufenthalt auf → Wasseradern, bei → Reizzonen. – Gegensatz: → Aufladepunkt

Abschirmen

Das Abschirmen gegen Störzonen, → Erdstrahlen etc. ist nur unter erschwerten Bedingungen möglich. Man kann Strahlung nicht dauerhaft beseitigen. Immer bietet sich aber ein Umlenken der Strahlung mit schlecht leitendem Material an. Besser ist, die Einflüsse zu → neutralisieren, wozu es neuerdings Möglichkeiten gibt (siehe Anhang).

Akupunktur

Therapieform der traditionellen chinesischen Medizin. Die als geeignet ausgewählten Punkte auf der Körperoberfläche (auf Leitbahnen, d.h. den Meridianen festgelegt) werden mit dünnen Nadeln gestochen und damit tonisiert oder sediert. → Meridian

Alpha-Welle

Alpha-Wellen (eine der vier Haupt-Hirnströme) lassen sich radiästhetisch mental nachweisen. Sie treten in einem normal funktionierenden Körper im Zustand der Ruhe, der Entspannung (Meditation) auf. → Wellenbereiche. – Abzugrenzen von Alpha-Strahlung, die bei natürlicher und künstlich erzeugter Radioaktivität auftritt.

Alternativmedizin (Komplementärmedizin)

... umfaßt Verfahren wie Eigenblutbehandlung, Akupunktur, Heilkräuter, Pendeldiagnose, Fußreflexzonenbehandlung, Aderlaß, Thymustherapie, Antlitzdiagnose, Naturheilkunde, Badezusätze, Eigenharnbehandlung, Symbioselenkung, Mayr-Kuren, Pulsdiagnose, Differentialblutbild, Frischzellen etc. Die Abgrenzungen sind nicht immer eindeutig.

Amplitude

Der Begriff ist das Maß einer harmonischen Schwingung oder Welle für den ganzen Weg des Ausschlags vom Ruhepunkt bis zum äußersten Ausschlag, z.B. eines Pendels. Die Amplitude wird zur Berechnung der Intensität einer → Schwingung/Strahlung verwendet. Je höher die Amplitude, desto mehr Energie besitzt die Welle.

Ankündigungsstreifen

Bekannt sind auch die Begriffe Ankündigungszone, Randzone, Uferzone. Es handelt sich hierbei um die Strahlung bei Wasseradern aus dem Untergrund. Der erste und der zweite Ankündigungsstreifen ist ein Schrägstreifen (im Winkel von 60° bzw. 45°), der aus dem Erdboden kommt (im Gegensatz zur Schwerpunktzone, die nahezu senkrecht steht). → Wasserader

Anomalie

Abweichung vom Normalen, oft mit Bezug zu etwas Negativem, einem Mangel, so z.B. in der Landschaft durch eine Verwerfung oder in einem Raum durch → Kreuzungspunkte/→ Reizstreifen. Es liegt geophysikalisch ein begrenztes Gebiet vor, in dem das erdmagnetische Feld von einem Normalwert abweicht. Reizzonen werden auch als Bodenanomalie bezeichnet.

Antenne

... bedeutet Stange, Fühler (lat.); in der Zoologie werden damit die Fühler von Insekten, Krebsen etc. bezeichnet. – In der Radiästhesie werden verschiedene Meßinstrumente, wie → Pendel und → Rute als Antennen bezeichnet, weil damit die Strahlung/Schwingung besser erfühlt werden kann. Auch der Mensch kann als Antenne/ Empfänger von Wellen verstanden werden. – Technisch handelt es sich um Einrichtungen zum Empfangen und Senden von → elektromagnetischen Wellen (Radio, Fernseher, Mobilfunk).

Aromatherapie

... arbeitet unter Anwendung von Blumen-, Kräuter- oder Baumölen bzw. -harzen. Diese Öle und Harze können zwar auch eingenommen werden, werden aber vor allem eingerieben und inhaliert (oder feinstofflich eingeschwungen).

Astralkörper (Astralleib)

Der Astralkörper führt auch die Bezeichnung Emotionalkörper (2. Hülle). Er ist bei Mensch und Tier feststellbar. Durch den Astralkörper werden die Emotionen erfahren. Hier findet die Polarität von Freud und Leid, von Mut und Angst statt. Er ist Sitz des Gedächtnisses und der Erinnerungen. Sensitive Menschen können diese Sphäre erfühlen oder auch sehen. Er umschließt den physischen Körper und den Ätherkörper.

Astrologie

... stellt gesammeltes Wissen zur Deutung des als bewiesen geltenden Zusammenhangs zwischen den Gestirnen und dem Leben auf der Erde, einer Person, eines Staates, dar. Astrologie versteht sich so, daß man aus der Konstellation der Sterne die Mächte, Schicksale und Geschicke ablesen kann.

Ätherkörper (Ätherleib)

Der Ätherkörper (1. Hülle) stellt ein Energiefeld mit magnetischem Charakter dar. Er ist die dichteste feinstoffliche Ebene bei Menschen, Tieren und Pflanzen. Für das bloße Auge ist er nicht sichtbar. Russische Wissenschaftler nennen ihn → Bioplasma. Der Ätherkörper vitalisiert und energetisiert den → physischen Körper. Im Ätherkörper befindet sich der Sitz der → Chakren.

Atlantiskreuz

Ägyptisches Kreuz, das für Lebenskraft und ewiges Leben steht. Es hat nach unten zwei »Schenkel«, mit denen es schwarze und weiße Schwingungen aussendet, die eine energetisch aufbauende Wirkung haben. Der obere Balken ist durch eine Schlaufe ersetzt. Je größer das Atlantiskreuz ist, desto mehr Energie spendet es.

Aufladepunkt/Aufladung

Geographischer Punkt zum Aufladen in bestimmten Wellenbereichen. Die meßbare Körperenergie vergrößert sich nach einer gewissen Einwirkungsdauer, so z.B. in alten Kirchen und Kultstätten oder an Bäumen. – Gegensatz: → Abladepunkt.

Aura

Feinstoffliches Strahlungsfeld, mehrschichtige Hülle, besonders um den Körper von Menschen (aber auch bei Tieren und Pflanzen feststellbar). Beim Menschen unterscheidet man u.a. → Ätherkörper, → Astralkörper und → Mentalkörper. – Die Ausdehnung der einzelnen Schichten ist mit der Rute testbar. → Chakra. Die Aura steht in Bezug zum vegetativen Nervensystem.

Aura-Soma

... ist ein ganzheitliches Heilverfahren, das Duftstoffe, Edelsteine, Farben und Heilkräuter verwendet, wodurch die Aura und der Soma (körperlicher Bereich) harmonisiert werden können. Über 120 verschiedene Aura-Soma-Produkte sind mittlerweile verfügbar.

Außersinnliche Wahrnehmung (ASW)

Bezeichnung für Erscheinungen, die nicht mit den normalen 6 Sinnen wahrgenommen werden können. ASW bezieht Hellsehen, Hellhören, Telepathie, Präkognition und manche andere Art der Wahrnehmung mit ein.

- B -

Bachblüten

Eine von dem englischen Arzt Dr. E. Bach entwickelte Wildpflanzen- und Blütentherapie. Sie verwendet wäßrige Auszüge von 38 wilden Pflanzen und Bäumen, wie Heckenrose, Holzapfel, rote Kastanie. Die verdünnten Blütenessenzen werden meist eingenommen und sollen auf feinstoffliche Weise bei Gemütsleiden reinigen, klären und harmonisieren.

Balancieren

Begriff, der meist im Zusammenhang mit der Anwendung der Schwingungstherapie gebraucht wird. Mit dem Einsatz von → Frequenzen/Schwingungen zu Heilzwekken wird ein Balancieren, d.h. Ausgleichen, der im Patienten vorhandenen Schwingungen angestrebt, um die Selbstheilungskräfte zu aktivieren.

Beziehungstest

Mit diesem Test wird versucht zu bestimmen, ob die Schwingung zweier Substanzen gleich ist, d.h. ob die erzeugte oder gefertigte Frequenz mit einem Gegenstand oder einem Original übereinstimmt. Bei Entsprechung liegt frequenzmäßige Übereinstimmung (bei gleicher Polarität) vor (ansonsten Trennung).

Beta-Welle

Beta-Wellen (Hirnströme) lassen sich radiästhetisch mental nachweisen. Sie gehören zu den vier Hauptgehirnströmen des Menschen und treten bei leichtem Schlaf auf. → Wellenbereich. – Abzugrenzen von Beta-Strahlung, die von radioaktiven Stoffen mit nahezu Lichtgeschwindigkeit ausgestoßen wird.

Bioelektrische Feinströme

Die von einem → Radiästheten beim Testen aufgenommenen Schwingungen sind bioelektrische Feinströme, die bestimmte Nervenzellen in → Resonanz (→ Resonanzenergie) setzen. Der Organismus des Radiästheten hat dabei die Funktion einer Empfangsantenne; die Rute ist das Anzeigeinstrument. Hochsensible Menschen können die Strahlung auch mit der bloßen Hand fühlen (d.h. mittels der Möglichkeit, einen Kälte- oder Wärmeeindruck wahrzunehmen).

Bioenergie

Bezeichnung für die kosmische Energie, die der Körper aufnimmt und in den einzelnen → Chakren verdichtet. Andere Bezeichnung dafür sind → Chi, → Od, → Prana. Es ist die in den Organismen eines Lebensraumes (Mensch) gebundene Energie.

Biokybernetik

Wissenszweig, der die Steuerungs- und Regelungsvorgänge in biologischen Systemen (Mensch, Tier, Pflanze) untersucht.

Biomagnetismus

... untersucht magnetische Erscheinungen mit Ursprung im menschlichen Körper; tritt als magnetische Felder in Erscheinung (→ Lebenskraft, → Magnetismus). Biomagnetismus wird überwiegend hervorgerufen durch von Ionenbewegungen erzeugten elektrischen Strömen.

Biometer (Biomètre)

Skala beim radiästhetischen Testen zum Erkennen energetischer Zustände, Qualitäten und Intensitäten von Substanzen, biologischen Systemen und energetischer Beschaffenheit. Messung erfolgt in Bovis-Einheiten. → Bovis. – Abzugrenzen von Biometrie, d.h. der Anwendung mathematischer und statistischer Methoden, die in Medizin und Biowissenschaft Einzug gehalten haben.

Biophotonen

Energieträger, mit deren Hilfe lebende Zellen biologische Informationen austauschen (Lichtquanten). Sie bestehen aus elektromagnetischen Wellen, die sich als »ultraschwache« Photonenstrahlung äußern. → Photon.

Biophysikalische Meßgeräte

Eine andere Bezeichnung für die verschiedenartigen radiästhetischen Geräte, wie etwa → Pendel und → Rute. → Geobiologische Meßgeräte.

Bioplasma

Die feine energetische Lebenskraft (auch als → Chi, → Od, → Prana bezeichnet), die jedem lebenden Organismus/System eigen ist. Das Bioplasma kann mit Hilfe der → Kirlian-Fotografie sichtbar gemacht werden. Dabei zeigt sich, daß jeder Teil (z.B. eines Blattes) die Idee des Ganzen enthält. – Russische Forscher nennen es auch »dematerialisierte Form des organischen Plasma«.

Biotensor

Hilfsmittel (Rute), das auf feinste Reize/→ Schwingungen, sehr schnell reagiert. → Biophysikalische Meßgeräte.

Blindversuch

Versuch, bei dem eine Versuchsperson (einfacher Blindversuch) bzw. auch eine zweite Person als Versuchshelfer (Doppelblindversuch) nicht erfahren, ob das verabreichte Präparat echt oder ein Placebo ist. Der Versuch dient der Ausschaltung psychischer Komponenten. Radiästhetisch läßt sich testen, ob das Präparat einen bestimmten Wirkstoff enthält.

Blitz

Meteorologisch ist es die elektrische Entladung zwischen zwei entgegengesetzt geladenen Wolken oder zwischen einer Wolke und der Erdoberfläche. Blitze schlagen bevorzugt an Stellen ein, unter denen sich Kreuzungen von Wasseradern befinden (gute Leiteigenschaft).

Bodenschätze

Die aus der Erde oder dem Gestein kommenden Wellen können auch von Bodenschätzen aller Art stammen, so etwa von Gold, Silber, Kupfer, Eisen, Kohle, Erdöl.

Auch diese Vorkommen haben Ausstrahlung. Sie können mit → Rute oder → Pendel geortet werden und sind abzugrenzen von → Erdstrahlen.

Bovis

Erfinder des Bovis-Meter, einer Skala zur Prüfung der Weinqualität. Hatte ein bestimmter Wein den Wert von etwa 6.000 Bovis erreicht, wurde er als bekömmlich eingestuft und verkauft. – Man hat diese Art zu arbeiten in die Radiästhesie übernommen und testet heutzutage Energie und Stoffqualitäten nach Bovis-Einheiten. – A. Bovis wird als Entdecker der → Pyramiden-Energie bezeichnet. → Biometer

Bovis-Skala

Eine andere Bezeichnung für → Biometer

- C -

Chakra/Chakren

Nach indischer Auffassung handelt es sich um energetisch feinstoffliche Kraftzentren im (Äther-)Körper, die der Aufnahme der Schwingungen der → Lebenskraft (→ Prana, → Chi, → Od) dienen. Die über die Chakren aufgenommene Energie wird an die Akupunkturmeridiane weitergeleitet. Durch sie werden die menschlichen Lebensprozesse körperlicher, vor allem auch seelisch-geistiger Art gespeist und gesteuert. Chakren werden auch als Bewußtseinszentren des energetischen Körpers bezeichnet.

Chi

In der chinesischen Medizin die Bezeichnung für universelle Lebenskraft, vitale Energie, die alle Dinge durchdringt und belebt. Chi gelangt u.a. durch den Atem oder die Aufnahme von Nahrung in den menschlichen Körper. Es zirkuliert durch die Akupunkturmeridiane und ist identisch mit → Prana und → Od.

Curry-Netz

Das Curry-Netz, benannt nach seinem Entdecker M. Curry, wird auch als das 2. Gitter oder Diagonalnetzgitter bezeichnet. Es verläuft ebenso wie das 1. Gitter geometrisch, d.h. es ist regelmäßig über den gesamten Globus verteilt. Es ist ein System von → Reizstreifen. Die Gitterbreite wird zwischen 3 und 4 Meter gemessen. Die Ausrichtung ist NO-SW und NW-SO, d.h. diagonal zum Globalnetzgitter. → Gitternetze

- D -

Delta-Welle

Sie gehört zu den vier Haupthirnströmen des Menschen. Man kann sie nur mit Hilfe des Elektroenzephalographen (EEG) nachweisen. Delta-Wellen sind eine Begleiterscheinung des Tiefschlafes. → Wellenbereiche. – Abzugrenzen von Delta-Strahlung, d.h. von Elektronenstrahlung, die beim Durchgang geladener Teilchen durch die Materie entsteht.

Diagonalnetz → Curry-Netz

Diagramm

Anschauliche zeichnerische Darstellung/Zusammenfassung, graphisches Bezugssystem und wichtiges Hilfsmittel beim radiästhetischen Arbeiten/Testen; meist in Form einer 360-Grad-Kreisscheibe (siehe Band »Pendel-Welten«).

Dissonanz

... bedeutet fehlende Entsprechung, Disharmonie, Störung, Unverträglichkeit. Die Eigenschwingung des angepeilten Körpers steht in einem unharmonischen Verhältnis zum Radiästheten oder dem Testgegenstand/der Testperson; Linksdrehung der Rute.

Dynamischer Messer

Andere Bezeichnung für Pendel. Sprachlich unterscheidet man a) physikalisch: »das Pendel« von b) radiästhetisch: »der Pendel«.

- E -

Edelsteine

Diesen werden Heilwirkungen im feinstofflichen Bereich zugesprochen. Zum Einsatz kommen meist Halbedelsteine und Kristalle. Sie stellen kleine Generatoren dar, die über die Aura wirken. Sie ergänzen, soweit erforderlich, das Biosystem des Körpers beim Menschen.

Eichung

Bevor man mit radiästhetischem Arbeiten beginnt, muß man eine persönliche Eichung vornehmen, also z.B. sich für die Suche nach Wasser sensibilisieren und zusätzlich bestimmte Rutenausschläge festlegen. → Konzentration

Einhandrute

Rutenart, die beim radiästhetischen Arbeiten/Testen mit nur einer Hand gehalten wird. – Gegensatz: → Zweihandrute

Elektrisches Feld

Bezeichnung für eine mit dem besonderen physikalischen Zustand der Elektrizität verbundene Erscheinung; nach Intensität und räumlicher Ausdehnung bestimmbar. Es ist der Zustand, der im Raum durch elektrische Ladung oder auch zeitlich veränderliche Magnetfelder erzeugt wird. Das elektrische Feld wirkt auf elektrisch geladene Teilchen (z.B. Ionen) ein.

Elektromagnetische Wellen

Eine Energieform, die sich mit annähernder Lichtgeschwindigkeit ausbreitet. Elektromagnetische Wellen entstehen durch periodischen Wechsel zwischen der Energie elektrischer und magnetischer Felder. Diese Wechselwirkung pflanzt sich räumlich fort.

Elektrosmog

Elektrosmog entsteht bei der Erzeugung, dem Transport und dem Verbrauch technisch erzeugter Energie, wobei diese in das Umfeld des Menschen gelangt. Es ist ein Sammelbegriff für elektromagnetische Strahlung, die bei Menschen als Störstrahlung auftreten kann. Quellen hierfür sind u.a.: Funktelefone, Mikrowellenherde, Richtfunk, Hochspannungsleitungen. Elektrosmog soll Veränderungen der Hirnströme, Krebs, Leukämie, Alzheimersche Krankheit etc. auslösen können.

Emanation

... bedeutet Ausstrahlung von psychischer Energie (auch Ausstrahlung über die → Aura). Auch Gedanken entstehen mit Hilfe von psychischer Energie. – Philosophisch bedeutet Emanation das Entstehen aller Dinge aus dem höchsten Einen (das Niedere geht aus dem Höheren hervor). → Resonanzenergie

Emission

... bedeutet physikalisch das Aussenden von (elektromagnetischen) Wellen. – Der Begriff wird auch für das Ausströmen luftverunreinigender Stoffe, für Geräusche, für Erschütterungen etc. verwendet.

Energie

In der Radiästhesie wird von Energie im Zusammenhang mit der Erzeugung biologischer, physikalischer und geistiger/mentaler Felder gesprochen.

Energiekörper

Als Energiekörper wird die biophysikalische Energiehülle von Lebewesen bezeichnet. Der Energiekörper strahlt → Bioplasma ab. Er enthält Vitalität und Energie, die er dem Körper in enger Wechselbeziehung übermittelt. → Aura

Entoden

Unter Entoden versteht man das Reinigen (durch Abstreifen, Abwaschen etc.) von angelagerter disharmonischer energetischer Prägung (deshalb verleiht man z.B. gewisse Gegenstände nicht, weil dadurch das Od des Trägers übernommen werden kann). – Gegensatz: → Od

Entsprechung/Entsprechungsstrich

Eines der Ergebnisse beim Beziehungstest. Der Beziehungstest sollte eigentlich nur mit einem Pendel ausgeführt werden. Der Pendelausschlag bedeutet, daß beide untersuchten Objekte gleich sind, sich entsprechen (bei gleicher Polarität), eine Verbindung besteht. – Gegensatz: → Trennung/Trennstrich.

Entstörgeräte

Geräte mit den verschiedenartigsten Vorrichtungen/Prägungen können bei geeigneter Anbringung auf einer Störzone den Rutenausschlag zum Verschwinden bringen, d.h. die Strahlung neutralisieren. Sie wirken allerdings meist nicht auf Dauer, brauchen regelmäßige Kontrolle und verschieben zum Teil nur die → Störzonen.

Entstörung

Als Entstörung bezeichnet man den Versuch, die Wirkung von unsichtbaren/feinstofflichen Strahlungen zu verändern, z.B. durch das Aufstellen von → Entstörgeräten. – Besser ist es jedoch, einen störungsfreien Platz zu suchen.

Erdachse, magnetische → Magnetische Erdachse

Erden

Der Begriff »Erden« steht hier für löschen, abwaschen, neutralisieren. Bezeichnung in der Radiästhesie beim Einsatz z.B. von Edelsteinen (Halsketten) zu Heilzwecken. Viele Gegenstände können Träger von nicht gewünschten Schwingungen/Energien sein und müssen zum Neutralisieren regelmäßig »geerdet« werden.

Erdmagnetfeld

Die Erde besitzt ein Magnetfeld. Die Stärke des Magnetfeldes ist an den Polen am größten und am Äquator am geringsten. Das Erdmagnetfeld erstreckt sich bis in den erdnahen Weltraum hinein und unterliegt dort sehr stark der Teilchenstrahlung der Sonne, dem Sonnenwind etc. Es spiegelt deshalb energetische Veränderungen auf der Sonne wider. → Magnetfeld, → Magnetismus

Erdstrahlen

... bezeichnen im allgemeinen Sprachgebrauch die von einem Radiästheten testbaren niederfrequenten Ausstrahlungen aus der Erde (bei Wasseradern, Verwerfungen, Naturgasadern etc.). Sie werden überwiegend als gesundheitsschädlich angesehen. Inwieweit sie schädlich sind, hängt von der Strahlungsart, deren Intensität und Dauer ab. Ältere Bezeichnung für → Reizzonen, → Geopathogene Zonen

Esoterik

Bezeichnung für Geheimlehren, die ursprünglich nur den Eingeweihten einer Gemeinschaft zugänglich waren. – Heute werden eine Vielzahl von – oft im Widerspruch stehenden – Themen darunter zusammengefaßt. → Kosmosophie, → Geomantie

- F -

Farbtherapie

Farben besitzen unterschiedliche Schwingungen/Frequenzen zum Heilen. Die Farbtherapie verwendet hauptsächlich die sieben Spektralfarben, meist in Form der Bestrahlung. – Die Erforderlichkeit der Bestrahlung und die Farbwahl läßt sich anhand einer Farbtafel austesten.

Feinstofflich

Eine Bezeichnung u.a. für die energetischen Körperhüllen (→ Aura) von Mensch, Tier und Pflanze. Feinstoffliche Kräfte können von magneto-elektrischen Wellen angegriffen und negativ beeinflußt werden. »Feinstofflich« wird auch als Synonym für »geistig« verwendet. Es ist dann der Gegensatz zu »materiell«.

Feinstoffliche Energie

Die Bezeichnung wird hier verwendet für die Energie, die im kosmischen Raum existiert, etwa wie Tachyonen, die sich schneller als Licht bewegen. Der Mensch nimmt diese Energie über die → Chakren auf; sie ist in der → Aura feststellbar.

Feld

Dabei handelt es sich um ein physikalisch begrenztes Gebiet bzw. um bestimmte Eigenschaften eines Raumes. In der Radiästhesie wird der Begriff meist im Zusammenhang mit einem Störfeld/Kraftfeld gebraucht, also z.B. bei der Abstrahlung von einer Verwerfung oder einem Radiowecker (am Bett).

Felder

Man unterscheidet u.a. natürliche Felder (oder auch → Reizstreifen/→ Reizzonen) von technischen Feldern:

Natürliche Felder:	*Technische Felder:*
Diagonalnetz-gitter	Felder statischer Aufladung
Globalnetzgitter	Hochspannungs-leitungen
Mediallinien	Radaranlagen
Verwerfungen	Sender (Rundfunk, TV)
Wasseradern	Trafostation
u.v.m	u.v.m

Feldstärke

Die Intensität eines Feldes im Raum. Feldstärke wird als → Vektor dargestellt. Als Beispiel seien genannt die elektrische und die magnetische Feldstärke.

Feldveränderungen

Durch den Einsatz von Entstörgeräten hervorgerufene Änderung der vor Ort festgestellten Störung. Feldveränderungen können auch durch Sonnenflecken oder durch bewußt vollzogene Kernspaltung hervorgerufen werden. Jede dieser Veränderungen führt zu einer Veränderung der Erdatmosphäre und evtl. zu einer Belastung für den Menschen.

Feng-Shui

Alte chinesische Lehre, vergleichbar mit → Geomantie. Gegenstand ist das Entdecken der »heiligen Adern«, die den gesamten Kosmos durchziehen. Feng-Shui stellt zudem eine Lebensform dar, die versucht, in Harmonie mit der Landschaft zu leben, d.h. sich am richtigen Ort oder in der richtigen Himmelsrichtung aufzuhalten; auch die Kunst des Wohnens und Wohlfühlens gehört dazu.

Fließrichtung

Die Fließrichtung von unterirdischen Wasseradern kann radiästhetisch bestimmt werden.

Frequenz

bezeichnet in der Physik die Anzahl der → Schwingungen pro Zeiteinheit, d.h. wie oft sich ein periodischer Vorgang pro Sekunde wiederholt. Schwingungen werden in → Hertz gemessen.

Fünf Tibeter

Eine Folge von fünf Körperübungen zur Harmonisierung der Chakren. Es sind dem Ursprung nach rituelle Übungen aus dem Himalaya zur Anhebung der individuellen Seelenenergie. Dabei soll der Reifungsprozeß von Körper, Seele und Geist beschleunigt werden. Sie dienen der Verbesserung der Gesundheit und Lebenskraft.

Funktionskreise

Bestimmte nebeneinanderliegende Meridiane, wie Herz- und Dünndarmmeridian (siehe chinesische Organuhr). Es handelt sich jeweils um einen Yin- und Yang-Meridian (Organ). Die sechs Funktionskreise ergeben sich aus den zwölf Hauptmeridianen (vergleiche Tabelle zu dem Kapitel → Meridianenergetisches System).

- G -

Gehirnwellen → Hirnwellen

Geobiologie

Sammelbegriff radiästhetischer Untersuchungsbereiche der Biochemie, Biologie, Geologie, Medizin, Physik, Physiologie usw. mit Bezug zu Standortbereichen und Umgebungsbedingungen. Schwerpunkte sind die → Reizstreifen-/→ Reizzoneneinflüsse auf Mensch, Tier und Pflanze.

Geobiologische Meßgeräte

Die moderne Geobiologie benutzt für ihre Arbeiten die unterschiedlichsten Meßgeräte, wie etwa Elektrofiltrationsapparat, Geiger-Müller-Zähler, Hochfrequenzdetektor, Infrarotspektrometer, Ohmmeter, Oszillograph, Protonen-Resonanz-Magnetometer, UKW-Empfänger mit Feldstärkenanzeige etc.

Geologische Störungen

Geologische Störungen können entstehen durch Erzgänge, Höhlen, Lagerstätten, Risse, → Verwerfungen, → Wasseradern etc. – Abzugrenzen hiervon sind Rohre, künstliche Hohlräume, Leitungen etc.

Geomantie

... vereint das (alte) Wissen über kosmisch-terrestrisch energetische Zusammenhänge bei der Gestaltung von Bauten, bei Aktivitäten des Menschen in seiner Umwelt etc. Dabei wird versucht Rhythmen, Zyklen, Wechselwirkungen der Natur zu berücksichtigen und ins Gleichgewicht zu bringen. Früher wurden nach diesen Erkenntnissen heilige Stätten wie Kirchen, Tempel etc. errichtet. – Gemessen wird mit der → Rute, dem → Pendel und dem → Biometer.

Geomantische Zonen

Ein Begriff, der Reaktionszonen beschreibt, die in Verbindung mit Kultorten u.a. aufgefunden werden. Alte Kirchen standen/stehen oftmals auf solchen Zonen (auf Anhöhen, Bergspornen); insbesondere an Altären feststellbar (Beredsamkeitslinien). Wirken bei kurzen Aufenthalten anregend. → Geomantie, → Orte der Kraft.

Geopathogene Zonen

Es handelt sich um örtlich begrenzte, radiästhetisch wahrnehmbare erdbezogene Zonen (→ Reizzonen), welche die Gesundheit von Mensch, Tier und Pflanze bei längerem Aufenthalt negativ beeinflussen und krank machen können. An den Kreuzungen geopathogener Streifen besteht erhöhte Gefahr des Blitzeinschlages.

Gittersysteme

Radiästhetisch feststellbare Gittersysteme, die rund um den Globus Netze bilden. Sämtliche Gittersysteme können sich durch kosmische und meteorologische Einflüsse (z.B. Sonnenflecken) oder durch Erdbeben (bzw. durch unterirdische Kernkraftexperimente) verändern. Hinsichtlich der Energie der Gittersysteme findet alle 6 Stunden ein Phasenwechsel (und damit auch ein Polaritätswechsel) statt, also bei Sonnenaufgang, mittags, bei Sonnenuntergang und um Mitternacht.

Globalnetzgitter (GNG)

Nach seinem Entdecker auch Hartmann-Gitter genannt (andere Bezeichnung: Kosmischer Energieschatten). Durch die Erddrehung ist es zu einer geometrischen Figur gerichtet. Das GNG bildet ein rasterartiges, über die Erdoberfläche ausgebreitetes System elektromagnetischer Wellen in Nord-Süd- und Ost-West-Richtung (der Abstand der Gitterstreifen beträgt etwa 2 x 2,5 Meter). An den Kreuzungen zweier Streifen lassen sich oft nur etwa 2.000 Bovis feststellen, was sich bei längerem Aufenthalt ungünstig auf die Gesundheit auswirkt. Die im Netz befindlichen Felder sind abwechselnd plus-/minus-polarisiert. → Gittersysteme.

GNG → Globalnetzgitter

Grenzwissenschaften

Im deutschen Sprachraum übliche Bezeichnung für die wissenschaftliche Beschäftigung mit den Grenzgebieten der Wissenschaft. Darunter fallen Themen und Gebiete aus der Überschneidung von Natur- und Geisteswissenschaften, aber auch Religionswissenschaft und Philosophie ebenso wie Tiefenpsychologie und Parapsychologie; zum Teil werden auch Astrologie, Erdstrahlen und ähnliche Phänomene mit einbezogen.

Grifflänge

... ist der Begriff für genau festgelegte Punkte auf einer Zweihandrute (von der Spitze aus gemessen). Die einzelnen Grifflängen stehen in Beziehung zu Objekten und Problembereichen. Sie sind empirisch ermittelt und können aus Tabellen entnommen werden (→ Lecherrute). – Problem: Es gibt nicht für sämtliche zu testenden Objekte, Organe und Problembereiche, die mit einer Rute untersucht werden könnten, Grifflängen.

- H -

Hartmann-Gitter → Globalnetzgitter

Hermetik

Lehre und Sammlung mystischer Schriften vorwiegend griechischen Ursprungs. Spirituelle Tradition, deren Name vom griechischen Weisen Hermes Trismegistos abgeleitet wird und seit der griechischen Antike Eingang in die europäische → Esoterik gefunden hat. Es bestehen Bezüge zur → Astrologie, → Kosmosophie, → Geomantie.

Hertz

Nach dem Physiker H. Hertz benannte Maßeinheit für die → Frequenz einer Schwingung. Abkürzung der physikalischen Einheit »Hertz« = »Hz«, 1 Hz bedeutet eine Schwingung pro Sekunde; das Vielfache davon ist:

1000 Hz = 1 Kilohertz, kHz
= 1000 Schwingungen je Sekunde
1000 kHz = 1 Megahertz, MHz =
1 Million Schwingungen je Sekunde
1000 MHz = 1 Gigahertz, GHz =
1 Milliarde Schwingungen je Sekunde

Die Netzspannung in Deutschland hat 50 Hz; d.h. sie wechselt 100-mal pro Sekunde ihre Polarität.

Hirnwellen

Elektromagnetisch nachweisbare Wellenmuster des menschlichen Gehirns. Man unterscheidet vier Hauptgruppen → Wellenbereiche.

Homöopathie

... geht davon aus, daß ein (Arznei-)Mittel, das bei einem Gesunden bestimmte Krankheitssymptome hervorruft, bei einem Menschen, der unter dieser Krankheit leidet, heilend wirkt – wenn es in verdünnter Dosis gegeben/eingenommen wird. Besondere Heilerfolge werden durch die feinstoffliche Wirkung bei kleinsten Mengen des Medikamentes erzielt, d.h. die vom Medikament ausgehende Heilinformation geht von der Schwingung aus und nicht von der chemischen Substanz.

Horizontalhaltung

Bei Zweihandruten gebräuchliche Bezeichnung für das Halten der → Rute beim Arbeiten/Testen. Man unterscheidet den → Obergriff vom → Untergriff. – Gegensatz: → Vertikalhaltung

- I -

Indifferent

Bezeichnung für einen radiästhetischen Zustand, der wirkungslos oder neutral ist (nicht schädlich, aber auch nicht gut). – Dort, wo keine → Schwingung vorhanden ist, zeigt die → Rute/der → Pendel keinen Ausschlag.

Indikator

Bezeichnet in der → Radiästhesie das Instrument (→ Pendel und → Rute), mit dem in bestimmten Bereichen angetroffene → Schwingungen angezeigt werden können. – Indikatorpapier oder Indikatorstäbchen sind Mittel zur Bestimmung des pH-Wertes.

Information

... wird zusammen mit der Schwingungsmedizin vor allem im Sinne von Reinformation, d.h. als Ausgleich der körpereigenen Schwingungen durch Zuführen von Heilschwingungen verstanden. Bewellen des biodynamischen Feldes des Menschen mit Frequenzen, die im Resonanztest geprüft worden sind. → Balancieren.

Intensität

In der Physik ein definiertes Maß für die ausgestrahlte Energie, z.B. einer elektromagnetischen Welle/Strahlung. Die Intensität einer Strahlung läßt sich über das Quadrat der Amplitude berechnen.

- K -

Kabbala

... erklärt in symbolischer Form die Entstehung des Universums, die Beziehungen des Menschen zum Göttlichen und stellt die Schöpfung als göttliche → Emanation dar. – Die praktische Kabbala-Arbeit erfolgt über Zahlenwerte und über die Buchstaben des hebräischen Alphabets, das keine Vokale kennt.

Kinesiologie

Ein diagnostisches Verfahren, das mit dem Muskeltest oder auch Armtest arbeitet. Zudem ist es ein System der Körperbewegungen, woraus Wechselwirkungen im Energiesystem des Menschen entstehen. Kinesiologie läßt sich nicht auf einen einzigen Bereich beschränken. Sie ist ein offenes, vielseitiges System, dessen Anwendung die Selbstorganisation und die Autonomie jeder Person fördert und verbessert. Kinesiologie ist ganzheitlich, weil sie alle Bereiche des Menschen (wie physisch, emotional und mental) mit einbezieht.

Kirchen

Alte Kirchen, Klosteranlagen, Kapellen, Einsiedeleien u.a. sind oft auf geomantisch einwandfreien Plätzen errichtet worden. → Geomantie

Kirlian-Fotografie

Ein fotografisches Aufnahmeverfahren, durch das Bioplasmaenergieabstrahlung von Lebewesen sichtbar gemacht werden kann (z.B. an Fingerkuppen, an Händen, am Kopf). Die Veränderung der Strahlenkränze z.B. beim Menschen (bei mehreren Aufnahmen im zeitlichen Abstand) zeigen den seelischen und gesundheitlichen Zustand und dessen Veränderung an. Allerdings sind Deutungen im ultravioletten Bereich durch die Qualität des Fotomaterials begrenzt. → Bioplasma, nicht zu verwechseln mit der → Aura.

Körperhüllen → Aura

Konzentration

Hierunter versteht man die geistige Einstellung/Vorstellung auf den zu untersuchenden Gegenstand, auf die vermißte Person, auf den Charakter eines Menschen etc. Der Radiästhet sensibilisiert seine Nervenkraft auf die gesuchte Ausstrahlung, → Frequenz, Wellenlänge, macht sich also empfangs- bzw. resonanzbereit, was durch den Rutenausschlag sichtbar wird. Je plastischer das Bild in der Phantasie auftaucht, desto erfolgreicher ist der Radiästhet. → Eichung, → Resonanz

Kosmisch

Bezeichnung für das Weltall, den Kosmos betreffend, aus ihm stammend. – Gegensatz: → terrestrisch

Kosmische Energie

Bezeichnung für die aus dem Weltraum auf die Erde auftreffende Strahlung, von der alles Leben auf der Erde abhängt. Sie ist äußerst energiereich (im Sinne von gesund). – Gegensatz: → Terrestrische Strahlung

Kosmischer Energieschatten (KES)

Bezeichnung für das 1. Gitter. → Globalnetzgitter

Kosmologie

Lehre vom Aufbau und der Entwicklung des Universums einschließlich Raum, Zeit, Wandel und Ewigkeit (Schöpfungsprozeß) unter Einbeziehung übermenschlicher Mächte. Kosmologie und Religion gehören verschiedenen Ebenen an, können also nicht gleichgesetzt werden.

Kosmosophie

Die Weisheit vom Kosmos und seinen Gesetzmäßigkeiten, die nach den Erkenntnissen der hermetischen Wissenschaften gleichermaßen im Makrokosmos der Galaxien als auch im Mikrokosmos jeglicher Lebensform sichtbar sind. Eines der Gesetze lautet: »Wie oben – so unten.«

Kraftlinien → Leylines

Kraftplatz → Orte der Kraft

Kreuzungspunkt

Punkt , an dem sich zwei oder mehr Streifen gleicher Wellenlänge überschneiden. Über diesem Punkt entstehen senkrecht »stehende Wellen«. Es gibt Kreuzungen in und mit allen Systemen, wie etwa Globalnetzgitter, Diagonalnetzgitter, Wasseradern, geomantische Gitter, Verwerfungszonen.

- L -

Laser
Physikalisch-optische Vorrichtung zur Erzeugung eines speziellen Lichtes mit sehr engem Frequenzbereich.

Lebenskraft
Bezeichnung für die Kraft, die den Organismus belebt und im Gleichgewicht hält. – Der Mensch steht im Spannungsfeld zwischen → kosmischer und → terrestrischer Energie. – Durch Meditation, Reiki, Polarity kann man sich mit Lebenskraft aufladen. → Bioelektrische Feinströme

Lebenslicht → Bio-Photonen

Lecherantenne/Lecherrute
Eine besondere Art der → Zweihandrute. Sie kommt der Forderung der Physiker nahe, reproduzierbare radiästhetische Ergebnisse zu bekommen. Gearbeitet wird mit der passiven Methode, die als analytisch, wertfrei und objektiv angesehen wird. → Grifflänge

Leylines
Mit Leylines werden überörtliche → geomantische Linien und Zonen bezeichnet, die über zum Teil große Entfernungen heilige Orte (Kraftplätze) verbinden. → Geomantie

Lichtquanten
Eine andere Bezeichnung für → Photonen. Kleinste Einheit des Lichtes.

Linksdrehung
Aussage über die Polung einer Sache, eines Körperteils, eines Organs; Linksdrehung als Ausschlag des Pendels bzw. der Rute wird überwiegend als »negativ« (Minusenergie), ablehnend, Nein gewertet. Bei Organtestungen kann dem Rutenausschlag eine andere Bedeutung zukommen. – Gegensatz: → Rechtsdrehung

- M -

Magnet
Magnete besitzen zwei Pole, die als magnetischer »Nord-« und »Südpol« bezeichnet werden. Wirken zwei Magnete aufeinander ein, so gilt der Grundsatz: Gleichartige Pole stoßen sich ab, ungleichartige Pole ziehen sich an. – Mit Hilfe des Kompasses läßt sich die Richtung des Magnetfeldes bestimmen.

Magnetische Erdachse
Sie verläuft von Norden nach Süden. Bei manchen Experimenten ist ein Stehen oder Sitzen mit dem Rücken nach Norden nötig; wie auch die bevorzugte Schlafstellung mit Kopf nach Norden sein sollte. Die Nord-Süd-Achse ist positiv polarisiert, die Ost-West-Achse ist negativ polarisiert.

Magnetfeld
Der den Magneten umgebende Raum (Wirkungsbereich); Träger des Magnetfeldes ist der »leere« Raum, auf den sich die Wirkung des Magneten erstreckt. Jedes Magnetfeld ist von ringförmigen Feldlinien umgeben. – Ein Magnetfeld bezieht seine Kraft entweder aus dem Magneten oder aus einem stromdurchflossenen Leiter (Leitungen), der ebenfalls von einem Magnetfeld umgeben ist. Jedes Magnetfeld hat einen bestimmten Energiegehalt. – Der Mensch besitzt für die Kraftfelder des Magneten kein Wahrnehmungsorgan. Die Wirkung und Existenz kann nur mit einem Kompaß oder mit Hilfe der Radiästhesie nachgewiesen werden.

Magnetismus
Teilgebiet der Physik, das sich mit den Er-

scheinungen befaßt, die auf das Vorhandensein eines Magnetfeldes zurückzuführen sind. Der Magnetismus ist eine physikalische Erscheinung, die darin besteht, daß ein Körper die Eigenschaft besitzt, andere Körper anzuziehen. → Erdmagnetfeld

Materielle Radiästhesie

Mit diesem Begriff wird das gesamte grobstoffliche Arbeiten und Testen bezeichnet, also das Testen von Lebensmitteln, das Aufspüren von Wasseradern etc. Es handelt sich um eine Methode, die Anfängern gern zum Üben empfohlen wird und bei der mit → Stoffproben gearbeitet wird. – Gegensatz: → Mentale Radiästhesie

Mediallinie

Diese Art Linie wird auch Beredsamkeitslinie genannt. Es sind Linien rechtsdrehenden Wassers, die meist in alten Kirchen (am Altar) angetroffen werden. Sie sollen den Redner, der während seiner Predigt auf einer solchen Linie steht, zu einer überzeugenden Rede inspirieren (daher der Name). → Geomantie – Gegensatz: → Reizstreifen

Meditation

Übung und Technik der Geistes- und Gedankenkontrolle. Sammelbegriff für verschiedene Arten der Bewußtseinserweiterung. Voraussetzung ist, daß man Verstand, Gefühl und Körper völlig zur Ruhe kommen läßt; dabei lädt man sich auf (mit kosmischer Energie). Die Veränderung des Bewußtseins läßt sich radiästhetisch und elektroenzephalografisch nachweisen. → Hirnwellen

Mentale Abfrage

Radiästhetische Methode der Abfrage, die allein auf einer psychisch-geistigen Vereinbarung beruht. Für das mentale Abfragen werden entsprechend hohe mentale Fähigkeiten (der Vorstellungskraft in bezug auf Begriff, Namen etc.) benötigt. Man nennt die mentale Abfrage auch ganzheitliche Methode oder den »Königsweg«.

Mentale Radiästhesie

Dieser Begriff bezeichnet das Arbeiten und Testen in psychisch-geistigen Bereichen; man arbeitet also ohne → Stoffproben, d.h. nur noch mit Begriffen, Namen etc. Nach kurzem geistigem Einstellen (→ Konzentration) auf das geistige Bild des Gegenstandes, der getestet werden soll, wird nur noch mental gearbeitet, d.h. im feinstofflichen Bereich. – Gegensatz: → Materielle Radiästhesie

Mentalkörper

Ebene des Bewußtseins, der Verstandesseele des Menschen. Das Ego, das Ich, mit dem Menschen sich über ihren Intellekt am stärksten identifizieren, sitzt im Mentalkörper. Der Mentalkörper durchdringt die anderen Körper. Das Bewußtwerden geschieht mit Hilfe des Gehirns. → Aura

Meridian

Meridiane stellen in der chinesischen Medizin ein System von Orientierungslinien (Leitbahnen) im menschlichen Körper dar, die für die Akupunktur genutzt werden. Nach der Vorstellung der Chinesen entsprechen die Meridiane feinen Kanälen, in denen → Chi oder → Prana, d.h. Energie, im 24-Stunden-Rhythmus fließt und die verschiedenen Organe, Nervenbahnen und Blutgefäße des Körpers versorgt. Die Meridiane werden entweder → Yin oder Yang zugeordnet. → Akupunktur, → Chi, → Prana

Mikrowelle

Bezeichnung für elektromagnetische Wellen im cm- und mm-Bereich. Es gibt natürliche und technisch erzeugte Mikrowellen, von denen manche für biologische Systeme (Menschen, Tiere) äußerst ungünstige Auswirkungen haben.

Minusfeld

Ein Feld mit ent- bzw. abladender Energie, d.h. mit negativer Auswirkung auf den menschlichen Organismus. → Abladepunkt

Morphogenetisches Feld

Nach der Theorie von Rupert Sheldrake besteht im Universum ein allgemeines morphogenetisches Feld, vergleichbar mit einer Datenbank. Danach ist es so, daß das Erlernen eines bestimmten Verhaltens durch eine bestimmte Anzahl von Angehörigen einer Gruppe automatisch auf alle Vertreter dieser Gruppe übergeht, selbst wenn zwischen diesen kein räumlicher und zeitlicher Kontakt besteht.

Muten

Veralteter Begriff für das radiästhetische Arbeiten mit → Pendel oder → Rute.

- N -

Nachkontrolle

Bei jeder Maßnahme zur radiästhetischen Schlaf-/Bettplatzsanierung ist es unbedingt notwendig, den Erfolg zu einem späteren Zeitpunkt nachzukontrollieren. Unter Umständen sind mehrmalige Untersuchungen (auch des Umfeldes) erforderlich. Die am Schlafplatz herrschenden Verhältnisse/Belastungen können meist nur nacheinander abgetragen/aufgehoben werden.

Neutraler Ort

Ein Ort, an dem geobiologisch keine Anomalien auftreten bzw. ein ausgewogenes, reizfreies Energiemilieu herrscht.

Neutralisieren

Unter Neutralisieren wird der Versuch verstanden, durch Apparaturen, Materialien und Vorrichtungen störende Einflüsse (die von → Reizzonen ausgehen) auszuschalten, umzuleiten, d.h. unschädlich zu machen. → Entstörgeräte, → Entstörung

Numerologie

Ein System, das die Zahlensymbolik ausdeutet und den Buchstaben des Alphabets (zur Deutung von Namen, Worten) Zahlenwerte zuordnet. Sie ist die generelle Basis, auf die alle Symbole letztlich zurückgeführt werden können. → Kabbala

- O -

Obergriff

Grifftechnik beim radiästhetischen Arbeiten mit Zweihandruten. – Gegensatz: → Untergriff

Od

Feinstoffliche Energie, Lebenskraft; feststellbar bei lebenden Körpern, aber auch bei Mineralien. Od haftet auch Stoffen/Materialien an, wenn sie länger mit bestimmten Personen in Berührung waren (→ Odträger). Besonders sensitive Menschen können die Odkraft leuchten sehen. Durch bestimmte Atemtechniken kann man sich mit Od aufladen. → Entoden

Odträger

Ein Stoff oder Gegenstand, der das Od (Eigenschwingung) seines Trägers angenommen hat, z.B. Schmuck.

Orgon

Andere Bezeichnung für → Prana, d.h. kosmische Energie, ätherische Ur-Energie. Die Bezeichnung wurde von Wilhelm Reich geschaffen.

Orte der Kraft

Besonders energiereiche, geographisch genau zu bestimmende Plätze, an denen man sich energetisch aufladen kann (oftmals in alten Kultstätten, wie christlichen Kirchen, hinduistischen Tempeln, buddhistischen Pagoden, islamischen Moscheen). Ein neutraler Ort hat etwa 6.500 Bovis, an Orten der Kraft werden bis zu 18.000 → Bovis und mehr gemessen. Interessant ist, daß im Inneren der heiligen Stätten die → Gittersysteme meist nicht feststellbar sind. Allerdings sind die Bauwerke von einem Bündel verdrängter → Reizstreifen umrahmt. → Geobiologie, → Geomantie

Oszillation

Periodische Zustandsänderung (→ Schwingung). Andere Bezeichnung für die Schwingung der → Rute, zum Beispiel für den Rutenausschlag bei Strom.

- P -

Pathogen

Medizinische Bezeichnung für krankmachend, z.B. durch → geopathische Zonen, → Reizzonen

Pendel

Bezeichnung für einen optischen Anzeiger. Es handelt sich, wie bei der → Rute, um ein → biophysikalisches Meßgerät, das aus Kette/Faden und einem speziell geformten Anhänger aus Kristall, Metall, Holz etc. besteht.

Pendeldiagramme

Sie dienen der Vereinfachung der Pendelabfrage; es sind radiästhetische Hilfsmittel, die eine gewisse Ordnung, einen Zusammenhalt für Abfragen gewährleisten. – Siehe Band »Pendel-Welten«.

Pflanzenwuchslaser (PWL)

Terrestrische Strahlung mit »Laser«-Effekt. Es handelt sich um ein hochenergetisches Strahlungssystem, dessen Energieströme von Nord nach Süd bzw. von Ost nach West fließen. Dadurch ist die gesamte Erdoberfläche in Würfel mit elektrischen Wänden eingeteilt. Die Größe der Würfel beträgt 2 bis 10 Meter. PWL-Strahlung ist für den menschlichen Organismus bei Dauereinwirkung schädlich. Der PWL ist normalerweise nur in der Dämmerung feststellbar. → Gitternetze

Photon

Bezeichnung für Lichtquanten, d.h. die kleinste vorhandene Energiemenge der elektromagnetischen Strahlung im optischen Wellenbereich; Photonen bewegen sich mit Lichtgeschwindigkeit. Das Sonnenlicht besteht aus Photonen, die von der Sonne ausgestrahlt werden. Auch im menschlichen Organismus finden sich Photonen. → Biophotonen

Physischer Körper (Materieller Leib)

Der physische Körper ist der Sitz der verschiedenen Organsysteme und ihrer festen, flüssigen und gasförmigen Substanzen. Mit ihm erfolgt die materielle Nahrungsaufnahme. Er stellt die Manifestation (Form) der Energien dar, die aus dem Ätherkörper auf ihn einfließen. Er wird u.a. umhüllt vom → Ätherkörper, dem → Astralkörper und dem → Mentalkörper.

Plasma

Aggregatzustand; ein Großteil der im Weltall sichtbaren Materie befindet sich im Plasmazustand. – Grundeigenschaft des Plasma ist die Quasineutralität. – Bezeichnung als Kurzform für das → Protoplasma der biologischen Zelle.

Plusfeld

Ein Feld mit aufladender Energie, d.h. mit positiver Auswirkung auf den menschlichen Organismus. → Aufladepunkt

Polare Felder

Die Erde ist nach einem System von S. Wittmann in polare Felder eingeteilt, d.h. abwechselnd in positive und negative Felder. Die Polpunkte der Nord-Süd-Achse sind pluspolig, die Pole der Ost-West-Richtung sind minuspolig. Die Ecken der Quadrate zeigen nach den vier Himmelsrichtungen (→ Curry-Netz).

Polarität

Gegensätzlichkeit bei wesensmäßiger Zusammengehörigkeit; Plus- und Minuspolarität, z.B. bei einer Batterie. Urgesetzlichkeit, die sowohl der Materie wie auch dem Geistigen eigen ist. Nur zusammen ergeben die Gegensätze ein harmonisches Ganzes. – Mit Polarität (wie etwa »plusgepolt«) wird der Zustand eines getesteten Gegenstandes bezeichnet. – Pluspolarität bedeutet → Rechtsdrehung.

Polarity

Eine Massage- und Körpertherapie, die von der Vorstellung ausgeht, daß es eine universelle Polarität gibt, die auch im Menschen ihre Entsprechung hat. Sie dient u.a. dazu, Körperströme ins Gleichgewicht zu bringen, energetische Stauungen im Körper aufzuheben und mit kosmischer Energie aufzuladen, d.h. Harmonie herzustellen. → Polarität

Prana

Ein aus dem Sanskrit stammender Begriff für kosmische Energie, die den Körper durchdringt und erhält und sich in den Geschöpfen manifestiert (zeigt). Bezeichnung für universelle Lebenskraft.

Protoplasma

Baustoff der menschlichen, tierischen und pflanzlichen Zelle; der Zellinhalt besteht aus Zytoplasma und Zellkern. Protoplasma ist der Träger des Lebens. → Plasma

PSI-Phänomene → Außersinnliche Wahrnehmung

PWL → Pflanzenwuchslaser

Pyramidenenergie

Von dem Physiker → Bovis entdeckte Energie. Durch sie verwesen z.B. tote Tiere in einer Pyramide nicht, obwohl sie nicht mumifiziert wurden. Gleichfalls bleiben Lebensmittel, die im oberen Drittel der Pyramide liegen, länger frisch.

- R -

Radiästhesie

... bedeutet Strahlenfühligkeit für Wahrnehmungen, die außerhalb des normal-sinnlichen Bereiches liegen; – Methode, mit der energetische Gegebenheiten, Qualitäten, Intensitäten von Objekten, Orten, Personen etc. festgestellt werden können. Die sensitive, intuitive Fähigkeit des Radiästheten wird auch durch → Rute oder → Pendel verstärkt.

Radiästhet

Bezeichnung für denjenigen, der die Radiästhesie ausübt; allgemein für einen sensitiven Menschen. Ältere Bezeichnungen sind: Rutengänger, Rutler, Pendler, Geomant u.a. Das Empfangsorgan des Radiästheten ist der Solarplexus/das Sonnengeflecht. – Radiästheten werden in Rußland Operatoren genannt.

Radionik

... ein englisches Kunstwort, zusammengesetzt aus »Radio« und den letzten drei Buchstaben von »Elektronik«. Der Begriff wird frei mit Fernheilung übersetzt. Immer ist damit die Beeinflussung von Feldern gemeint. Wird auch als Medizin des 20. Jahrhunderts bezeichnet.

Reaktion

... bezeichnet den Rutenausschlag oder die Pendeldrehung beim radiästhetischen Arbeiten.

Rechtsdrehung

Aussage über die Ladung bzw. Polung einer Sache, eines Körperteils, eines Organs; Rechtsdrehung als Ausschlag des Pendels bzw. der Rute wird überwiegend als »positiv« (Plus-Energie), zustimmend, ja gewertet. Bei Organtestungen kann dem Rutenausschlag eine andere Bedeutung zukommen. – Gegensatz: → Linksdrehung

Rechtspolarisation

Die natürliche Rechtsdrehung z.B. des Wassers, die bei »heiligen Quellen«, bei Pyramiden (über deren Spitze) etc. besteht.

Reiki

Eine Technik, um universelle Lebensenergie (→ Chi, Od, Prana) zu wecken, aufzunehmen und zu lenken. Das Wecken und Lenken der Energie kann bei anderen durch Handauflegen erfolgen. Voraussetzung ist, daß man selbst aufgeladen ist. Reiki beinhaltet Techniken der Energiearbeit, womit Aura- und Chakrenarbeit gemeint ist.

Reizstreifen

Bereiche, die aufgrund besonderer Energiezustände auf Umwelt und Lebewesen meist negativ wirken. Sie sind (in der Regel) unsichtbar, aber von sensiblen Menschen (u.a. mit der → Rute) fühlbar. Alle Netzsysteme bestehen aus solchen Streifen. Dort, wo sich die Netzstreifen überschneiden (→ Gitternetze), entstehen geopathogene Stellen/Kreuzungen. Längere Aufenthalte darüber sind meist gesundheitsschädlich. – Gegensatz: → Mediallinien

Reizzonen

... sind eingrenzbare Bereiche, in denen radiästhetische Reaktionen gemessen werden können, wo es also zu Reaktionen des → Indikators (z.B. der → Rute) kommt. Das Strahlungsfeld der Erde ist hier verändert (mehrere Auslöser treffen zusammen), was für sensitive Menschen meist nicht bekömmlich ist. Reizzonen sind biologisch wirksam. Um zu Aussagen über die tatsächliche Beschaffenheit einer Reizzone zu kommen, also darüber, welche Art der Störung/Reizung vorliegt, müssen verschiedene Messungen (auf horizontaler und vertikaler Ebene) erfolgen.

Reizzonenflüchter → Strahlenflüchter

Reizzonensucher → Strahlensucher

Resonanz

... bedeutet Schwingung (Mitschwingen) bei gleicher Frequenz, Übereinstimmung. Die Eigenschwingung eines Gegenstandes steht in Beziehung, im Gleichklang mit dem Testgegenstand/mit einer Testperson. Rechtsdrehung der → Rute. Bei einer Resonanzmessung wird nicht die Frequenz, sondern die Polarität einer Schwingung gemessen/verglichen. – Gegensatz: → Dissonanz, → Beziehungstest.

Resonanzenergie

Es handelt sich um keine physikalisch meßbare Kraft, weshalb ihre Existenz von Wissenschaftlern bestritten wird. Sie ist an keine Leitungen gebunden, ist eine feinstoffliche Energie, die nur existiert, wenn sie einen Gegenpol hat. – Sie entsteht auch durch Gedanken, Gefühle und Phantasien. Sie ist mit der → Rute testbar. → Emanation

Resonanzgesetz

Auch Gesetz der Mitschwingung genannt. Jeder Körper strahlt, schwingt, d.h. hat eine spezifische Eigenschwingung, die entsprechende andere Körper/Dinge/Ereignisse anzieht. Diese Eigenschwingung läßt sich mit einer → Rute abfragen und bestimmen. – Abzugrenzen von der physikalischen Resonanz.

Resonanzprinzip

Nach dem Resonanzprinzip arbeiten verschiedene medizinische Geräte. Bei diesen Geräten kann keine Überdosierung für den Behandelten eintreten, da das Gerät bei fehlender Resonanz »abschaltet«.

Resonanztest

Mit diesem Test kann festgestellt werden, ob z.B. ein bestimmtes Medikament, das der Radiästhet in der Hand hält, für ihn geeignet ist, ob also eine Übereinstimmung zwischen dem Gegenstand und ihm besteht (→ Entsprechung) oder nicht (→ Trennung). Es wird geprüft, ob eine Pluspolarität mit einer Minuspolarität in Resonanz geht.

Runen

Buchstabenähnliche Schriftzeichen der Germanen, etwa seit Christi Geburt geschichtlich belegt. Sie dienten u.a. magischen Zwecken. – Mit Hilfe von Runenübungen (eine Art Gymnastik) lassen sich die in den Runen wirkenden Kräfte in den Dienst körperlicher Gesundung und seelisch-geistigen Wachstums stellen. Das Darstellen von Runen (Runenübungen) ist für Menschen eine mögliche Form, eine Antenne für kosmische Energie zu sein.

Rute

Optischer Anzeiger in der → Radiästhesie für den Sender/Empfänger/Mensch. Es handelt sich – wie beim → Pendel – um ein → biophysikalisches Meßgerät.

Ruten

Veralteter Begriff für radiästhetisches Arbeiten/Testen mit einer → Rute.

- S -

Schüssler-Salze

Von dem Arzt Dr. Schüssler geschaffenes biologisches Heilverfahren, ursprünglich bestehend aus 12 anorganischen Salzen (später auf 24 Salze erweitert). Es beruht auf der Annahme, daß Krankheit eine Folge von Veränderungen im Mineralsalzgehalt der Körperzellen sei.

Schwingung

Vorgang, bei dem ein Zustand periodisch von einem Ruhezustand abweicht, z.B. die Schwingung einer → Rute. Radiästhetisch wird oftmals nach der an einem bestimmten Punkt oder in einem Feld vorhandenen Schwingung abgefragt. → Oszillation

Schwingungsmedizin

Diese Therapie zielt darauf ab, den Menschen in seiner Gesamtheit zu behandeln. Das geschieht durch Gaben von frequenzspezifischer Energie an/in das menschliche multikausale System. Schwingungsmedizin strebt an, den physischen Körper zu heilen/zu balancieren (→ Balance), indem sie höhere energetische Systeme integriert. Es wird mit →Rute und → Pendel gearbeitet.

Sedieren

... bedeutet dämpfen, beruhigen. Über die Behandlung eines Meridians kann aus dem entsprechenden Bereich überschüssige Energie abgeleitet werden (Dämpfung von Schmerzen, Beruhigung eines Kranken).

Sensibilisieren/Sensibilisierung

Bezeichnung für das Feinfühligsein oder das Feinfühligmachen im Zusammenhang mit dem Arbeiten mit → Pendel und → Rute.

Skala

Eindimensionale, genormte Meßbasis zum Ermitteln z.B. von Längen, Mengen, Zeiten etc. Man unterscheidet hauptsächlich lineare Skalen von solchen im logarithmischen Maßstab.

Skalar

Mathematischer und physikalischer Grenzfall. Eine geometrische Größe, die durch die Angabe einer einzigen Zahl charakterisiert ist, also eine Art Punkt. Skalare, mit deren Hilfe Energie beschrieben wird, benötigen zur vollständigen Beschreibung noch die Angabe einer Maßeinheit. Abzugrenzen von → Vektor (als gerichtete Größe).

Stehende Welle

Sie entsteht über (Reiz-)Zonen, wo zwei Wellen mit gleichartiger Frequenz sich überlagern (Kreuzungspunkt). Die Ausbreitung des Magnetfeldes erfolgt senkrecht zu den Leitbahnen im Erdreich. Stehende Wellen haben Energiemaxima- und -minimalknoten.

Steine → Edelsteine

Stoffprobe

... wird das Muster/das Original genannt, das beim radiästhetischen Arbeiten/Testen vorhanden ist und das bei der Resonanzabfrage oder beim → Beziehungstest »abgefragt« wird. Die Stoffprobe kann sich auch in einem Glas befinden (z.B. Testampullen).

Störzone → Reizzone

Strahlung

Unter Strahlung versteht man die räumliche Ausbreitung von Energie, in Form von Wellenbereichen. Medikamente, Kristalle u.a. senden Strahlen aus, die radiästhetisch erfaßt werden können und biologisch wirksam sind.

Strahlenflüchter

Der Begriff kennzeichnet die negativen biologischen und biophysikalischen Effekte, die → Strahlung z.B. bei Tieren in Teilbereichen auslösen kann. Strahlenflüchter sind z.B. Hunde, Pferde, Rehe, Ziegen. Man hat anhand entsprechender Tier- und Pflanzenversuche festgestellt, daß Tiere auf für sie schädlichen Zonen u.a. folgende Reaktionen zeigen: Nestflucht, Gewichtsverlust, verminderte Wurfzahl, vermehrter Tumorbefall, veränderte bioplasmatische Abstrahlung (→ Aura). Die meisten Kulturpflanzen (z.B. Rosen, Äpfel, Birnen, Pfirsich, Pflaume) sind reizzonenempfindlich. → Reizzonen.

Strahlensucher

Der Begriff kennzeichnet die positiven biologischen und biophysikalischen Effekte, die → Strahlung in Teilbereichen in seltenen Fällen auslösen kann. Als Ergebnis entsprechender Tier- und Pflanzenversuche kann festgehalten werden: Strahlensucher sind Bienen, Ameisen, Termiten, Katzen, Schlangen. In der Pflanzenwelt sind es u.a. Brennessel, Farn, Efeu, Holunder, Mistel. Ihnen macht die Strahlung nichts aus bzw. ist sogar für ein gedeihliches Wachstum erforderlich. – Strahlensucher werden in vielen Fällen mit Erfolg gegen sogenannte »Erdstrahlenkrankheiten« eingesetzt (z.B. Bienengift, Schlangengift).

- T -

Tachyonen

Physikalischer Begriff, der subatomare Teilchen ohne Masse, aber mit wirklicher Energie (Lebensenergie) bezeichnet. Tachyonen bewegen sich schneller als Licht, sie sind überall anzutreffen, sie durchdringen jede Materie. Sie finden Verwendung zu Vitalisierung und Rekonstruktion der Balance im feinstofflichen Körper. → Prana

Tensor®

Eine speziell entwickelte Einhandrute für außerordentlich empfindliche Messungen. → Biotensor, → biophysikalisches Meßgerät

Terrestrisch

Die Erde betreffend, aus ihr stammend. Gegensatz: → kosmisch

Terrestrische Strahlung

... bezeichnet die aus der Erde kommende natürliche Strahlung, von der alles Leben abhängt. Sie ist äußerst energiereich (im Sinne von gesund). In ihrer Intensität ist sie vom Wetter abhängig und verstärkt sich nachts um das mehr als Zweifache. Radiästhetisch kann sie gemessen werden. – Gegensatz: → Kosmische Energie. – Abzugrenzen von → Erdstrahlen.

Theta-Wellen

Sie gehören zu den vier Haupthirnströmen des Menschen. Man kann sie nur mit Hilfe des Elektroenzephalographen (EEG) nachweisen. Theta-Wellen werden beim Übergang zwischen Schlafen und Wachen beobachtet. → Wellenbereiche

Tibeter → Fünf Tibeter

Tonisieren

Bedeutet den Tonus (die Spannung) vermehren, kräftigen. Über die Behandlung eines Meridians kann in dem entsprechenden Bereich der Tonus erhöht werden.

Transmutation

... meint Umwandlung, Verwandlung als alchemistischer Prozeß. Medizinisch in dem Sinne verwendet, daß jemand aus der Krankheit ins Heilsein aufsteigt. Psychologisch/philosophisch wird Transmutation in dem Sinne verwendet, daß Heilung als Bewußtseins-Erweiterung verstanden wird (potenzieren bedeutet erhöhen, Kraft entfalten). Homöopathische Medikamente transmutieren den Menschen.

Trennung/Trennungsstrich

Hier liegt eine besondere → Schwingung des → Pendels vor. Die Pendelaussage bedeutet: verneinend, ablehnend, und zwar immer im Verhältnis zweier Objekte zueinander. – Gegensatz: → Entsprechung/ Entsprechungsstrich.

- U -

Uferzone → Ankündigungsstreifen bei Wasseradern

Untergriff

Besondere Art der Rutenhaltung bei → Zweihandruten. Diese Art der Haltung wird bei Radiästheten bevorzugt. – Gegensatz: → Obergriff

- V -

Vektor

Physikalische Größe, die zugleich einen Betrag (Länge, Intensität) und eine Richtung in der Ebene oder im Raum beschreibt. Jede gerichtete Strecke ist ein Vektor. Eine → Rute stellt ebenso wie jede → Antenne einen Vektor dar. – Gegensatz: → Skalar

Verwerfung

Verschiebung benachbarter, angrenzender Gesteinsschichten, durch Brüche bzw. durch Abrutschungen innerhalb der Erdkruste entstanden. Verwerfungen entstehen auch durch Erdbeben und Atombombenversuche. Sie treten vorwiegend an Hanglagen auf und können in alle Himmelsrichtungen verlaufen. Durch Verwerfungen kommen Schichten unterschiedlicher Magnetisierung zueinander, was → Anomalien im Wellenfeld der Erde zur Folge hat. → Reizzone

Vertikalhaltung

Eine nur bei Vertikalruten (es handelt sich um eine spezielle Art der → Zweihandruten) notwendige Haltung beim Arbeiten/Testen. Hierbei wird die Rute senkrecht, an beiden Enden, mit je einem Finger festgehalten. – Gegensatz: → Horizontalhaltung. – Die Vertikalrute eignet sich besonders zum Nachweis von Netzgittern/ → Gittersystemen.

Vibration

... bezeichnet radiästhetisch eine Schwingung von besonderer Qualität (meist handelt es sich um Bovis-Werte über 6.500 Einheiten). → Orte der Kraft. Bei hoher Vibration sind für den Körper andere Seinszustände möglich. – Der Begriff wird auch im Zusammenhang mit der Feststellung einer bestimmten → Schwingung beim → Ruten verwendet.

- W -

Wasserader

Bezeichnung für unterirdischen Wasserlauf mit verschiedenen Ausmaßen nach Lage, Breite, Fließrichtung. Sie weisen durch die gegebene Reibungselektrizität immer eine Strahlung auf, d.h. es bauen sich elektromagnetische Felder auf, ein Phänomen, das an Rändern von Wasserläufen besonders markant in Erscheinung tritt. Das Wasser selbst bildet keine Reizzone. Die Auswirkung auf den menschlichen Organismus ist unterschiedlich. Nicht nur die Frequenz, sondern auch die Intensität und Polarität bestimmen die Stärke der Strahlung. → Ankündigungsstreifen. – Stehende Wasser weisen keine geobiologischen Störwirkungen auf.

Wellenbereiche

Bei den Hirnströmen des Menschen lassen sich vier verschiedene Hauptfrequenzbereiche unterscheiden, die sich auch elektroenzephalografisch nachweisen lassen:

Delta-Wellen: im Bereich 0,5 bis 3,5 Hz
Theta-Wellen: im Bereich 3,6 bis 7,0 Hz
Alpha-Wellen: im Bereich 7,1 bis 14,0 Hz
Beta-Wellen: im Bereich 14,1 bis 30,0 Hz

Wissmann-Gitter

... ist ein System mit Seitenlängen von etwa 10 Metern. Die Seiten sind abwechselnd plus-/minusgepolt. Es ist als übergeordnetes System zu betrachten (im Verhältnis zum Globalnetzgitter und dem Curry-Netz), in dem sämtliche → Reizzonen und → Kreuzungspunkte der anderen Systeme vorkommen. Das Wissmann-Gitter ist wegen seiner schwachen Strahlung nur schwer zu finden.

Wünschelrute

Veraltete Bezeichnung für eine Gabelrute,

das Gegenstück zum → Pendel. Wünschelruten wurden meist aus Haselnußzweigen geschnitten. → Einhandrute, → Zweihandrute, → Radiästhesie

- Y -

Yin und Yang

Begriffe der chinesischen Philosophie; Ausdruck des universellen (Polaritäts-) Prinzips, das sich in allen Erscheinungen der Welt wiederfindet. In der chinesischen Medizin Basis für das Verständnis von Symptomen und Krankheitszeichen. Yin und Yang sind Gegensätze, wobei jedes den Keim des Gegensatzes in sich trägt, gehen ineinander über, sind relativ zueinander. Yin korrespondiert im menschlichen Körper mit Bewahrung, Speicherung, Substanz, Hemmung, Kälte etc., Yang mit Transformation, Wandel, Substanzlosigkeit, Erregung, Hitze etc. Bei den Organen oder auch → Meridianen finden sich ebenfalls Entsprechungen (z.B. Leber = Yin, Gallenblase = Yang; Bauch = Yin, Rücken = Yang).

- Z -

Zweihandrute

Rutenart, die beim radiästhetischen Arbeiten/Testen mit beiden Händen gehalten wird. – Gegensatz: → Einhandrute

Lieferantenverzeichnis

- BIOPLASMA-Forschung Dr. J. Oberbach
  DBF Vertriebs GmbH, M. Geisler,
  Kirchsteig 3
  86923 Finning
- BMS-Institut Joachim Bley
  Postfach 710 319
  60491 Frankfurt
- Gemeinschaft Lebendige Energie
  Mühlenstraße 5
  CH-8862 Schübelbach
- Dipl.-Ing. O. Höpfner
  Landgrabenweg 13
  53343 Wachtberg NB
- Heinrich Kehlbeck HAKAKEHL
  Hasseler Steinweg 9
  27318 Hoya
- MARKT-Kommunikation
  GmbH & Co KG
  Postfach 26
  83621 Dietramzell
- Bioaktiv-Produkte »Medea 7«
  Am Neugraben
  91598 Colmberg
- MEMON-Transformer-Systems GmbH
  Oberaustraße 6a
  83026 Rosenheim
- Markus Post
  Dammstraße 70-80
  53721 Siegburg
- ReVitaMed
  Regerstraße 20
  53359 Rheinbach
- SCHURG GmbH
  Erdstrahlenschutz
  Bilsteinstraße 69
  34537 Bad Wildungen
- VÖGELE, Physikalische und
  geobiologische Geräte
  Schwabstraße 14
  71106 Magstadt
- Weber Bio-Energie Systeme
  Kasseler Straße 55
  34289 Zierenberg

Literaturempfehlungen

Für weiterführende Studien stehen die im Buch zitierten Autoren, wie B. Bhattacharya, F. Bludorf, H. S. Burr, B. Copen, G. Fosar, J. T. Kent, D. V. Tansley zur Verfügung. Leider sind viele Veröffentlichungen nur in englischer Sprache erschienen.

Deutschsprachige Bücher zur Vertiefung könnten sein:

Coulter, C. R.: Portraits homöopathischer Arzneimittel. Heidelberg 1998

Dinshah, D.: Es werde Licht. USA-Malaga, NJ, 1989

Frankenberger, A.: Das große Buch der Blütenessenzen. München 1995

Hahnemann, S.: Organon der Heilkunst. (6. Aufl.) Heidelberg 1992

Krämer, D.: Neue Therapien mit Bachblüten. (3 Bde.) CH-Interlaken 1991

Schmidt, P.: Symphonie der Lebenskräfte. Lennestadt 1997

Vithoulkas, G.: Wissenschaftliche Homöopathie. Göttingen 1993

Quellenverzeichnis

Bachler, K.: Erfahrungen einer Rutengängerin. Linz-Passau 1986

Hannemann, H.: Energiemedizin – Der Quantensprung zur Selbstheilung. CH-Genf 1995

Hirschmann, F.: Heilende Blüten. Düsseldorf 1994

Hürlimann, G.: Pendeln ist erlernbar. CH-Chur 1997

Jürgens, H.: Die Wünschelrute und ihr Gebrauch. Freiburg/B. 1985

Lüdeling, H.: Handbuch der Radiästhesie. Nienburg 1994

Merz, B.: Orte der Kraft. CH-Aarau 1999

Mikutta, P.: Fragen zur gesunden Wohnung. München 1995

Mlaker, R.: Geistiges Pendeln. Berlin 1974

Oberbach, J.: Das atomare Feuerwerk des Lebens, Biotensor-Praxibuch I. München 1983

Oberbach, J.: Erdstrahlen und Atom-Krankheiten, Biotensor-Praxisbuch II. München 1988

RGS-Zeitschrift, Schweizerische Zeitschrift für Radiästhesie, Geopathie, Strahlenbiologie. CH-St. Gallen

Schmidt, P.: Symphonie der Lebenskräfte. (3. Aufl.) Lennestadt 1997

Sheldrake, R.: Das Gedächtnis der Natur. München 1993

Talamo, M.: Das Rätsel des Foucault'schen Pendels. München 1992

Tansley, D. V.: Der feinstoffliche Mensch. Essen 1993

Tourelle, M. la/Courtenay, A.: Was ist Kinesiologie? Kirchzarten 1997

Walters, D.: Feng Shui, die Kunst des Wohnens. Frankfurt 1997

Zeitschrift für Radiästhesie. München